技職教育測量與評鑑

李 大 偉 著

學歷：國立師範大學工業教育系畢業
　　　美國東密西根大學碩士
　　　美國賓州州立大學工業職業教育博士
現職：國立師範大學工業教育研究所副教授

三 民 書 局 印 行

網路書店位址　http://www.sanmin.com.tw

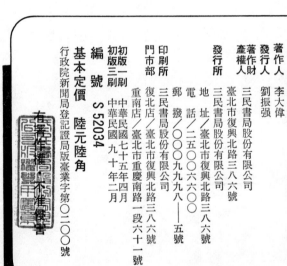

© 技職教育測量與評鑑

著作人　李大偉

發行人　劉振強

著作財產權人　三民書局股份有限公司

發行所　三民書局股份有限公司
　　　　地址／臺北市復興北路三八六號
　　　　電話／二五○○六六○○
　　　　郵撥／○○○九九九八──五號

印刷所　三民書局股份有限公司

門市部　復北店／臺北市復興北路三八六號
　　　　重南店／臺北市重慶南路一段六十一號

初版一刷　中華民國七十五年四月
初版三刷　中華民國九十年二月

編　號　S 52034

基本定價　陸元陸角

行政院新聞局登記證局版臺業字第○二○○號

ISBN 957-14-0340-7 (平裝)

技術職業教育叢書序

　　我國有一句俗諺說：「與其送魚給他，不如教他結網捕魚的技巧與方法。」技術職業教育即是一種教人結網捕魚的教育，是一種生產性、建設性的教育，小者可使個人具有一技之長的謀生技能，大者可以富國裕民。過去三十多年來，我國技術職業教育，不論在質和量方面均有長足之進步，民國四十二年師範大學工業教育學系成立後，首開我國工職教育師資培育之先路，其後高雄師範學院、臺灣教育學院陸續成立工業教育系，加強工職師資的培育。四十四年政府選定八所示範工業職業學校，辦理單位行業訓練，造就了許多技藝專精的技術人才。六十三年八月成立國立臺灣工業技術學院，使高職──工專──技術學院成為完整而一貫的技術職業教育體系，使我國技職教育與普通教育雙軌並行，提升了技職教育之學術地位。六十五年師範大學工業教育研究所成立，技術職業教育的師資培育因而更上一層樓。六十八年政府高瞻遠矚地實施第一期工職教育改進計畫，七十一年接著第二期工職教育改進計畫，先後相繼投資了五十餘億元，其重點即在充實公私立工職教學實習實驗之設備。

　　另外，政府為配合我國工業結構發展層次，培育經濟發展中以機械、電機等方面之人才，於能源危機的衝擊下，毅然於六十九年成立了國立雲林工業專科學校，以加速我國工業技術人力的培育，足見我國政府對發展技職教育之重視。政府於七十年度成功地將高職和普通高中學

生人數調整為七與三之比例，這一系列的措施，在在顯示技術職業教育在國內已受到應有的重視，同時亦成為我國經濟建設與造成經濟發展奇蹟的一股龐大推動力量。

由於科技的進步神速，特別是高科技 (High Technology) 之內涵在三年內就有百分之五十的改變，已逐漸扭轉社會上「萬般皆下品，唯有讀書高」，「勞心者治人，勞力者治於人」的觀念，進而逐漸地重視「手到、口到、心到、眼到」，「研究、創新、再研究」，「工作神聖，技術報國」之合乎時代潮流的現代化觀念，希望這種趨勢能夠匯聚成一股正確職業價值觀念的巨流，沖垮發展技職教育的絆腳石──坐而言不能起而行的士大夫觀念，這是一種令人欣慰的轉變。

值此技術職業教育受到肯定、讚賞和託付重責之際，雖然各校不斷增添和更新硬體設備，以發揮教學上的及時效果，但在軟體資源的開發與配合上，似乎無法跟上腳步，顯得相當貧乏和不足，使得在實務運作中感到力不從心。有鑑及此，我們彙集了多位專家學者和熱心人士，犧牲了許多時間，相聚在一起集思廣益，利用腦力激盪術，發揮羣體智慧，擬訂幾項基本原則，根據各人的專長和實務經驗，提出編寫大綱內容。分別配合國內外文獻資料的探討，做有計畫的編撰技術職業教育叢書，為職業教育略盡棉薄；亦使技職教育的軟體資源開發工作獲得孳生，並觸動社會各界能共襄盛舉，俾利技職教育於軟體和硬體方面得以在國內生根與並行發展。

教育工作人人都懂，因為人人都受過教育，但是懂的層次和深度卻有差異；教育工作是最易引起爭論的，因為它是一種行為科學，常因人、因事、因時、因地而異，缺乏一成不變的客觀標準。但在「專家政治」的理念和原則下，學術上「隔行如隔山」之道理，多數人仍然信服，因此，從事技職教育的規畫與評鑑者，如能以具有專業訓練和專業

教育者為主導，並擴大參與面及參與層次，避免「跨行規畫」和「越級評鑑」的偏失現象，相信將更能把握正確的發展方向，並使計畫更落實可行。

　　本技術職業教育叢書，承蒙各專家學者於教學研究之餘，鼎力負責編撰，並得力於三民書局慨允相助，使本系列叢書得以順利出版，這是發揚「三個臭皮匠，湊成一個諸葛亮」的團隊精神。在此，本人特向各專家學者和三民書局，致由衷的敬意；這份力量的凝聚，毫無疑問的將使我國技職教育在發展軟體方面更具成效。誠望本叢書的出版，能對熱心於技職教育者，提供更多的參考資料，進而使我國技職教育能夠更落實、更茁壯、更能滿足青年和社會之需要。

張天津 謹識

七十二年十二月

序

　　考試在教學上所扮演的角色一直是大家所關心的課題，良好的試題不但可以測出學生真正的能力，同時，也可為教學的本身帶來正面的影響；相反的，不適當的試題，不能測出學生的能力不說，往往還會誤導了教學的方向。因此，對教師而言，「測量與評鑑」方面的能力是非常重要的。

　　技職教育具有與其他類型教育不同的目標，它的內容也較為廣泛，它除了具有許多屬於認知領域的學習內容之外，同時也包括了情意及技能方面的學習；因此，技職教師必須具備更多樣的教學技巧，及測量與評鑑能力。本書主要即針對技職教師之特殊需要，介紹了下列幾項重點：（一）測量與評鑑的基本觀念，（二）三個學習領域的內容與測量方式，（三）常模參照測驗與效標參照測驗的試題分析與評鑑，（四）可用於技職教育的標準化測驗，（五）技職教育評鑑的理論與實施，及（六）畢業生及僱主的追蹤調查。期望這些內容能提供教師們──特別是從事技職教育與訓練的同仁，進行測量與評鑑學生成就時的參考。當然，或有不周延的地方，也期望教育界的師長及朋友們不吝指正。

　　這本書的撰寫，前後共延續了三年，非常感謝內子林　薇在這段時間裏的支持和鼓勵；也謝謝師大工藝系楊朝祥主任及雲林工專張天津校長，由於他們二位提出為技職教育寫一系列書的構想，這本書才有個開端；最後，也要向三民書局劉振強總經理之惠允出版本書，表示萬分的謝意。

李大偉 謹 識

七十五年元月

技職教育測量與評鑑
目　次

第三章　行為目標的編寫及運用

第四章　測量認知領域的成就

第五章　測量技能領域的成就

第六章　測量情意領域的成就

第七章　試題的分析與評鑑

第八章　標準化測驗

第九章　測驗結果的呈現與詮釋

第十章　技術職業教育評鑑的理論與實施

第十一章　追蹤調查

附錄一　常態曲線下方的面積
附錄二　范氏項目分析表

第一章　基本觀念

壹、技職教育中常用的測量與評鑑的名詞

一、測量工具、測量、及評鑑

在學校裏，這是幾個常被提到的名詞，很可惜的是並不是每一個人都能很適當地使用它們，有些人甚至於不知道它們之間的關係。為了清楚地解釋這幾個名稱的意義及其相互之間的關係，或許舉個日常生活中的例子以為比方，較為容易。我們常常用尺量身高，這個時候的「尺」便是測量工具 (Measurement Tool)，而量身高的這個「動作」，便是測量 (Measure) 了。同樣地，在職業教育或訓練的領域裏，我們常用某一考試題來考量學生的成就，這個時候的考試題便是測量的工具，或有時將之稱為測驗 (Test)；而考試或考量的行為就是前稱的測量了。當然，有一點值得注意的就是，在技職教育中的測驗或測量工具可能因測驗內容不同而區分為筆試、口試或實地操作，這點將在本書之後面幾章中，做進一步的敍述。

接著前述量身高的例子，在測量之後便可以得到測量的結果，譬如

說: 張三的身高是 150 公分, 李四是 170 公分, 王五是 190 公分等。若我們將這些數字報導出來, 那麼, 我們僅只是報導測量的結果而已, 可是一旦對這些數據, 或測量的結果加以解釋或賦予意義時, 我們就是在進行評鑑 (Evaluation) 的工作了。譬如, 我們說張三身高只有 150 公分, 那麼在中國人的成年人中他屬於矮個子的, 李四則是中等身高, 而王五的身材就是高個子了。像這樣對所量得的身高加以分類或解釋, 便是評鑑。在技職教育中, 我們將學生考試或測驗的結果區分為及格或不及格, 排列第一名、第二名, 或是優秀生、中等生、及劣等生的工作或行為, 都算是「評鑑」。

由此可見, 測量 (Measurement) 應是對學生的表現或行為加以數化或量化 (Quantitative Description) 的一種有系統的過程。換句話說, 它只是一種蒐集數據 (Data) 或資料 (Information) 的過程。千萬不可將它與評鑑混為一談, 因為它並未對任何行為的結果評定其價值的高低或等級; 站在職業教育的立場來看, 單靠測量的本身是無法斷定某一位學生是否具有進入工作世界的能力的, 若要達到這個目的, 那就得訂出某種型式的衡量標準, 進而將由測量而得的數據與此標準比較後才行; 那麼這個時候便是作評鑑了。

所以, 評鑑 (Evaluation) 是決定學生們在知識、技術、或態度上的行為表現是否適當, 是否有價值的過程。早在一九五〇年代, Tyler 就提到過, 評鑑不止在計量學生的行為, 更要求對於行為是否能與教學目標一致進行判斷❶。Scriven 認為評鑑是根據一組價值量表蒐集, 並整理學習成就資料的活動, 其目的在對受評者作一價值判斷❷。陳瑞龍

---

❶ 轉自林文達,「教育行政學」, 臺北: 三民書局, 民國 69 年 7 月, p. 249.

❷ 轉自 Worthern, B. R., and Sanders, J.R. *Educational Evaluation: Theory and Practice*, Worthington, Ohio: Charles A. Jones Publishing Co., 1973, p. 61.

也主張「教育評鑑就是以教育價值為基準，依照教育價值來判定被評定者的行動或學習之價值程度的操作。」❸ 黃炳煌、李緒武、及張植珊等人曾對測驗及評鑑加以區分：「測驗重在客觀事實的獲得，評鑑重在事實的解釋、診斷、與價值判斷的說明。」❹ 至此，我們可以瞭解，測量與評鑑是迥然不同的兩件事，測量僅就學生的行為表現加以「量」的描述，而評鑑則根據某些既定的標準，針對這些行為表現加以「質」的描述 (Qualitative Description)。

二、效度 (Validity)

就測量的本身而言，效度 (Validity) 指的是某一特定的測驗或測量工具能用來測量學生某些特定行為（如：知識、態度、技能）的適當程度。通俗一點的說，若是某一測驗或測量工具能精確地測出某些預定的行為的話，則可確定該測驗或測量工具是有效度的。

效度是每一份測驗的首要條件。無論其它各種條件是多麼地好，一份效度低的測驗是一點價值也沒有的，因為它根本測不出施測者所預期的行為，當然也無法提供任何有用的資料了。

使用「效度」這個概念時，要注意以下所列的幾點性質：❺

1. 效度是指「測驗結果」正確性的程度，而非指「工具」本身。為了方便起見，我們常說是「測驗的效度」，實際上，應該說是「測驗結果的效度」較為恰當。更明確的說法應是「測驗結果解釋的效度」。

2. 效度不是「全有」或「全無」，而是「程度」的差別。因此，我們應避免評鑑某一個測驗的結果說是「有效」或「無效」。我們可將

---

❸　陳瑞龍，"教育評價法"，高長印書局，民國54年9月，p. 11.
❹　丘慧芬，"教育評鑑概念與模式之研究"，師大學報，第二十五集，民國69年2月，p. 145
❺　陳英豪、吳裕益，"測驗的編製與應用"，臺北：偉文圖書出版社，民國71年3月，p. 335.

效度以其程度高低區分為「高效度」、「中效度」、和「低效度」等類別。

3. 效度是針對某種特殊的用途而言，而不可認為具有普遍性。例如某一算術測驗的結果，可能對計算能力有高的同時效度，對算術推理能力有低的同時效度，對未來數學課程的成就有中等的預測效度，但對藝術和音樂則沒有預測效度。因此，當我們在評鑑或描述某一個測驗的效度時，需考慮到該項測驗結果的特殊用途（如選擇、安置或學習評鑑等）。測驗指導手冊最好能說明該項工具對每一特殊效標的預測能力，不可僅籠統的說出整體效度是多少。

4. 效度不是由實際測量而得，而是從已有的證據去推論而得。

效度的計算與測驗本身的性質有關，各依其當初提高（確定）各測驗效度的方式不同而有所不同。通常使用不同的計分方式、過程及標準來提高測量工具的效度，以致於造成某些特殊種類的效度，這些效度常見的有：

（一）預測效度 (Predictive Validity)

（二）同時效度 (Concurrent Validity)

（三）內容效度 (Content Validity)

（四）建構效度 (Construct Validity)

（五）內在效度 (Internal Validity)

這五種效度也依其所欲解答的問題，和其使用於技職教育中的主旨而有所不同。在談技職教育中測量與評鑑的問題之前，最好能先瞭解這幾種不同效度的特性及功能。

1. 預測效度

有時它與同時效度併稱為效標關聯效度 (Criterion-Related Validity)。效標關聯效度可定義為：「測驗分數和效標相關的程度。」

❻ 若要以測驗的分數來預測未來的行為表現，或估計目前在其他測量上的表現，那就得利用效標關聯效度。

由字面上可以看出，預測效度乃是指以測驗的分數來預測學生未來在某一特殊領域中的行為表現的一種指標。 在技職教育或訓練的 領 域裏，任何測驗的效度都是針對下面這個問題來考慮的——"是否能用這個測驗的分數以預測未來工作上的成就？"

要提高職業教育或訓練的最好辦法就是選擇最適當性向及能力的學生。所以，對技職教育而言，具有高效度的測驗工具或技巧是非常重要的，特別是用來篩選或區分學生能力的時候更是如此。通常，這些測驗的得分高低應與技職教育成功與否相關，再者，若學生在各項技職教育課程裏所得的等第可做為其將來是否成功的指標的話，那麼他在各科的得分應與工作成功的指標有著正相關才是； 這些指標包括： 上司的評語、收入、及陞遷等。

唯有使用追踪調查法 (Follow-up Study) 才能確定某一個測驗工具到底多麼有效度。將此測驗工具對一羣既定的對象施測，而後求出此測驗的結果與其在某一領域裏的表現之間的相關程度（常用的如相關係數），便可知道該測驗的效度。例如： 下列的幾個步驟可循之以確定某一可用來選取適於汽車修護科學生的機械性向測驗的效度。

（1）首先對一羣未來汽車科的學生實施此測驗；

（2）根據測驗的結果， 對每一位學生將來在汽車科的表現做 一 預測；

（3）讓這些學生進入汽車科就讀；

（4）在畢業時， 蒐集每位學生在該科的各種成績表現的紀錄， 例如： 老師的評語、學科成績、實習成績、就業後的薪資收入、或陞遷的

---

❻　同註❺，p. 343.

情形等;

(5) 使用適當的統計方法，求出當初性向測驗的分數與後來在汽車科的表現之間的相關程度。是項統計的方法將在本書之第七章做更進一步的說明。

技職學校或訓練中心在選擇或招生時，總希望能有些適當效度的測驗，以資選取學生、或預測學生將來成功的機會；當然，也希望能藉著在學學生的各項考試成績以預測其畢業後的成就。凡是能達到這些功能的測驗都可說是具有預測效度的；相反地，若不能達到上述要求的，則是沒有效度的測驗。

2. 同時效度

這是另一種效標關聯效度。在某些情況下預測效度的功能或許優於同時效度，但大部份測驗手冊上所說的效度，則多半指的是同時效度，這是因為同時效度的資料比較易於蒐集。在技職教育的領域裏，它是針對下面這個問題來考慮的——"是否能用這個測驗的分數以估計學生目前在某一特定領域裏的能力?"，再者，測驗工具的同時效度在以下兩種情況中更形重要:

(1) 測量某一特殊職業領域裏的技能水準時。

(2) 新設計的測量工具，用以取代現有且延用多時的舊測量工具時。

第一種情況，我們可以用現今的技能檢定為例。譬如說，一位工職的教師自己設計了一份技能檢定的模擬試題，而欲以之區分所任教學校之應屆畢業生中，那些可通過職訓局或職訓中心所舉辦的技能檢定，或者是那些不能。這個時候可循著下列的步驟來估計這位教師所設計模擬試題的同時效度:

(1) 在接受職訓中心的正式檢定之前 (時間愈接近愈好)，先用教

師自行設計的模擬試題對應屆畢業生施測。

（2）蒐集每位學生在正式檢定考試之後的成績。

（3）運用適當的統計方式（例如：皮爾森積差相關係數），求出上述兩項成績的相關度。

在這個例子中，若是在教師設計的模擬考試中表現良好的學生，同時也在正式的檢定考試中考得好；同樣情形，在前者表現不好的學生，在後者考試中也表現不好的話，則可以說這份模擬試題之同時效度很高。顯然地，這份模擬試題可用來決定那些學生可以參加正式的檢定考；那些學生能力還不夠，還沒準備好。

在前述的第二個情況裏，或因為價錢太高，或因為不方便，而教師想設計一套新的試題以取代現有的試題。例如：一位綜合商科的教師手邊有一套非常好的申論題，每學期末他都用它來給學生作期末考，很可惜的是，這位教師愈來愈覺得申論題的批改花了他太多的時間，再加上辦公室自動化的影響，學校也添購了電腦閱卷的設備；於是這位教師想新設計一套以選擇題為主的試卷，用以取代原來的試卷。這個時候，可循著下列步驟以決定這份新試題的同時效度：

（1）同時將兩份試題（原有的及新設計的）對授課的班級施測。

（2）批改並計算每位學生兩份試題的成績。

（3）利用適當的統計方法（如：皮爾森積差相關係數）求出每位學生兩種成績之間的相關程度。

當然，上述這個例子需以原有的測驗工具是有高預測及內容效度為前題的；教師也期望學生的兩種成績之間有高的正相關。也就是，在以申論題為主的試卷得高分的學生，在以選擇題為主的試卷中也得高分；反之，亦然。若這是事實，則可以說：新設計的試卷有高的同時效度。

在這裏必須注意建立預測效度及同時效度所採步驟的不同之處。在

建立某一測驗工具的同時效度的過程中，學生在該測驗的得分與效標（例如：在某一行業的技能程度、或某一申論題的得分）是同時得到的；這也是爲甚麼將此效度稱爲「同時效度」的原因。然而，在確定某一測驗工具預測效度的過程中，學生在獲知該測驗的得分與效標（或預定的行爲結果）之間總有個時間上的差距。這點是預測效度與同時效度之間最顯著的差異。

3. 內容效度

就如字面所示，內容效度是與測驗工具的內容分析有關。由職業教育的觀點來看，探討某一測驗工具的內容效度時，往往在嘗試著回答這個問題：「這個工具能精確地測量學生在本課程中所學得的各項內容嗎？」

這裏所指的課程內容可分爲「教材內容」及「教學目標」兩個層次，前者包含各種主題 (subjects 或 topics)，例如在電子學中的電子元件、歐姆定律、並聯、串聯……等；而教學目標 (Objectives) 則指預期學生行爲改變的情形，例如獲得知識、理解、應用、分析、綜合、評鑑等能力。也因如此，在技職教育中，爲測驗工具建立內容效度時應注意：(1) 涵蓋在測驗中的內容是否與課堂裏教過的內容相符？(2) 在測驗中要求學生達到的學習成就標準是否在教學目標中列明？

在確定內容效度時，不像計算預測效度及同時效度一樣——需將測驗成績與某一預定的效標作比較，而是需將各試題逐一地審視，並與教材內容及教學目標對照。決不能有超出課程範圍的試題出現在測驗卷中；同時，也不能使測驗卷裏的題目只偏重在某次課程範圍裏的一小部份，而忽略了其它的；再者，在技職教育中，教師們亦應避免使測驗只涵蓋了理論部份，而忽略了教學目標中列明的技能操作部份。

若某一個測驗工具能滿足前述的兩項要求，則可以說該工具具有內

容效度。由前述的分析可以發現：一個測驗工具之是否有理想的內容效度，完全取決於試題的取樣是否適當。無論如何，內容效度並非預測效度或同時效度的必要條件。對技職教育而言，有許多測驗工具就表面上看來並無內容效度可言。譬如說，職業與趣調查表所測的行為可能完全與職業與趣無關，可是許多這類的測驗工具卻有相當程度的預測及同時效度。再者，具有內容效度的測驗工具往往不具預測及同時效度。

　　4. 建構效度

　　所謂「建構」，指的是用來解釋人類行為的理論架構或心理特質❼。例如，我們不談學生在某一特殊的機械製圖測驗中的得分，也不談以之預測學生未來在製圖行業中的成就高低的準確性，而是希望藉之推論學生的「空間觀念」。這個空間觀念便是一個心理的特質。

　　就技職教育而言，建構效度與下述問題有關：「某一學生在該測驗的得分真正代表的意義？」以及「如何用人類的行為或心理特質來解釋這個分數？」也就是我們希望以某種行為或心理特質來解釋測驗成績時，就要考慮到測驗的建構效度了。

　　拿前面的例子來看，當我們將測驗分數解釋為邏輯觀念的強弱，那就表示這種心理特質可用測驗成績的高低來推論其具有的程度，要能達到這個目的，就得考驗此測驗的建構效度。至此，我們可以瞭解，所謂建構效度，乃是指測驗能夠測量到人類行為的理論架構及心理特質的程度。

　　在技職教育裏，當教師或職業輔導人員想利用某一測驗以測量學生的心理特質時，他們首先就需確定該測驗的建構效度，通常考驗建構效度的步驟如下：

　　（1）建立理論架構，以解釋受試者在測驗上的表現。

❼　同註❺, p. 354.

(2) 根據上述架構，推演出各種有關測驗成績的假設。

(3) 進行研究以驗證這些假設。

譬如說，有位輔導老師設計了一種職業成熟度 (Career Maturity) 的測驗工具，於是根據與職業成熟度有關的理論可以訂出下列的假設：(1) 測驗分數隨年齡增加，(2) 測驗分數能預測將來工作滿意度，……等等。而後再採用適當的研究法加以驗證，如果每項假設都得到支持，則可確定此測驗所測量的行為與職業成熟度的理論架構相符，進而可知此測驗具有建構效度。

5. 內在效度

內在效度主要著眼於分析學生在某一測驗裏的每個子題的得分情形，它通常是用來提高測驗的效度。在技職教育裏，它是針對這個問題而發的：「測驗中的每個子題所測量的主題或行為目標是否與整個測驗所欲測量的主題或行為目標一致？」

考驗內在效度時，並未用到任何像「雇主滿意程度」或「就業後的陞遷」等的外在效標，而是用測驗的總分為效標。它是以下列假說為前提的：「就達到測量的目的而言，使用整個測驗要比只使用一個個單一的子題效果好。」通常考驗內在效度的步驟如下：

(1) 對一羣合適的、且數量相當的學生施測；

(2) 計算每個人的得分；

(3) 算出每個子題的得分與總分之間的相關係數；

(4) 將低相關或負相關係數的子題刪除；

(5) 再設計一些高而且正相關的子題。

當然，在進行這個步驟的時候，應注意因刪除某些題目而造成對內容效度的損害。

三、信度（Reliability）

信度指的是測量結果的可靠性（Trustworthiness）或一致性（Consistency）。譬如說，有位老師使用某一測驗來測量他班上的學生，而後在另一個時間（隔一天或兩天）再以相同的測驗加以施測，若每位學生在兩次測驗的得分都很近似的話，則可以說這個測驗具有信度。因此，決定信度的方法，事實上就是決定在不同情況下施測誤差的大小；這個誤差愈小，則信度愈高。

通常考驗某一測驗工具的信度乃是針對下列兩個目的而發的：（1）估計測驗本身的精確性；（2）估計學生個人測驗成績的一致性或穩定性。前者關切著試題本身是否語意不清、答題說明是否難懂、或印刷品質是否良好等問題。因為這些問題都可能導致不同的測驗結果，影響了此結果的可信度。

後者談的是學生成績的一致性或穩定性。可是這點很容易受到學生本身的各項因素影響；一份再好的測驗工具都可能受到學生本身的因素改變而使測驗結果不穩定。例如：某一職業學校的學生可能因過度的焦慮、甚或頭痛，以致於在一項設計極為良好的技能測試中表現失常；同樣的，若拿一份設計不錯，同時程度較高的電子學測驗做為國中生工藝課的考卷的話，其結果也將不穩定，因為他們只能胡亂猜答案而已。

至此，我們可看出信度具有下列幾項特性[9]：

（1）所謂某一測驗工具的信度，指的是其測驗結果的可靠性或一致性，而不是指工具的本身；亦即同一個測驗的信度會因測量時機、對象的不同，而有所差異。

（2）測驗工具的估計值，僅指某一特殊情況下的一致性，這個一致

---

[9]　同註 [5]，p. 400.

性並不適用於所有的情況。測驗結果可能在某一情況下一致性很高，但在另一情況裏就不盡理想。這是因為測驗所要應用的時機不同，而用之考驗信度的依據也就不同。

（3）信度是效度的必要條件，但非充分條件。信度低的測驗工具，其效度亦不會高；但是，信度高的測驗，其效度則不一定也高——還得視其是否能測量所預期的目標而定。就以前面的例子來說，若拿較高程度的電子學試題交由國中生來考，則盡管這份測驗有很高的信度，卻因測驗目標不同，而無效度可言。總之，有高效度的測驗必須有理想的信度，可是高信度並不保證有高效度。

（一）信度量數（Reliability Coefficients）的種類

通常信度量數包含下列三種❾：

穩定度量數（Coefficients of Stability）

等質量數（Coefficients of Equivalence）

內部一致性量數（Coefficients of Internal Consistency）

現分別陳述如下：

（1）穩定度量數

穩定度量數指的是「間隔一段時間施測的兩次測驗結果之間的相關程度」。在技職教育中，它是針對這個問題而來：「同一測驗學生在隔一段時間之後再考一次，所得的成績是否會與第一次所得的相同？」常有人也將之稱為「重測信度」（Test-Retest Reliability）。通常會影響測驗結果穩定性的因素有（a）暫時性的（如：生病，缺乏動機、興趣，……等），或（b）恆久性的改變（如：成熟度，學習經驗……等）。所

---

❾　Bloom, B.S., Hastings, J.T., and Madans, G.F. *Handbook on Formative and Summative Evaluation of Student Learning*, New York: McGraw-Hill Co., 1971.

以，在考驗測驗結果的穩定性時要特別注意兩次施測間隔時間的長短。若間隔過短（如一、二天），則由於學生的記憶可能會造成假性的高相關；反之，若間隔的時間太長，則測驗結果可能因學生身心的成長、學習經驗的累積、甚或測驗程序、環境的改變而有所不同，進而使相關係數降低。

兩次測驗應間隔多少時間較適當，則需視測驗的性質及目的而定。例如，某位職業輔導老師想以學生的職業興趣及性向測驗成績，預測其未來的職業成就，則該測驗就需具有較長時間的穩定性；反之，若他只想測知學生在某一專業科目的學習成就的話，這類測驗就只需短期的穩定性即可。

(2) 等質量數

等質量數指的是「相同羣體的學生在兩份等質測驗的得分之間的相關程度」。等質測驗是指題數、型式、內容、難度及鑑別度都一致的測驗。在技職教育中，這個量數是回答下述問題的答案：「有甲、乙兩種等質的測驗，採用甲卷受測的學生，是否比採用乙卷受測的學生佔便宜？」在同目的、同時間、用兩份等質測驗施測時，就需考慮到這個問題。

有人將等質量數稱為「複本信度」。通常這個量數乃表示試題之取樣是否具有充分的代表性。例如：為了要測量學生的某一行為特質或目標，可設計出許多許多的試題來測量，可是由於各種條件的限制（如：時間、費用、人力……等），測驗的製作人只能選用有限的試題來測量，這些有限的試題必須具有代表性，才能充分地測量這個行為特質或目標。為了要考驗這些試題的代表性，測驗的製作者可以編製兩份「等質」的測驗，在施測之後求其測驗結果的相關係數，若得到高的相關，則可確定兩份測驗所測量的行為特質或目標相同，亦即所選的試題具有充分的代表性。

由於等質量數可以在一次施測之後求出（不像穩定係數需由前後兩次測驗之後才能求得），所以它在這方面較省事；可是它需要兩份等質的測驗，所以在製作過程反倒較爲麻煩。通常是標準化的測驗（Standardized Tests）採用等質量數的機會比教師自製的測驗爲多[10]。

有時候也可以利用兩份等質的測驗在不同的時間實施，這時所得的信度量數卽代表這兩份測驗的「穩定」及「等質」的程度。這樣做可以同時考慮了學生本身的特質、測驗程序及方式、及試題的代表性；換句話說，它考慮了所有可能造成測驗誤差的因素，因此可以說這是一種最嚴密的信度考驗法。當然，也應注意兩次測驗之間的間隔時間長短是否適當，這點與計算穩定度量數的情形相同。

（3）內部一致性量數

這個量數主要是對測驗本身的精確度作一個量的描述；通常它是在沒有等質測驗、或只能施測一次的情形下特別有用。在技職教育中，是項量數乃是回答下述問題：「在接受某個測驗之後立刻再用原測驗考一次的話，是否會得到相同的結果呢？」可能會造成測驗誤差的因素（例如：環境因素，或學生個人的特質等）都因在同一個時間測驗而排除了。最具代表性的這類量數像折半信度（Split-half）或K－R信度（Kuder-Richardson）將在本書第七章中做更深入的討論。

四、測量誤差（Measurement Error）

有經驗的技術職業教師、行政人員、及輔導人員都知道在技職教育裏所使用的任何測驗工具是不可能有完美的信度及效度的。由於這些測驗的結果除了受到學生本身的智力、性向、及興趣影響外；其它如學生受測當時的身心狀況，及測驗環境都會影響測驗的結果。

---

[10] 同註[5], p. 405.

　　因此，我們可以認爲每個測驗的結果都含有兩種成分：受測者本身眞正的得分，以及測驗誤差。下面的等式，可以將這個觀念具體的表示出來：

測驗的得分＝眞正的得分＋測驗誤差

　　事實上，等式中所列的「眞正的得分」僅僅是一個意象上的名稱，因爲它幾乎是不可能求出的。本文前面曾提過等質測驗，卽使我們能設計出許多套的等質測驗，而後讓一位學生在同一時間、同一地點受測，其測驗結果也是很難相同的。這個差異的大小，與測驗的信度有關；信度愈低則差異值就愈大。當然，若是把這許多測驗的結果求出平均數，應可得出一個較實際的「眞正的得分」。

　　但是，話又說回來，對技職敎師而言，要爲每一次的測驗設計出許多套的等質測驗，並且要排除施測時，可能造成誤差的學生個人及環境的因素，也是不容易、且不可能的事。比較實際的作法是利用上述的等式，訂出一個誤差的估計值，並以測驗得分建立一個信賴區間（Confidence Interval）。

　　測量標準誤（Standard Error of Measurement, SE）是一種估計測量誤差範圍的一種有效的統計值，使用它可以估計受測者測驗得分可能的變異量。

　　舉個例子來說，某一個職業敎育專業科目期末考的測量標準誤爲 3.0，那麼擔任這個課的敎師可以之更具體地描述學生的學習成就，這時他可以推論：班上有大約三分之二的學生（68.26%）的眞正得分應落在實際得分加減 3.0（卽 ±1.0 SE）的範圍內。

　　當然，測量標準誤也可用另一個方式解釋，例如：一項滿分爲 100 分的測驗，經計算而得知其 SE 爲 10；而學生張三的測驗得分爲 70。這時我們應認爲張三的眞正得分應在某一個範圍內，而不是固定的70；

如果我們對張三重複地施測許多次的話，其眞正的得分落在 70 加減一個測量標準誤之間（60～80）的可能性有68.26%；而落在 70 加減兩個測量標準誤之間（50～90）的可能性有95.44%；落在 70 加減三個測量標準誤之間（40～100）的可能性有99.72%。無論如何，通常在解釋測驗結果時，大多只採用一個標準誤。不過，就前例而言，其信賴區間（60～80）稍寬了一點，教師應修改測驗以便減少 SE，提高測驗的信度。否則的話，技職教師若使用這種 SE 過大的測驗來判斷學生在知識、技術上合格與否時，會造成許多錯誤的。

五、測量的量表（Scales of Measurement）

另一與測量結果之精確度有關的事項是測量的量表。由於不同的測量技巧及程序，一般在技職教育裏常用的量表可區分爲下列四種：

1. 名義量表（Norminal Measurement Scales）
2. 次序量表（Ordinal Measurement Scales）
3. 等距量表（Interval Measurement Scales）
4. 比率量表（Ratio Measurement Scales）

這幾種量表皆依其所測量的技職教育的技巧或程序之不同，而在精確度及實用性的高低有所差異。從事技職教育的人員不能不對這幾種不同的測量量表有深入的瞭解，以免對測量結果投以不適當的信任評價。

（一）名義量表

名義量表是所有測量量表中，精確度最低的一種——甚至可說是毫無精確度可言。它主要是作爲指認或區分不同事物之用的；譬如說，在技職教育裏工科的學生稱爲第一組學生，農科學生稱爲第二組，……以此類推，這裏所用的第一、第二、或第三純粹只用來區分不同類型的學生而已，這些號碼或數字都是任意指定的，它並不代表前後、大小、或

好壞的意思。同樣道理，今天我們的職業學校或訓練中心所用的學生的學號、座號，都屬於名義性的量表。

（二）次序量表

次序量表與名義量表不同的地方是，後者純粹只是用標示或描述的方式（如給予不同的代號）來區分事物，而次序量表就根據事物的量或質的不同而訂出順序，進而區分之。例如，我們可依五位汽車科學生調整白金間隙的速度快慢，而排出一、二、三、四及五的名次。由這個例子可以發現，次序量表能表達的是學生之間行為表現好壞的順序而已，雖然名次之間是等距的（像1與2，2與3），但由名次順序卻看不出學生與學生之間的行為表現差異是等距的——極可能不是。

次序量表可用數字來排列學生在任何連續性變數（Continuous Variable）上的表現，譬如操作的速度、成品精度。可是每當我們在解釋次序量表的意義時，絕對不能對上一個名次及下一個名次（例如第一名及第二名）之間的差異程序妄下斷語；同時，也絕不能將學生在不同變數上表現的名次累加起來。不能這麼做的主要原因，乃是由於各等級之間並不是等距的緣故。是故，次序量表並不如想像中那麼有用，通常它被用來計算相關以獲得信度及效度的估計值。

（三）等距量表

等距量表同時具有前二者之區分及次序的特質。同時，顧名思義，本量表之各級之間是等距的。

例如，英文打字課裏給幾位學生實施打字測驗，其中打得最快的一位同學一分鐘能打65個字，而第二及第三名的同學分別能打35及20個字。在這種情況下，這三個分數能被置於一個等距的量表上；在這類的量表上，每分鐘打40個字與打45個字之間的差異，將與每分鐘打25個字與30個字之間的差異相同。

很明顯地，用這樣的量表來描述學生的行為表現要比前面那兩種量表來得精確得多。就拿前面這個打字測驗的例子而言，我們可以說：打得最快的學生每分鐘要比第二名的學生多打30個字；第二名的學生每分鐘要比第三名的學生多打15個字；並且第一及二名之間的差距是第二及第三名之間差距的兩倍。像這樣具體而精確的描述，是前兩種量表所無法做到的。

再者，正由於各級之間是等距的緣故，還可讓我們將學生在不同測驗上的分數累計起來，甚至於進行各種統計，而得以對學生的各項成就做整體的描述與分析。

（四）比率量表

在技術職業教育裏絕大多數的成就測驗都使用等距量表，而很少使用比率量表。比率量表與等距量表最主要不同的地方就是比率量表需要有"零點"；對學生而言，除了一些屬於生理上的測量之外，就很少有那些測量結果具有絕對的零值了。譬如某位學生在某科目的測驗上得到零分，並不表示該生在這個科目裏甚麼也沒學到；而只能解釋為他在這次測驗裏一題也沒答對，若改為其他的題目來考他的話，可能不會再得零分也說不定。

所以在本書所介紹的幾種測量量表中，比率量表很顯然地是最精確的一種，因為它除了具有"區分"、"順序"、以及"等距"等特性之外，它還具有"零點"。

通常在技術職業教育裏比率量表多半都應用在評估一些屬於生理性的特質（如：身高、體重、及年齡），或者其它像薪資收入、或任職年資等變數，很顯然的，這些特質或變數都有零值存在。每當我們運用這類的量表時，都可以很篤定地作出像以下的陳述：「受過內政部職訓局所辦半年期訓練的學員就業後的薪資，平均可比未受過該類訓練的人士

多一倍。」再者，這種量表不但可作各種統計處理；願意的話，還可以視需要而將之乘以或除以某一常數。

就教育統計的立場來看，若學生的各項特質或變數都能配合比率量表運用的話就太好了；可惜的是，許多如性向或興趣等的測量方式及技巧，還是侷限於前面幾種較低層次的量表，而我們也僅能就其測量的結果及代表的意義，儘量地加以運用在技職教育中。

同時，從事技職教育的人士也應對這幾種測量量表的意義及運用，有深入的瞭解才行。

六、測量參考點 (Points of Reference for Measurement)

通常技職教師及行政人員可由 以下兩種參考 點來看學生 成就的 測量：(1)常模參照測量 (Norm-Referenced Measurement)及(2)效標參照測量 (Criterion-Referenced Measurement)。就如同做任何事都要有個起點，在技職教育裏測量學生的成就時也一樣地必須先選好參考點。

(一) 常模參照測量

就這兩種而言，常模參照測量是較常用的一種。這種參照測量的方式，就是將學生的成就測量的結果，依高低分割成常模曲線 (Normal Curve) 之後， 再根據此曲線賦予學生的等級； 有時候也利用其它或另外的 (external) 學生羣的成就所形成的常模做為參考的依據。也因此，這種作法被稱為"常模參照"測量。

這種參照測量最主要的特色就是某位學生的等級是與其他學生的成績相互比較而來；而其主要的目的在於區分學生們在某項變數上表現之不同， 像學業成績、 操作表現、 或性向等。 這種觀念及作法導自於較早的歐洲教育系統，那個時候唯有最頂尖的學生才有接受高等教育的機會；其實今天我國的教育制度，不也是沿用這個觀念及作法嗎？

總而言之，常模參照測量是把測驗當作用來比較學生各種特質的工具，它並不在乎學生實際上到底懂多少或能做得多好。

（二）效標參照測量

常模參照測量與效標參照測量主要不同的地方，在於學生成就的認定是以某一或某些特定的效標(Criterion)為依據，而不是以學生的成就相互比較而得；也因此，這種作法叫做"效標參照"。效標參照測量的目的，是能以預定的效標或標準直接對學生的行為表現賦予意義⓫。

在技職教育中運用效標參照測量的例子，包括像機工、電焊工、管鉗工、及製圖工的技能檢定考試，和汽車、卡車、及飛機的駕照考試，這類考試結果的判定都不是拿應試者的成就相互比較，而是以預定的，可接受的標準作為根據的。只要達到這個標準的人，即表示他(們)有能力在執行某件工作時表現在某種程度之上；反之，則不能。最近兩、三年來我國普遍地在各級職業學校裏推行能力本位教學，便是想在今後的技職教育做到「教學目標具體化、教學過程個別化、教學結果效標化」，這麼做也主要強調今後技職學校裏，將更重視學生學習的結果是否達到既定的目標；如此一來，不但可管制各學校畢業生的品質，同時也可使技職教育更符合績效（Accountability）的要求。

（三）選擇參考點

對從事技職教育的人士來說，在進行各種測量之前，選擇適當的參考點是件非常重要的事；也唯有如此，才能有效且有意義地運用測量的結果。

在技術及職業教學過程中，為某個測驗選擇參考點時，通常都應考

⓫ Glaser, R., and Nitko, A.J. "Measurement in Learning and Instruction" In Thorndike, R.L., ed., *Educational Measurement*, 2nd ed. Washington D.C.: American Council on Education, 1971.

慮以下的幾個問題: (1)該測驗的內容是什麼? (2)該測驗的主要目的是
否用以區分學生的能力、排出名次順序、及根據其性向、興趣作比較?
或是 (3)該測驗的目的是用以評定那些人的行為表現達到某些既定的標
準? 根據前面的討論, 我們可以清楚地瞭解, 每當想比較某一學生與其
同學在學習成就上的異同時, 就採常模參照的方式; 而想知道某位學生
的成就是否達到某些既定的標準時, 就用效標參照的方式。

貳、測量在技職教育中的功能

近幾年來, 國內外都非常重視教育績效 (Accountability) 的要求,
特別是技術及職業教育, 無論在各項投資或在當今社會裏所負的責任,
都比其它類型的教育高得多; 也因此, 如何使技職教育更具績效, 是所
有從事技職教育者所追求的目標。在整個教學過程中, 利用測量及評鑑
的手段與技巧, 正可以促成或呈現職業教育的績效, 其對於技職教育的
功能主要包含下列各項:

一、監督學生的學習進度

由於透過測量的手段, 而使教師隨時地或定期地監督學生的進度,
這點在技職教育中是極為重要的。通常, 根據測量的結果, 行政人員可
藉之以進行教育計畫、實施、及評鑑; 根據這些結果, 教師可以瞭解其
教學的效果——那些部份教得好, 那些部份仍需加強; 對學生而言, 測
量的結果可肯定其學習的成就, 可刺激其未來的學習, 同時也可診斷其
學習上的困難。

二、有助於課程的改進

由學生在各種測量上的表現, 可看出其是否能勝任某些特定的工作,

也可藉此而得知課程內容是否合適；很顯然的，透過各種測量的手段及結果，可做為修正課程的依據。

三、有助於改進教學及進行實驗

每當學生在某次考試考不好時，許多人會直覺地認為是由於學生素質差或不用功所造成，事實上，有時候造成這個結果的原因，也可能是教師教學的技巧或方法不適當使然。譬如說，某次考試中，對某部份的題目，有些學生答得不好，而有些學生答得好，這個現象也許可解釋為因學生用功程度不同或其它因素所造成；但若全體學生對某部份的題目都答不好時，那就極可能是教學方法不當所導致了。站在教學者的立場，無論那種情形發生，都應設法修改教學方式，前者應考慮對某些學生實施特別的教學方式；而後者則更應全面修改教學法了。

另外一種情況是，在某些特定的教學環境中，想透過實驗性的研究以確定那種教學法最為合適時，則可利用測量的技巧加以印證。例如，近年來國內在職業教育界推行能力本位教學，這個教學法在職業教育所造成的成效如何，則可用學生在各種測量上的成就作為做結論的參考因素之一。也因此，測量的結果還可用之於評估教學成效。

四、有助於整個教育或訓練計畫的評鑑

為了確保學生們能得到適當的教學，技職教育的從事者都得經常地進行教育或訓練計畫的評鑑，而有關於在校學生以及畢業生的成就，都是用來衡量技職教育計畫是否有效的重要資料，這些成就通常都可用各種經過設計的測量工具加以認定；換句話說，利用適當的測量工具可測出學生們達成教學目標的程度，進而可評估教育或訓練計畫的成效。

五、有利於進行生計輔導 (Career Guidance)

　　從技職教育的觀點來看，我們希望能根據各項測驗的資料，協助每位學生進入最適合他們的科系，這些測驗包括興趣、性向、智力⋯⋯⋯⋯等等。雖然光由這些資料並不見得就能協助學生們做百分之百正確的職業選擇，但不可否認的，有愈多這方面的資料作為參考，將可減少各人在職業選擇或計畫過程中可能發生的錯誤；很明顯的是，這些資料都得利用各種設計適當的測量工具才能獲取。

六、易於區分學生及安置學生

　　為了發揮教學效果，教學者常根據學生的各種特性（例如：知識及技能的水準、學習能力），加以分類或編班，以便提供適當而有效的教學方法。近年來國內曾為學校裏應採行能力分班或常態分班，有過一番的爭論，撇開別的不談，僅就教學的方便與有效的角度來看，能力分班是件極佳的作法，惟有如此才能做到我國人常說的「因材施教」的目的，當然分班所依據前述種種特性的資料，還是得透過各種測量的手段加以獲得。

叁、測量工具的種類

　　在技職教育裏的測量過程或手段中，使用了各式各樣的測量工具，若要將它們分類的話，也有許多種分法。不過，按照本書的宗旨，可將各種測量的工具或測驗，依據下列方式加以分類。

依行為 (Behavior) 的種類分

　　（一）成就測驗 (Achievement Tests)

在技職教育裏，成就測驗是用來評估學生在某一特定主題或某一特定職業領域裏的成就。

成就測驗還可依使用的目的，將之區分爲一般性的成就測驗(General Achievement Tests)以及診斷性的成就測驗(Diagnostic Achievement Tests)。一般性的測驗，通常是要測知學生對某一主題或職業領域整體的內容，熟練或瞭解的程度，所以其取題時特別著重其涵蓋面的廣闊；可是診斷性的測驗，爲了能更深入地瞭解學生對某部份教學內容的學習情形，故其傾向於由較窄的範圍內取題。當然，或有人認爲一般性的測驗也有診斷的功能，這是一點也不錯的；可是，我們相信以同樣數目的題目，來測量學生在較窄領域的成就，將比用來測量較廣範圍的診斷效果來得大。例如以 20 個題目來考三種技能，應比考六種技能能得到更大的評估效果。

根據其不同的形式，成就測驗也可分爲學科測驗 (Verbal Tests)，以及術科或技能測驗 (Performance Tests)。前者可用口試或筆試，其測驗的形式包含是非題、選擇題、及簡答題等。在技職教育裏，所有需要運用技能 (Psychomotor Skills) 於操作器物 (如材料、工具) 的測驗，都可歸類於術科或技能測驗，像打字、電器修護、汽車修護、縫紉、量血壓、及食物製備等。通常技能測驗都是要受試者完成某一種作品，而這項作品可反應某一特殊職業領域內的知識及技能。技職教育或訓練的最主要目標，就是培養學生未來的就業能力，由這一點可以很明顯的體會，爲什麼技能測驗經常地被運用在技職教育與訓練裏，像技能檢定就是一個很好的例子。

（二）一般心理能力測驗 (General Mental Ability Tests)

一般心理能力測驗和成就測驗一樣，可區分爲技能測驗及學科測驗或筆試。屬於心理能力測驗的技能測驗，包含拼圖、積木等。

由於心理能力測驗需用到較高的測量技巧，所以一般技職教師都運用專家設計過的標準式測驗，而不自己製作；也因此，在這種情形下，技職教師所碰到的問題倒不是如何製作這類測驗，而是如何適當地選用這類標準式的測驗了。

標準式的一般心理能力測驗，包括有許許多多種，就施測的人數而言，可分爲個別式測驗(Individual Tests)及團體式測驗(Group Tests)。顧名思義，個別式測驗是一個個施測的；而團體式測驗是可同時對一個以上的對象施測。

個別式的一般心理能力測驗的缺點，就是施測極費時間；例如需花一小時的測驗對一百人作個別施測的時間，將超過一百小時，可是若對一百人同時施測的話僅需一小時。而這種方式的測驗的優點就是易於做一對一的，長期性的觀察，例如動機、情緒等；同時也由於一對一的施測，也可免除團體式測驗的缺點，像：有些學生把答題說明看錯了，而未能及時斜正等情形，在個別式的測驗裏就不易發生。

(三) 性向測驗 (Aptitude Tests)

在技職教育裏，性向測驗是偏重於測量只與某些特殊行職業領域有關的心理能力，而不似前述之與一般行職業皆有關的"一般心理能力"。利用經適當設計的性向測驗所得的結果，可以估計受測者在某些特殊行業領域學習或工作成功的可能性。

在技職教育裏，最常見到的情形就是學校或訓練中心的輔導人員，利用性向測驗的成績，協助學生們作出適合於個人的生計選擇或決定，這些測驗通常包括機械性向、數理性向………等等。國內的臺北市立木柵高工近年來實施羣集式機械類科的教學，學生們在高一時並不作詳細的分科，而在升高二及高三的時候才做進一步的細分，據瞭解在協助學生選科時，便用到這類的測驗結果。

這類的測驗並不是用來測量學生未來的成就，而是測出其目前在某些特定領域裏的能力，並且這項能力的高低是可做為預測他們將來在該領域裏成功的可能性。

很顯然地，根據測驗的目的，可以很容易地將這類的測驗與其它類的測驗區分。即使是前述的成就測驗，若其測量的結果可作為預測未來成就的依據的話，也可將之稱為性向測驗。當然，這句話的意思並不是說隨意組合一些測驗題就可作為性向測驗用，它的預測能力 (Predictive Capabilities) 還是需要經過證明之後才行的。

（四）興趣調查表 (Interest Inventories)

在技職教育裏，興趣調查表主要是被用來評定學生對不同職業領域感興趣的程度高低；它和前述性向測驗同樣地可以提供學生作生計選擇及決定的資料。在這裏必須注意的是興趣調查表並不對受試者的能力作任何直接的測量或評定。而事實上，興趣的濃厚與能力的高低並沒有絕對的相關，我們往往可以看到某些學生對某方面的課題具有極高的潛力，可是卻不感興趣，而相反的情形也有。顯然的我們可以瞭解性向測驗與興趣調查，各由不同的角度提供學生是否適合於某些行職業的參考資料，而且兩者對生計選擇都是極重要的。

通常興趣調查表都是由受試者填答的、長長的問卷，透過問卷裏的種種問題，受試者所喜歡或不喜歡的事物可以表答出來，而後將其好惡的模式與各行各業成功者好惡的模式相互比較，看看彼此有無顯著的相同或相異。若某生的好惡模式與某些在某一特定職業領域裏成功的人士所顯示的好惡模式相似時，則可推論該生對該特定的（或相關的）行職業有興趣；若不相似時，則表示興趣不高。

由於填寫興趣調查表時，受試者只要依其自己的看法或觀念填答，各個題目並無所謂正確或不正確的答案，當然也就無所謂成績好或壞、

及格或不及格，所以受試者在填答時通常都不會有壓力。可是話又說回來，這類的調查特別需要受試者能據實作答，否則最後將導致無意義的興趣模式，進而影響生計選擇或決定的正確性。

在技職教育裏為何常用到興趣調查表的理由，除了前面一再提及的：有助於決定某位學生是否對某一行職業有較高的興趣或是否能在該行業中勝任愉快。其它還包括下列兩種原因：（1）教師或僱主可將興趣相投的學生或僱員編排在一組一同學習或工作；以及（2）萬一有那位學生並不清楚自己真正對那類行職業有興趣時，可以提醒他。這裏所有從事技職教育的人士應特別注意的是，興趣調查表的結果主要還是用在協助學生作明智的生計選擇，而不是用來決定任何行政措施的。

目前在技職教育裏使用興趣調查表遇到最大的限制就是青少年之興趣還在不穩定的狀態；此外，調查表本身的測量誤差也使測量結果的運用上造成很大的困擾。譬如說，青少年對某些行職業的不瞭解或成見，極可能影響其對這些行職業的興趣程度，某位學生的家長或是汽車修護廠的技工，每天從他身上帶回家的油污，極可能導致該生對這個行業的反感；另外一個情形是，某生對當工程師有著極大的憧憬，因為他認為工程師可以穿上整齊的制服，製造東西，而忽略了當工程師應具備的學理背景，這種情形都會造成興趣測量上的誤差。另一種情形是，青少年學生往往根據其過去有限的經驗對某些行職業下結論，例如某生在小時候把父親的收音機搞壞了，這個經驗極可能使其對電子電機類的行業造成負面的印象，進而導致興趣測量的誤差。

雖然有以上這些限制或可能的測量誤差，但興趣調查表的測量結果，仍是技職教育裏提供協助學生作生計選擇的最重要資料。

（五）態度量表

態度的測量非常近似於興趣的測量。也因此，興趣的測量常被歸類

爲態度測量的一種，亦卽把學生對某行業或職業的態度當作其對這行職業的興趣。但在本書中，把態度當作是一種教育的成果，而不把它當作興趣或個人的好惡；換句話說，是把它當作情意領域的學習成就（本書將在下一章中討論情意領域的學習）——例如敬業的精神，對本身職務的責任感，對工作的正確態度，⋯⋯等等。

測量態度和測量興趣一樣，通常都用可由受測者塡答的問卷，透過問卷裏的各項題目以瞭解受試者對某件事物的感想；各題目的答案也只問受試者的看法是同意或不同意、正面或負面，而後將正面的積分與負面的積分累計相減之後，便可獲知受試者對某件事物的看法了。由此，也可知 "中性的 (Neutral)" 的答案（如"無意見"）對態度量表而言，是沒有什麼價值的。

由於態度測量也是由受測者自我塡答的測量工具，所以前述的這類量表可能遇到的測量誤差還是會在這類的測量裏發生；這類的誤差就是由學生的過去經驗、個人或社會的價值觀所造成的印象等形成。再一點需要注意的是，學生在態度測量上的得分或結果，與其實際的行爲並無太大的相關，換句話說，態度測量的預測效度是不高的。

有了本章所介紹的各種有關測驗與評鑑的基本觀念後，相信將有助於對後面幾章的瞭解。

第二章　學習領域

　　無論是從訂定教學目標、設計教學內容的觀點，或是由評估學生的學習成就的角度來看，一個稱職的技職教師的首要條件就是得瞭解學生"到底要學會甚麼？"

　　通常我們把學生要學的內容稱為學習領域（Learning Domain）；為了更容易地在教學前訂定教育目標，在教學過程中選擇適當的教學內容，以及在教學後評鑑學生的學習結果，近年來有許多教育學者嘗試著將學習領域做更詳細的區分。到目前為止，較獲得大家同意的分類方法是將學習領域區分為認知（Cognitive）、情意（Affective）、及技能（Psychomotor）三大類或三大子領域；此外，學者們還進一步地將各子領域做更詳細的分層，其中較者名的有一九五六年 Bloom 將認知領域的學習做了細分類；一九六四年 Krathwohl 等人將情意領域的學習做了細分類；而後一九六六年 Simpson 將技能領域的學習做了細分類。除了以上將學習領域分成認知、情意、及技能三大領域之外，Moore 更於一九七〇年提出增加一個知覺（Perceptual）領域的說法，這也將一併在本章中討論。

　　就整個來說，以上的學習內容的分類，可提供教師們在評鑑學生的

學習成就時一個非常具體的參考依據；因為這種分類的方式，可將學生在各種不同領域裏的行業很明顯地指出來，例如：學生要"知道"甚麼、"瞭解"甚麼、或"能做"甚麼。顯然的，依據這種分類，技職教師可以在各職種的行業分析之後，很容易地決定那些領域裏的行為必須涵蓋在教學目標裏；而最近幾年在美國及國內的技職教育中推行能力本位教學，其要求以完成各項必須的「能力」，作為學習結果的指標的做法，正需要將各科的學習內容分類，寫成行為目標後才足以行之。以下將首先對各學習領域做進一步的詳細說明；而行為目標的編寫，則將於下一章中加以討論。

壹、認知領域 (Cognitive Domain)

Bloom等人認為認知領域裏的學習，主要是著重於理智的、學識的、以及解決問題的能力培養；這其中包括具體的和抽象的知識傳授與訓練；所以，其範圍包括基本的回憶知識到較高層次的心智能力及技巧❶。

根據前述的內容，Bloom 及其助理們把認知領域的學習主要區分為知識 (Knowledge) 及心智能力 (Intellectual Abilities) 二大部份；接著，他們更把這兩部份依其層次的高低細分為：知識 (Knowledge)、理解 (Comprehension)、應用 (Application)、分析 (Analysis)、綜合 (Synthesis)、及評鑑 (Evaluation)；其中，除知識之外，其他五個層次都屬心智能力（見圖 2.1）。

此六大層次構成一個知識記憶為基礎的一個由簡到繁的連續性學習領域；每一層次之間就是一個知識階梯 (Knowledge ladder)，想要由

---

❶ Bloom, B.S., Englehart, M.D., Furst, E.J., Hill, W.H., and Krathwohl, D.R., *A Taxonomy of Educational Objectives*: *Handbook 1, The Cognitive Domain*, New York: David Mckay Co., 1956.

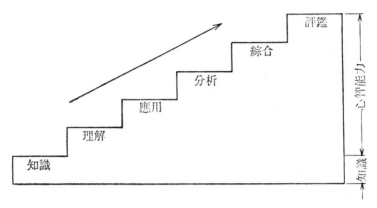

圖 2.1 認知領域學習的不同層次

低層往高層，必定要以低層次的學習爲基礎。例如，要具備了「知識」，才能發展「理解」；而若要能「應用」，則需具備「知識」及「理解」，然後才能逐層而上，進而「分析」、「綜合」，最後達到「評鑑」的層次；因此認知能力的結構是一個螺旋形連續性的整體，後一層的能力包含了前面諸層能力之總和❷。所以「評鑑」是最難的，因爲行爲者要針對事物的始末，作整個的評價，所以「評鑑」的能力包括了「知識」、「理解」、「應用」、「分析」與「綜合」等五項能力❸。

以下分別就這六個層次加以概略地說明：

一、知識（**Knowledge**）

在此所界定的知識，包括特殊事物及一般概念的記憶、方法及過程

---

❷ 康自立，"簡介認知領域之教育目標"，中學工藝教育，11卷12期，民國67年12月31日，pp. 7-11.

❸ 方炳林，"教學目標的分類"，載於能力本位行爲目標文輯，中國視聽教育學會，民國65年7月，pp. 5-16.

的記憶，或是型態、結構、及背景的記憶❹。 而黃光雄等幾位先生將之解釋爲 "經由認知或回憶歷程所作對於觀念、資料、或現象的記憶行爲和測驗情境" ❺。更詳細一點地說，知識是指記憶學過的材料而言，這些材料包括❻:

(1) 特殊的或片段的資料的回憶

(2) 名稱或符號的知識

(3) 人、事、地、時的知識

(4) 知識的組織、研究、判斷、和批評的方法，所要求學生的是了解材料而非應用材料。

(5) 處理或表達事象的一貫方法。

(6) 時間的、過程的、及方向的知識。

(7) 幫助學習者如何構成及有系統地組織學科中所有的現象。

(8) 用以測量或評判事物的標準。（重在獲得有關這些標準的知識，而非運用這些標準）

(9) 用以研究問題或領域的方法。（重在獲得有關這些方法的知識，而非應用這些方法的能力）

(10) 組織現象和概念的知識，多屬學說和理論，爲最抽象、複雜的知識。

(11) 對主要原則之知識的認識，以及學生能想及這些原則的行爲。

(12) 研究組織的一些主要原則之方法，目的在利用其間相互關係以構成一種理論或結構。

---

❹ 高廣孚編譯，"行爲目標與教學"，臺北市：建新書局，民國68年5月，p. 31.

❺ 黃光雄譯，"認知領域目標分類"，高雄市：復文圖書出版社，民國72年6月，p. 50.

❻ 同註❸，pp. 10-11.

　　綜合以上所述，知識的層次包含了由具體事實的記憶到抽象的理論、複雜的概念性知識的記憶；同時也包含了對獲得知識的方法、時間、過程、與方向的一種認知的學習過程。

二、理解（Comprehension）

　　理解是心智能力中的最低層次，它須以知識作基礎，亦卽學生必須將「知識」層次所獲得的知識以自己的話或文字加以解釋；也就是指一種瞭解或領悟。所以 Erickson 及 Wentling 就把「理解」界定爲"一種包含轉譯、詮釋、及推測能力的瞭解行爲"❼。在此並沒有提及應用知識的能力，而只是將吸收的知識，加以融會貫通的一種內蘊的（Covert）的心理行爲。所以，「理解」可能是：

　（1）改寫某個主題知識的大意。

　（2）對抽象符號的說明。

　（3）語言的轉換。

　（4）對知識的再整理、再安排，或新觀念的重組。

　（5）將主題知識的趨向或傾向作推測性的說明。

　（6）依照主題知識所描寫的含意、結果、和影響，作進一步的推論。

三、應用（Application）

　　「應用」係將一般的觀念、程序的法則，一般的方法或必須加以記憶和應用的專門原理、觀念和理論運用在特殊或具體的情境中❽。而學

---

❼　Erickson, R.C., and Wentling, T.L. *Measuring Student Growth*, Boston: Allyn and Bacon, Inc., 1976, p. 57.

❽　黃光雄編譯，"教學目標與評鑑"，高雄市: 復文圖書公司，民國72年9月，p. 94.

習者必須達到此一層次，才具備解決問題的能力。在學習效果上說，是指知而後行的行為能力❾。其需在「知識」及「理解」充份被發揮下，才能達到此一層次，譬如學生在知道三視圖的特性及原理之後，往後若碰到要畫三視圖時，便能將其運用自如。

四、分析（Analysis）

「分析」強調將事物打散成各組成部份，並探討各部份之間的關係及結合的方式❿。也就是對事物的組成元素（elements），及關係的剖析能力，例如對各元素之間的異同點及相互關係的認識⓫。

由此可知，分析具有以下的特性：

（1）注重構成事物的基本元素。

（2）注重元素間的相互異同的關係。

（3）分析組織和結構的原則、目的、和觀點等。

五、綜合（Synthesis）

「綜合」的能力可界定為，把各種要素和部份安置在一起組成一個整體的能力；並且是一個新舊經驗的再結合、再結構，使之成為一種新的、更為統整的整體。亦即，學生必須從許多不同的來源中攝取要素，並加組合，成為一種以前所無的明確結構或模式⓬。通常指的就是知識的貫通、歸納、組織、與創新的能力⓭。

可見，綜合是以舊有的材料為基礎，將來源不一的、不夠明確的、

---

❾ 羅鴻翔，"教學目標的探討"，能力本位行為目標文輯，中國視聽教育學會，民國65年7月，p. 26.

❿ 同註❺，p. 127.

⓫ 同註❾，p. 26.

⓬ 同註❺，p. 146.

⓭ 同註❾，p. 26.

不夠系統化的資料，經過記憶、理解、應用、及分析的運作，而將資料再做歸納、組織，並提出更有系統的陳述。其主要的重點有❹:

(1) 使他人明白自己的意思、情感、或經驗。

(2) 一套計畫或建議的運用，以期獲得行為的改變。

(3) 將一個詳細的分析，引出抽象的關係或推斷。

六、評鑑 (Evaluation)

黃光雄先生為了避免這個層次的名稱與教學評鑑及課程評鑑相互混淆，因此，他也把它稱為「判斷」——即判斷是非、真假的能力❺。「評鑑」意指根據既定的目的來評定事物或方法的價值。它包括規準(Criteria)和標準(Standards)二者的運用，以肯定特定對象的正確、效率、經濟、及令人滿意的程度；這種判斷可以是數量的，也可以是質量的，它的規準可以由學生自行決定，也可以由教師來決定❻。

由此可見，「評鑑」的能力應具有以下的幾個特徵:

(1) 須有一個目的做為內容的依據。

(2) 對象包括了觀念、作品、問題的解決方法、及材料等的價值判斷。

(3) 所做的判斷可能是針對量的方面，也可能是針對質的方面。

(4) 評鑑應包括知識、理解、應用、分析、及綜合等前面五個較低層次的行為。

(5) 評鑑應根據內在標準（如本身組織）或外在標準（與目標相關的事物）來進行。

❹　同註❸, p. 12.

❺　黃光雄，"教學目標的敍寫方法"，職業學校課程教學革新專輯，臺灣省政府教育廳，民國72年7月，pp. 25-32.

❻　同註❺, p. 169.

　　總之，雖然認知領域包含了上述六個高低不同的層次，但事實上在個體的行爲表現上，它應是一個連續性、融合性的學習歷程。「知識」雖然是其他各層次的基礎；但若只重視知識性的記憶材料，而不注重較高層次的心智能力的培養的話，就個人而言，是無法在未來高科技發展的社會中遞存的，而就國家來說，也將無法在科技、經濟、及文化等各方面提昇。

貳、情意領域 (Affective Domain)

　　就教育的觀點而言，情意領域的學習主要是著重於學生個體與社會 (Personal-social) 二者關係的建立；也因此，這個領域裏的分層皆以個人內在的心理歷程 (the process of internalization) 爲其基礎。根據 Erickson 及 Wentling 的看法，這個歷程的發展可分爲兩個階段：首先由對某一特定的人際行爲的暫時採用，而後再發展爲完全的接受[17]。所以這個領域的教學是強調感覺、情感、和對一件事物之接受或者拒絕的程度[18]。其多屬愛好、態度、價值、及信仰等。

　　情意領域的學習所發展出來的結果（如興趣、鑑賞、態度、價值、及適應等人格特質）都不是一蹴而及的，往往都需要經過一段時間才會慢慢地形成；例如學生的敬業精神、職業道德等，都需要在適當的環境中，經過長時間才會養成。也因此在一般教學活動裏，情意領域的教學不是被忽略，就是教學者不知如何實施教學活動；同時，教師們在進行這方面的測量及評鑑時，更是感到困擾萬分。當然，在進一步地瞭解情

---

[17]　同註[7]，p. 57.
[18]　張思全，"課程設計與教學法新論"，中國公共關係學會，民國 57 年 12 月，p. 51.

意學習的領域之後，相信對敎學內容的選取、敎學活動的設計，及敎學結果的評鑑是有幫助的。

　　和認知領域一樣，情意領域裏的學習也可分成高低不同的幾個層次。其內容包含由簡單的對某些特定對象的注意，發展到對特徵或意識的複雜性注意，有許多研究將這些目標視爲興趣、態度、鑑賞、價值、情緒狀態和偏見[19]。所以情意領域連續性之開始，是學生對一些刺激物的粗淺接受，或者消極性地注意，或者可能伸展到比較積極性的注意；再由學生對任何刺激物「有被動之反應」，經過「自願地反應」，到「覺得反應會產生滿足」；而進一步的，學生不僅覺得其現象或者活動有意義，而自願地去尋覓反應之方法，並將所有反應過的價值意義概念化 (conceptualization of a value)，最後終於形成「價值意義」之結構系統，以及個人人格[20]。

　　根據以上所述的情意領域裏連續性的、高低層次不同的行爲，Krathwohl，等人將之分成以下的五個層次：接受 (Receiving)，反應(Responding)，價值評定 (Valuing)，價值的組成 (Organization)，以及品格形成 (Characterization by Value or Value Complex)[21]。這五個層次與認知領域有相同的性質，係「一連續、螺旋形之結構，由簡單、普遍，實在具體之行爲演變至複雜、抽象的行爲、後層行爲包括前層行爲的認知，透過價值內在化 (Internalization) 的歷程達到最高層的品格形成[22]。」「也就是將社會的意念、標準、價值作爲本身的準繩，而

[19]　黃光雄等譯，"情意領域目標分類"，高雄市：復文圖書公司，民國71年6月，p. 5.

[20]　同註[18]，p. 53.

[21]　Krathwohl, D. R., Bloom, B. S., and Masia, B. A. *A Taxonomy of Educational Objectives: Handbook 2, The Affective Domain.* New York: David Mckay Co., 1964.

[22]　同註[3]。

且此歷程亦包含愼重的思索與眞正的接受」[23]。由以上的討論，可以確定情意領域的學習，也是由「接受」至「品格的形成」的一種連續性的結構。（如圖2.2所示）

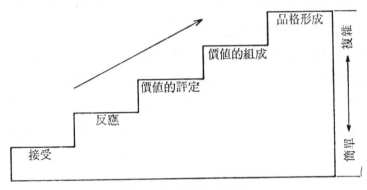

圖 2.2　情意領域學習的不同層次

一、接受或注意 (Receiving or Attending)

在此層次中，「學習者易於感覺某些存在的現象或刺激，也就是願意接受或注意他們」[24]。這雖是最基本的層次，但也是很重要的層次；學生過去的經驗將有助於其對現象的認識。如果教師能夠給予學生某種刺激，並且讓學生感覺或意識到此刺激，就達到此層次的學習目標。而此層次又可細分成以下三小層：

(1) 感覺事物之存在——覺知 (Awareness)

這是一種近似認知的行為，但它並非知識 (Knowledge)，也非記憶或追憶，而只是「察覺到某一事物，注意到一個情境、現象、物體或事情的進度；且沒有評價或特別注意的意思在內。」[25] 所以它在教育的

---

[23]　同註❽，p. 51.
[24]　同註❹，p. 40.
[25]　同註❹，p. 41.

功能上是讓學生能察覺 (Perceive) 課程內容或訊息(Information)，是一種心理的直覺反應的歷程。

（2）願意接受 (Willing to Receive)

在此層次中，學生「願意接受現有刺激，且不去逃避的一種行為表現，注意到某種現象且表現其注意力。」[26] 亦即對刺激保持中立態度而不加以判斷。「對刺激會注意，並理會此現象，不會積極的逃避。」[27]

所以，此層次的特徵可歸納為：對刺激會忍受而不去規避，不加以判斷而保持中立，也可說是願意接受某種現象。在學習的環境裏，縱使教師提供了具有競爭性或選擇性的刺激時，學生也不會主動地去做取捨。

（3）識別性的注意 (Controlled or Selected Attention)

在此稍高的層次中，「學習者對因刺激而引起的注意，會加以選擇。」[28] 「在有意識及半意識的情況下，分辨出刺激的形像與基礎，即將一特定刺激區分為某種形式或背景。」[29] 由上可知，在此層次中學生能夠控制其注意力，並在許多刺激中選擇自己所喜歡的，最後並將所有的注意力都放在所選的刺激上。

在接受層次所劃分的範圍雖有所不同，但仍可看出其連續性，由「覺知到某刺激」而至「願意接受而不逃避」，再演進至「選擇刺激」──由消極的立場和角色，進展至較積極的意識狀態。

二、反應 (Responding)

在此層次中，學生的學習動機已充份地被引發出來。「對於刺激所

[26] 同註[4], p. 41.
[27] 同註[19], p. 97.
[28] 同註[4], p. 72.
[29] 同註[19], p. 103.

產生的現象，除了感覺之外，尚有低層次的專心致意的表現。」[30] 顯然
的，反應係由專心地注意刺激物，進而選擇其中之一（些）刺激，最後
因對它（們）有興趣而產生行為改變的心理歷程。然而，在這層次中，
雖然可看到學生行為的改變，但這僅止於學生對某些刺激的積極注意，
其中並不摻有任何的價值成份。

此層次也可再細分為以下的三個小層次：

(1) 勉強反應 (Acquiescence in Responding)

勉強反應是指學生從事反應，但是沒有完全接受「如此反應」的必
然性[31]。亦即學生在本層次的反應或許是基於一種規則或社會規範的約
束，促使其順從；這種規則或社會規範，是具有強制力的，若讓學生有
選擇的餘地，他（她）或許會有其他的反應，由此可知「勉強反應」是
一種經由較簡單的刺激而產生的一種「被動性行為」；因而本層次並未
使學習者獲得更多的內在化或自我指導的行為。

(2) 願意反應 (Willingness to Respond)

本層次的「願意」一詞，暗示自願活動的能力[32]。所以它是出於自
己願意、自動合作的反應[33]。這也就是學生基於本身的自我意識，並不
受制於外在的因素（如害怕處罰），而自動自發地表現其行為。

(3) 樂意的反應 (Satisfaction in Response)

樂意的反應指學生之反應行為會產生滿足的感覺[34]。此種滿足是屬
於情緒上的（如愉快、興奮、或歡欣等）。在教學情境中，若伴隨著反
應的滿足行為加以增強（如酬賞、鼓勵），則容易增加反應的頻率和強

---

[30] 同註[19]，p. 110.
[31] 同註[19]，p. 97.
[32] 同註[19]，p. 102.
[33] 同註[3]，p. 13.
[34] 同註[18]，p. 65.

度。

三、價值的評定（Valuing）

價值是指學生接觸某一事物、情況、或行為而感受的價值而言；「價值」觀念的形成係由於內在的一組意識形態，但結果顯示仍在乎其外在行為的表現❸。 所以到達這一層次時，學生已開始將此價值內在化，其行為表現是相當一致和穩定的。這種抽象的價值概念，一部份得自個人自己評價或評估的結果，但是大部份係一種社會的產物，學生逐漸加以內化或接受，而成為其自己的價值規準❸。 也因此，在此層次中學生的行為與態度已達自律的程度，其行為已不是因為受到外在的影響而反應。這一階層中也可再細分為三個相互連續且逐漸內化深入的小層次：

（1）價值的接受（Acceptance of a Value）

在此層次的價值立場是屬於暫時性的❸。 「學生對物體現象的反應保持一致性，且逐漸具有持續性。」❸ 亦即在此小層內價值內化的深度是有限的，是依據某些暫時性的力量或觀點來控制行為。

（2）價值的偏愛（愛好）（Preference of a Value）

價值的偏愛是對某一價值具有信心而尋覓之、追求之❸。 所以它不僅是接受一種價值而已，還願意對其認同，而主動地去追求這種價值、需要這種價值。

（3）堅信（Commitment）

堅信是以一種具有高度的肯定性、毫無懷疑的確信，包括對一個位

---

❸ 陳梅生譯，"教學行為目標敍寫法"，臺灣省國民學校教師研習會，民國
　 65年6月，p. 27.
❸ 同註❹，p. 44.
❸ 同註⑱，p. 67.
❸ 同註⑩，p. 136.
❸ 同註❸，p. 14.

置、一個組織、或一個目的的忠誠；所以學生真正具有表現行為的動機，會為該目的而說服別人[40]。亦即對該態度已具持久之信仰而非一時的熱心或是衝動，學生會以實際的行動來表現其情操或信仰，可說是價值的極致表現。

四、價值的組成（Organization）

在此層次中，「學生不斷的將價值的意義內化，並組織成為一個系統。」[41] 也就是將事物或行為的價值系統化，「並能分辨其優先順序，達到決定價值、區別價值的能力。」[42] 亦即將不同的觀念集合起來，解決其間的矛盾或衝突，而後建立個人內心的一致性。這個層次亦可再區分為兩小層：

（1）價值概念的建立（Conceptualization of a Value）

在這層次中對於「價值」除具有一致性及持續性外，還加上「抽象」或「概念」性質的建立，使個體將「新價值」與「已抱持之價值」兩者互相關連；在價值概念建立之過程中包含分析與辨別的歷程，抽取特殊概念所具有之特性，並將此概念運用在已區分的價值組織上[43]。由此可見，概念是經由抽象形式操弄感官意念的結果。

（2）價值體系的組成（Organization of a Value System）

價值體系的組成，乃是需要學習者將各種價值組成一個複合體的目標，也就是需要學習者將這些不同的價值構成彼此井然有序的關係的目標；這種井然有序的關係是一種和諧、內部一致的關係[44]。這層次所產

---

[40] 同註[18]，p. 69.
[41] 同註[18]，p. 70.
[42] 康自立，"情意領域之教育目標"，中學工藝月刊，12卷2期，68年2月，p. 12.
[43] 同註[19]，p. 143.
[44] 同註[19]，p. 137

生的往往是由一些價值綜合而成的新價值——一種較高層次的價值複合體。

　　整個而言，價值體系的組成是將各種事物、行為內化而建立概念，再將概念融合於原有的價值組織之中，並不斷地內化，調合成一致的價值系統。

五、品格的形成（Characterization by Value or Value Complex）

　　「在此層次內，各種價值在個人的價值體系上已佔據了一個位置，組成相互一致的體系，且能支配個人行為一段足夠的時間；除非受到威脅、挑釁，否則不易有情緒化的反應。」❹ 由此可知此種內化的價值，已在個人內心形成一種獨特性格——具有普遍性、一致性，而後慢慢地演進成個人的人生觀，其待人處事的立場具有前後一致性。

　　此層次亦可細分為下面二個小層次：

　　(1) 一般態度的建立（Generalized Set）

　　這是指個人內部的穩定性，對相關的情境或對象表現一種持久而一致的反應；它常是一種無意識的態度，不需刻意的思慮卽能左右個人的行為❹。 換句話說，它已成為個人的習慣，並且會自然地將此人格特質流露出來。

　　(2) 品格的形成（Characterization）

　　這一層次是主觀化或內在化歷程的極峯,其所包括的目標極為廣泛,兼「現象」及「行為」等範圍而有之。因此，在這裏所發現的目標，是涉及個人的宇宙觀、個人的人生觀、及個人的世界觀❹。 可見，在此層

❹　同註❶，p. 165.
❹　同註❶，p. 145.
❹　同註❹，p. 49.

次中包括較大的內涵，而內化於各種態度、行爲、信念、或觀念中，它們幾乎有完全形成個人品格的傾向。

至此，我們已將情意領域裏的學習層次做了說明，由各層次的內容中，可發現這個領域的學習在內容的界定、教學方法的選用、以及測量學習成就上，顯然地要比前述之認知領域要困難得多。但是無論如何，在瞭解各層次的學習結果之後，必然對情意領域的教學及測量與評鑑上有所助益的。

叁、技能領域 (Psychomotor Domain)

「Psychomotor Skills」是常見到的描寫「技能」的英文名稱。事實上，Psychomotor 主要由 「psycho-」 及 「motor」 兩部份構成，前者泛指一般的心智活動，而後者指的是人體四肢的運動，兩部份合起來後，指的正是所有心智與四肢協調 (coordination) 後所表現出來的行爲──技能。

Simpson 將技能領域的學習，依其複雜的程度區分爲七個層次，卽知覺 (Perception)、趨向 (Set)、引導的反應 (Guided Response)、機械化動作(Mechanism)、複合的明顯反應 (Complex Overt Response)、

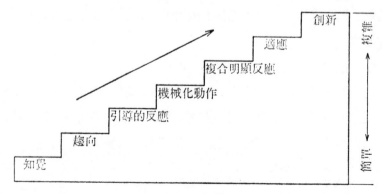

圖 2.3　技能領域學習的不同層次

適應或調整(Adaptation)、及創新 (Origination)，如此由簡單至複雜、由模仿動作乃至創新技能，構成一連續性的結構。（如圖 2.3 所示）

一、知覺 (Perception)

「在此層次中，學生感覺到與技能有關的行為、事物、與關係。」……「藉感官而注意到物體或性質、關係之過程，是導致連鎖動作活動的基礎。」[48] 這是技能領域中最基本的層次，與情意領域中的「接受」層次可說是相平行的。

知覺的過程又可分為三個層次：

(1) 感官的刺激 (Sensory Stimulation)

感官包括聽覺 (Auditory)、視覺 (Visual)、觸覺 (Tactile)、味覺 (Taste)、嗅覺 (Smell)、及肌肉運動知覺 (Kinesthetic)；這些感覺並沒有特定的排列次序。

(2) 提示（線索）的選擇 (Cue Selection)

在此層次中「學生須決定對某些提示（或線索）加以反應，包括認明各種提示，並將提示與所要完成的工作相結合。」[49] 也就是依據過去的經驗或知識，選擇和所從事動作有關的「提示」做為參考，而不理會無關的提示或線索。

(3) 轉換 (Translation)

「此層次之功能在於連結知覺與行動以完成一項動作，其過程在於確定前一小層中所選擇線索的意義，包括符號的轉換、頓悟、及回饋等項。」[50] 在此層次中所產生的歷程是在學生的心中，因此應著重於環境的安排以產生適當的知覺。

---

[48] 黃光雄，"技能領域的行為目標"，高雄：復文書局，72年6月，p. 141.
[49] 同註[35]，p. 31.
[50] 同註[48]，p. 143.

由以上可知，「知覺」係刺激與行動的中介歷程，學習者經過感覺而選擇適當的線索，再經由轉換的過程以實施動作。拿開車爲例，主要用到的知覺有視覺、觸覺、及聽覺，在車子行進的過程中，行爲者會透過上述的各種知覺收入許許多多的訊息 (information)，而後由這些訊息中選出與開車有關的如紅綠燈、其它車輛的位置、路面的情況、車速等，進而將這些訊息轉換成對開車有意義資料，例如「紅燈」表示警告、停車，「雙黃線」表示不能超車等等。顯然的，對執行某項行爲而言，知覺是最基本的能力了。

二、趨向 (Set)

「趨向是對特殊行動或經驗的一種預備適應。」[51] 也就是對卽將執行的動作在心理或身體上所準備的程度。本層次亦可再細分爲三小層：

(1) 心理的準備 (Mental Set)

「在心理上準備要完成某項動作。」[52]「也可說是心智的一種趨向；係屬於認知領域的行爲。」[53]

(2) 生理的準備 (Physical Set)

對所要執行的動作做好各種生理上的準備狀態，像姿勢的準備、感官的注意等，例如開車前必然要先在方向盤前擺好特定的姿勢，而感官亦準備接收各項與開車有關的訊息。

(3) 情緒的準備 (Emotional Set)

「對將要發生的動作表現贊成的態度，包括意願的反應在內。」[54]綜合以上各點可知，在「趨向」的層次中，係一種連續性的反應歷

---

[51] 康自立，"工職能力本位教育理論與實際"，師大工教系，71年7月，p. 85.

[52] 同註[48]，p. 143.

[53] 同註[51]，p. 85.

[54] 同註[51]，p. 85.

程，先經由意念上的準備，而發展至身體上的調整，再變成一種贊成的意願，而促使動作產生。

三、引導的反應 (Guided Response)

引導的反應乃是「個人在教學指導下所表現的明顯反應動作，或依照範例、標準作自我評鑑而表現的行為動作。」❺❺ 真正的教學功能係從此層次開始，教師藉著指導或引導而促使學生發生行為的改變。本階層可再分為二小層：

(1) 模仿 (Imitation)

「是一種行為的履行，係對他人的行為做直接的反應。」❺❻ 也就是依照他人的行為動作以從事練習或學習的步驟。

(2) 嘗試錯誤 (Trail and Error)

「嘗試種種反應，直到適當的反應達成。」❺❼ 也就是藉著不同的練習，以期出現所需要的反應。綜合以上所述，可知在此層次中學生依照教師的示範來進行操作練習，並藉著不斷地練習，以修正錯誤或不良的反應動作。可見真正的技能學習是由本層次開始，目的是著重複雜能力的組成。

四、機械化動作 (Mechanism)

「在此層次學習所表現的行為已達到某種自信和熟練的程度，技能已能顯現其獨立的能力。」❺❽也就是在操作的過程中需要花較多的時間，並可能仍有錯誤的產生；但是無論如何，在這個層次的技能水準雖未完

---

❺❺　同註❹❽，p. 145.
❺❻　同註❹❽，p. 145.
❺❼　同註❹❽，p. 145.
❺❽　同註❺❶，p. 86.

全純熟，但已達到相當的程度了。因此，康自立先生將之稱為「機巧」。

五、複合的明顯反應（Complex Overt Response）

「個人能做複雜的技能反應，以最少的時間、力氣，做出最有效的動作。」[59] 在此層次中，技能已達到職業上的水準，甚至已達到技能學習的頂點。本階層亦可細分為下面二個小層：

(1) 果決（Resolution of Uncertainty）

指在執行技能時，不會有猶豫不決的情形，「在接到一個任務時，心中已有完成任務的重要正確步驟。」[60]

(2) 自動反應（Automatic Performance）

「能以最少時間、步驟，完成精細技能的過程」，「個人能以輕鬆的心情、與適當的肌肉控制，表達高度協調的動作。」[61] 也就是一種自動而無需特別控制的行為表現。

六、適應（Adaptation）

「適應」也可稱之為「調整」。「改變原有的技能方式，以便對新的問題情境或技術的適應，包括高度的解決問題的能力。」[62] 在此層次中，個體不但技能非常熟練，且能用以解決實際工作上的問題。

七、創新（Origination）

「利用原有技能的基礎而創造出新的技能或方法。」[63] 顯然的，研

---

[59] 康自立，"技能領域的行為目標"，中學工藝月刊，12 卷 3 期，68 年 3 月，pp. 3-6.
[60] 同註[55]，p. 5.
[61] 同註[51]，p. 87.
[62] 同註[51]，p. 87.
[63] 同註[59]，p. 6.

究發展部門的人員需要這方面的能力，通常在技職學校的環境中不易達成此層次的學習。

綜合前面的討論，雖然技能領域可由低而高分爲七個層次，但我們可以發覺前面兩個層次——「知覺」及「趨向（準備）」只是一種基礎，稱不上是獨立的技能；而在最後的「適應」與「創新」則需要長期經驗的累積與相關知識的配合，才能達到這兩個層次的行爲能力。所以，就技職教育而言，其學習的內容及目標主要著重於第三層（引導的反應）、第四層（機械化動作）、及第五層（複合的明顯反應）等能力的培養，並且以第五層的能力，爲其終結的教育目標。

同時，就學習的觀點而言，雖然將上述技能領域的學習與認知及情意領域的學習分開，但是無論如何，幾乎所有技能領域的學習都多多少少地含有認知及情意學習的成分[64]。就拿換車子的輪胎做爲例子，「換輪胎」很明顯地是屬於一種技能領域的行爲，但在執行這項行爲時必須知道像：使用正確的工具、循著正確的步驟等屬於認知領域的能力；同時，也需要像：想把事情做好的意願、注意工作安全的態度等屬於情意領域的能力；當然還包括實際屬於技能領域的能力。因此，無論在決定教學內容，以及將來如何測量及評鑑學生的學習結果，都一定要先確定到底期望學生形成在那個領域的行爲變異（Behavioral Changes），而以上所介紹的各領域的內容，相信是有助於技職教師們來完成這些工作的。

肆、知覺領域 (Perceptual Domain)

除了將學習領域 (Learning Domain) 區分爲前述的認知、情意、

---

[64] Herschbach, Dennis R. "Use of the Taxonomy of the Psychomotor Domain for the Writing of Performance Objectives." *Journal of Industrial Teacher Education*, Vol. 12, No. 3, 1975.

及技能三個領域之外，Moore 還提出了第四個領域——知覺領域(Per-
ceptual Domain) ——的說法 ⑥。 他將學習者對某些特定的刺激所產
生的純感官反應的行為歸納在此領域中。由這個領域的名稱——「知覺
(Perceptual)」——讓我們很容易地將之與技能領域的最低層次——知
覺 (Perception) 聯想在一起，所以，這個領域是根據 Moore 的看法，
覺得有必要將「知覺」這個層次的學習內容單獨抽出加以分類， 也因
此，這個領域與技能領域有極高度的相依性。

和前面所舉的幾個領域一樣， 知覺領域的學習內容， 可依據學生
所選取的感官訊息的多寡而分成高低不同的層次， 它們分別是： 感覺
(Sensation)、對圖形的察覺 (Figure Perception)、對符號的察覺 (S-
ymbol Perception)、體會事物的意義(Perception of Meaning)、及洞
察力的表現 (Perceptive Performance)。這五個層次也是由低而高的組
成知覺領域的能力內容。 (如圖 2.4)

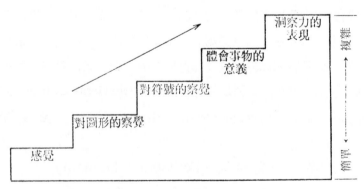

圖 2.4 知覺領域學習的不同層次

⑥ Moore, M. R. "The Perceptual-Motor Domain and a Proposed
Texonomy of Perception." *AV Communication Review*, Vol. 18,
No. 4, 1970.

現將這幾個層次扼要地說明如下：

一、感覺（Sensation）——學習者察覺到周遭的各種刺激的訊息，例如像體會某種事物的改變等。

二、對圖形的察覺（Figure Perception）——學習者能察覺事物的本質（entity），像區分事物的單一性（unity）、感覺以圖形爲主的知覺體系、及解析事物的細節。

三、對符號的察覺（Symbol Perception）——學習者能察覺各種圖形符號所代表的各種象徵（但還不能解釋其象徵的意義）。

四、體會事物的意義（Perception of Meaning）——學生能察覺與事物、形式有關的意義，並賦予個人的看法。

五、洞察力的表現（Perceptive Performance）——學生能對事物做入微的、精確的觀察，能做出面面俱到的決策，並且能根據這些資料做出必要的行爲變異。

整體而言，這個領域的各學習層次，組成了技職教育的學生在學習環境中的所有的知覺的活動。拿個具體的例子來說，學打字的學生都是由察覺打字機的鍵盤開始，而後能選擇性地區分各打字鍵的位置，而後察覺字鍵與字之間的表徵關係，進而體會各字母之間的次序關係，最後才能診斷打出來的字是否正確。

前面曾提過，知覺領域和其他三個領域——特別是技能領域，有極密切的關係。像焊接工人在開始焊接之前，一定得留意火焰的顏色、形狀、及聲音；而在焊接過程中也得隨時注意溫度、速度、及身體的動作。此外，他（她）也需具備焊條的常識（認知領域）及重視焊接結果的品質（情意領域）。

總之，在教學之前，教師們一定得先確定：「要教甚麼？」本章詳細地介紹了技職學生所可能學習的內容，教師們在瞭解了這些內

容之後， 便可著手擬定教學目標， 以便能據之以進行教學及測驗的工作。

第三章 行爲目標的編寫及運用

若要較有計畫地做某件事，則一定得經過如下的幾個步驟：

在教育的領域裏亦然，通常也是得經過三個階段：(1) 設定教學目標，(2) 實施教學，及 (3) 教育評鑑。其中第二及第三階段的教學過程及教

回饋

育評鑑都得依據第一階段所設定的教學目標而行。教學過程中舉凡課程的選擇（教什麼？）、教學方法的選用（怎麼教？）等等都需以達成所列之教學目標爲其最終目的；而教育評鑑大焉者如技職教育制度評鑑、技職教育成效評鑑，小焉者如學生在某課程結束後的學習結果評鑑，在在需以教學目標爲其標準。同時，學生在學習之前若能事先清楚被預期的行爲目標，則必然會有較高的學習情緒。由此可見，教學目標的確定是一件多麼重要的事。因此本章將詳細介紹如何敍寫教學目標（行爲目標），以及如何用之以設計適當的測量方法與工具。

壹、行為目標的編寫

　　既然教學目標對整個教學內容、方法、及評鑑有這麼重要的影響，所以在確定教學目標時，一定要力求清晰、具體；因此，近幾年來教育學者們都主張教學目標以行為目標 (Behavioral Objectives) 的形式編寫，特別是配合國內推動能力本位教學，各技職學校的教師們都被要求將教學目標以行為目標的方式寫出，期望以之使教師及學生在學習活動進行之前，彼此都很清楚學習之後應達到何種成果。

　　多年以來，我們經常可以在教師們的教案或教學計畫中看到下列的教學目標：

　　——學生將清楚銼刀的種類及用途

　　——學生將學會操作縫紉機

　　——學生將具備正確的職業觀

　　——學生能養成良好的工作態度

　　若以這類的教學目標做為評鑑學習結果的依據的話，可能就會碰到困擾了，像第一個例子的情況，怎樣才能判定「清楚」或「不清楚」呢？甲老師和乙老師的看法就可能不同了；第二個例子也一樣，什麼情形下學生才算「學會」操作縫紉機呢？其它像職業觀及工作態度那更是難以判斷其是否「正確」或「良好」了。這也是為什麼有將教學目標以具體的、可做為測量依據的行為目標寫出來的呼聲。

一、行為目標的要素

　　要使行為目標明確且具體的話，它通常需具備以下的幾個要素[1][2]：

---

[1] Mager, Robert F. *Preparing Instructional Objectives*, Palo Alto, CA: Fearon Publishers. Inc., 1962, p. 12.

[2] Davis, D.E., and Borgen, J.A. *Planning, Implementing, and Evaluating Career Preparation Programs*, Bloomington, Ill: Mcknight, 1974.

1. 行為 (Task 或 Terminal Behavior)——學生要會做什麼?

2. 狀況 (Condition)——在什麼狀況下執行是項行為?

3. 標準 (Criteria)——所執行的行為應達到的正確度、速度、或精確度為多少?

此外，也有人把「對象」——執行行為的人，及「結果」——指行為產生的結果，與上述的三個要素合稱為行為目標的五要素❸❹。顯然地，行為目標需很清楚地敍述: 誰? 在什麼狀況下? 做什麼? 達到什麼標準? 所以也有人為了方便記住起見就把這些要素以 A, B, C, D 四個字母來代表:

A——Actor（執行行為的人）

B——Behavior（行為）

C——Condition（狀況）

D——Degree（程度、標準）

以下是幾個行為目標的例子:

【例 3.1】在出示各種火焰的彩色圖片之後 (C)，學生 (A) 能正確無誤地 (D) 區分其種類 (B)。

【例 3.2】在每次工作之後 (D)，不需老師的提醒 (C)，學生(A) 都能主動地將工具放回原位 (B)。

【例 3.3】在備有足夠工具的情況下 (C)，學生 (A) 能循著正確的步驟 (D)，在 15 分鐘之內 (D) 將車子的爆胎拆掉 (B)，並換上備胎 (B)。

【例 3.4】在適當的診療室中 (C)，學生 (A) 能正確地 (D) 量出病人的血壓 (B)，其結果與老師所量的相比，誤差不

---

❸　楊榮祥，"怎樣敍寫行為目標"，學習成就評量手冊，師大科學教育中心，民國68年，pp. 6-13.

❹　黃光雄編譯，"教學目標與評鑑"，高雄: 復文圖書出版社，民國71年。

超過± 5 mm （D）。

由以上的這些例子可以看出，各行為目標都清楚地寫出了各項行為應在什麼狀況下執行，並且達到什麼程度（標準）。如此一來，教師無論在安排教材及教學環境、或選擇測量方式及評鑑標準時，都非常具體而容易，不需擔心不知道要教什麼，不知道怎麼評鑑學生的情形發生；當然，若各班、各校都採一致的行為目標的話，更不會有因不同的學校採的目標內容不同，而造成畢業學生的程度相差很大的情形發生。另方面，學生假如在學習之前就先看過行為目標的話，那麼他們心中會很清楚地知道將要學什麼、將來被評鑑時，是項行為一定要做到什麼程度，這樣的心理準備，對其學習是有極大的幫助的。

二、應有的特性及敘寫步驟

至此, 我們可以確定, 一個良好的行為目標應具有下列幾個特性❺:

1. 行為目標應以學生為主體，而避免以教師為主體

行為目標中行為的執行者應是學生，所以其主詞應是學生，而非教師；前面的幾個例子便很清楚地強調了這點。

2. 行為目標應強調學習的結果，而不是學習的過程

經常可以看見行為目標是依據學生或教師的學習活動來寫，更有的是以學習內容（章節名稱）當作預期發生的行為的。像下面的二個例子就不好：

——學習使用 IBM 電動打字機

——研習三視圖的畫法

正確的行為目標應該是

---

❺ 陳梅生譯，"教學行為目標敘寫法"，臺北： 臺灣省國民學校教師研習會，民國71年。

【例 3.5】學生能在 IBM 電動打字機上，根據規定的格式，在
　　　　　15 分鐘內打好一篇 150 字的英文信，其錯字不超過 3
　　　　　個。

【例 3.6】給一個模型，學生能正確地畫出該模型的三視圖。

　3. 行為目標必須是具體而且可觀察的

　　行為目標必須以具體、明確而可觀察的行為敍寫，避免使用含混不
清的非行為動詞敍寫，例如常有人說：期望學生能"知道"……，這就可
做許多解釋了，到底是希望他們能"背誦"……呢、"解答"……呢、亦或
"設計"……呢，在這種情形下，無論是教師或學生都會感到困惑的；
此外，像"熟悉"、"體會"、"欣賞"、"重視"等都是很模糊的字眼。以下
是兩個不好的例子：

　　——學生能熟悉車床的操作

　　——學生能知道歐姆定律

正確的說法應是：

【例 3.7】學生能在車床上車出所要求的錐度。

【例 3.8】給予某電路之電壓及電阻的數值，學生能利用歐姆定律
　　　　　求出流經其中的電流數。

　　以下是針對各學習領域之不同學習層次所提供的一些行為目標常用
動詞。

　(1) 認知領域

階層	知識	理解	應用	分析	綜合	評鑑
常用動詞	敍明 描述 認出 列舉 配對出 選出 界定 指出	轉換 區別 估計 解釋 預測 摘要 翻譯 重述 推論	變換 計算 示範 發現 預測 表現 修改 運用 類化	分辨 區別 指出 分開 圖解 辨別 推知 分類 比較 對照	聯合 編輯 創造 創立 設計 策畫 重組 構成 修正 建議	批判 評定 斷定 結論 對照 支持 決定 確認

(2) 情意領域

階層	接受	反應	價值評定	價值組成	品格形成
常用動詞	發問 選擇 描述 追隨 回答 使用 辨別 接受 聽取 控制	回答 順從 表現 實施 幫助 言論 提出 遵守 認可 贊許 喝采	描寫 詳敍 區別 解釋 判別 評價 研究 着手 資助 協助 否認 議論	堅持 修改 安排 指出 統合 規劃 保護 討論 比較 界定 形成	表現 影響 辨別 鑑賞 展示 解決 修改 改正 完成 改變 避免 支配 抗拒

(3) 技能領域

階層	知覺	趨向	引導的反應	機械化動作	複合明顯反應	適應	創新
常用動詞	描述 使用 抄寫 認識 關聯	準備 擺**好**姿勢 期望 盡力	建立 聯接 跟隨 繫結 嘗試	變換 操作 裝置 拆卸	校準 組合 修繕 表演 演奏 縫製	改正 調整 改編	製造 創造

4. 行為目標必須只包含一項學習結果

每一個行為目標只可包含一項學習結果，避免同時敍述數項學習結果。像下面的例子就不好：

——學生能寫出技職教育的目標及其涵蓋的內容。

較適當的寫法應該是：

【例 3.9】學生能寫出技職教育的目標。

【例3.10】學生能寫出技職教育涵蓋的內容。

貳、各領域中行為目標的範例

一、認知領域

㈠知識（Knowledge）

1. 學生能根據上課的筆記，正確地列出五種不同的螺絲刀。
2. 學生在不參考任何資料的情況下，能寫出至少五種機件的接合方法。
3. 學生能正確地默寫出歐姆定律的公式。

㈡理解（Comprehension）

1. 不需老師的提示，學生能解釋電壓、電流、及電阻三者之間的關係。
2. 對螺紋畫法中的未完成螺紋的符號畫法，學生能够正確地予以解釋。
3. 在上完一學期的機械製圖課後，學生能用自己的話說明製圖的意義。

㈢應用（Application）

1. 學生能正確地應用投影的原理於交線的求法中。
2. 當學生學習幾何作圖後，能將其使用於往後的製圖情境中。
3. 學生在學過克希荷夫定律之後，能將之應用於網路分析中。
4. 學生在學完齒輪的計算後，能計算出繪製齒輪所需的一些數據資料。

㈣分析（Analysis）

1. 不需任何的提示，學生能正確地指出前間隙角的大小差異對車刀使用壽命的影響。

2. 學過投影原理之後，學生至少能舉出三點有關第一角及第三角投影法的不同。

3. 給予一張發黃的照片，學生能在一分鐘之內推論其發黃的原因。

㈤綜合 (Synthesis)

1. 在學過 BASIC 語言的指令後，學生能設計一套用 BASIC 程式表達的問卷調查結果。

2. 學生能根據老師上課的筆記及提示的參考資料，整理出不同種類的彈簧在日常生活的應用。

3. 給予一材料的外徑及材質，學生能正確地設出所使用車刀的角度。

㈥評鑑 (Evaluation)

1. 給予五隻車刀，學生能正確地評定那一隻車刀磨得最好，那隻磨得最差，並說明其理由。

2. 學生能評估用鑄鋼來做車床底座的經濟成本。

3. 使用 ASA 100 的柯達軟片，在某一特定的室內拍攝人像時，學生能選用正確的光圈及快門。

二、情意領域

㈠接受 (Receiving)

1. 在老師介紹過工作世界之後，學生想要聽到更多的生計資料 (career information)。

2. 在製圖教室裏，學生注意到講桌上放置著各種不同的製圖模

型。

3. 學生因為喜歡電腦而加入電腦研習社的活動。

(二)反應 (Responding)

1. 在聽了各種生計資料後，學生對之感到興趣。

2. 在製圖教室裏，學生能遵守製圖用具的借用辦法。

3. 在老師做完示範後，學生很高興能有馬上實習的機會。

(三)價值評定 (Valuing)

1. 對聽到的各項生計資料，學生能詳述它對自己的價值。

2. 學生能確信製圖工作在生產企業中的重要地位。

3. 學生對於所屬學會的活動積極地參與，並鼓勵、爭取其他同學的支持與加入。

(四)價值的組成 (Organization)

1. 學生能主動積極地注意各項生計資料，並將之納入個人的價值體系中。

2. 學生能重新調整個人與團體的關係，以維繫團隊的和諧。

3. 學生能從各種學習的情境中，綜合整理並建立一種最佳的學習態度。

(五)品格形成 (Characterization by Value or Value Complex)

1. 學生能根據生計發展的模式，形成個人的職業觀。

2. 學生見到別人有困難時，會主動地幫助他（她）。

3. 在學習的過程中，學生能建立責任感。

三、技能領域

(一)知覺 (Perception)

1. 學生能由引擎發出的聲音而知覺其運轉是否正常。

2. 學生能依沖出來的軟片判斷其感光的情形。

3. 在開始操作縫紉機時，學生明白縫針安放的地方。

4. 學生能由嗅覺而覺察冷藏肉的敗壞❻。

5. 學生能由電視機的畫面，判斷其故障的情形。

㈡趨向/準備 (Set)

1. 學生在打字機前坐好並完成打字前的準備姿勢。

2. 學生具有盡力完成縫紉機操作的意向。

3. 學生期望以熟練的技巧操作一部汽車。

㈢引導的反應 (Guided Response)

1. 在教師的指導下，學生能利用手搖鑽鑽孔。

2. 在使用電路圖的情形下，學生能裝好一部電晶體收音機。

3. 在邊看修護手冊的情形下,學生能調整汽車分電盤的白金點。

㈣機械化動作/技巧 (Mechanism)

1. 在具備必要的炊具及各種原料之情況下，學生能製作奶油蛋糕。

2. 在適當的診療室中，學生能為病人量體溫。

3. 在沒有教師指導的情形下，學生能繪出正齒輪的平面圖。

4. 學生可以在獨立作業的情形下，完成汽車化油器的調整。

㈤複合的明顯反應 (Complex Overt Response)

1. 學生能在 6 小時內， 獨立繪出一個差速齒輪箱的立體系統圖。

2. 不需別人的協助，學生能在15分鐘內拆下汽車的爆胎，並換上備胎。

---

❻ 康自立，"技能領域教育目標與編寫"，臺灣省職業學校能力 本 位 研 習會，臺北青潭，民國72年 5 月， p. 2.

3. 在無任何幫助與指引的情形下，學生能在30分鐘內完成點火正時的校正。

㈥適應/調整（Adaptation）

1. 學生能針對現有夾具夾持不良的問題，提出改良的構想。

2. 學生能依據實際繪圖經驗，改良並簡化繪製螺紋的步驟。

3. 學生能根據管理的觀念及學習工場的需要，修正目前學習工場的材料管理制度。

㈦創新（Origination）

1. 學生能創造出一套新的實物測繪步驟。

2. 學生能設計一套現代舞。

3. 學生能製造一種新的潮汐發電裝置。

叁、行為目標在教學評鑑中的運用

在經過前面的討論之後，我們可以確信行為目標不但可協助技職教師們據之以選擇教材內容及教學方法。同時，更重要的是，教師們亦可根據所訂的行為目標進行學生學習成就的測量與評鑑；就如同 Erickson 及 Wentling 兩位所指出的：「當所有行為目標都列出後，這些目標就是進行成就測量的藍圖，這兩者之間的關係是自然而生的。」❼

由測量的觀點來看，行為目標主要可運用於下列兩個情況下：（1）設計命題計畫，及（2）決定測驗的內容及方法。現分別討論如下。

一、設計命題計畫

技職教師在設計命題計畫時，最常使用的技巧就是利用細目表（T-

---

❼ Erickson, Richard C. and Wentling, Tim L. *Measuring Student Growth*, Boston, MA: Allyn and Bacon, Inc., 1976, p. 72.

able of Specification)，也有人將之稱為雙向細目表或測驗規劃表；而編製細目表則可根據行為目標或根據課程內容來設計──也因此，技職教師們可透過細目表，確實地挑出對學生們將來就業時較重要的學習內容加以強調、加以測驗。表3.1便是一個測驗細目表的基本格式。

表 3.1　測驗細目表的基本格式

行為目標／課程內容	比重	認知 (1)知識	(2)理解	(3)應用	(4)‥‥	(5)	情意 (1)接受	(2)反應	(3)價值評定	(4)‥‥	(5)	技能 (1)知覺	(2)趨向	(3)引導反應	(4)‥	(5)	總題數
I.																	
1.		1	1					1				1					3
2.	25%	1												2			4
3.		1											2				3
II.																	
1.	15%			2			1					1					4
2.				1			1										2
III. ‥‥‥																	

在表3.1中，可看出左邊第一欄主要列的是行為目標或課程內容；譬如說，假使技職教師採行能力本位教學，並以一個個的行為目標做為評鑑學生學習成就的指標時，那麼教師們在測驗細目表的這一欄便可使用行為目標做為規劃測驗內容的依據。反之，若以傳統式的教學而言（例如

以教育部所頒之課程標準為教學依據），那麼教師便可在第一欄中依章節順序一一列出。

在表中的第二欄——「比重」，指的是各行為目標或教學內容在該測驗中所佔的比重；當然，這個比重是視該目標或章節對學生的重要性來決定的。至於第二欄後面所列的測驗題數也需配合這個比重而設計。以表 3.1 的例子來看，第 I 部份將佔整個測驗的百分之二十五的比重，而第 II 部份則佔百分之十五，以此類推。

表 3.1 中的第三、四、及五欄，則分別就前列的行為目標或課程內容所涵蓋的學習領域、層次作詳細的分析；事實上，這部份的工作可說是測驗細目表最重要的部份。因為由這三欄的資料，技職教師可以非常精確地決定測驗的內容及方法。由該例子可看出，在第 I 部份的行為目標或課程內容共涵蓋了認知領域的「知識」及「理解」的層次，情意領域的「反應」層次，技能領域的前三個層次；而且在整個測驗當中將有10個題目是與這個部份有關的。

二、決定測驗的內容及方法

如本文前面所提過的，行為目標是設計測驗時的最重要的依據，在透過它所建立的測驗細目表上，我們可以很清楚地知道要測量什麼，同時，也知道如何去測。

以認知領域的各學習層次而言，較低的幾個層次的學習結果，像「知識」、「理解」，通常都用是非題、選擇題、及配合題來測量，而再高一點層次的像「應用」、「分析」，則常用填充題或問答題來測量，至於像「綜合」、「評鑑」的學習層次的測量則非得用申論題、寫報告或論文才行。至此，我們可以發現：愈高層次的學習結果，則愈不容易測量。

再看看情意領域的學習，這個部份是教師們所最感到棘手的；首先，許多情意的學習結果往往不是短時間裏會顯現的，就測量的時機來說，甚麼時候最恰當呢？技職教師們經常無法確定這點；另一個困難是情意領域中的高層次的行為（像價值評定、價值組成、及品格的形成）都是屬於所謂內蘊的（Covert）行為，教師們都得間接地透過外顯的（Overt）行為加以測量才行。也因此，這個領域的測量方法也需依其行為的內容，使用如：面談、觀察、及問卷為測量技巧。當然，這個領域裏愈高層次的學習結果也是愈難測量。

最後，就技能領域而言，雖然和其他兩個領域一樣，愈高層次的行為愈難測，可是由於這個領域裏都是屬於外顯的行為，並且常常還可根據其行為的結果——產品，使用適當的度、量、衡的量具，加以具體地測量，所以技職教師們在進行技能領域的測量時，倒沒有預料中那麼困難。

這裏僅就行為目標的特質及對設計測驗工具時的功能加以說明，至於用在各學習領域不同層次的命題技巧，則將在本書之第四、五、及六章中詳細介紹。

在本章中，我們敍述了行為目標編寫，提供了各學習領域之行為目標的範例，並且也討論了行為目標在技職教育中的運用。由所介紹的內容中可以體會，編寫良好的行為目標，無論是對技職教育的教學也好，或是評鑑也好，都是非常重要的依據，特別是在近幾年來國內各職業學校實施能力本位教學時，更是突出了行為目標在教學及評鑑上的重要性。

雖然行為目標由於它的可觀察性，及可測量性，而在今天技職教育裏扮演了這麼重要的角色，但是在運用時，仍應注意以下的幾點[8]：

---

[8] 黃光雄，"教學目標的敍寫方法"，職業學校課程教學革新專輯，臺灣省政府教育廳，民國72年7月，pp. 25-32.

1. 如果緊抱行為目標不放，可能妨害教師利用教室偶發的教學機會。譬如設計一個教學，一堂課要達到五個目標，假如在第十、二十、三十、四十、 五十分鐘時各要達到一個目標， 但有學生發問與所教無關，但比你現在所教的更重要的問題時，你要怎麼辦? 幫助學生解決問題，就無法完全達到五個目標; 如果為了目標，則這個問題你就無法替同學解釋了，何去何從? 所以一個堅持行為目標者，他很可能會犧牲掉這一有價值的問題和一個重要的教學機會。

2. 某些學科可能無法採用行為目標，像情意方面，認知層次比較高的方面，像文學、音樂、美術、工藝等方面的鑑賞。勉強的處理辦法是，去設計一些行為指標，然而這些指標也只能用來推測而已。所以行為目標無法適用於任何學科， 因此建議使用教學目標， 而不是行為目標，因為教學目標涵蓋了行為目標和那些很難用行為目標來表現的那一些目標。

3. 涉及民主或灌輸的問題: 有人說如果擬定一些目標之初，能使師生共同參與，就不會產生灌輸及是否民主的問題; 但事實上，這種情況可不可能呢? 這又是一個較高層次的批判了。

第四章　測量認知領域的成就

至目前為止，就技職教育學生的整個學習成就的測量來說，認知領域裏的成就測量技巧或工具，算得上是發展得最好的，這可由坊間所出版的各類有關的測驗與評鑑的書籍、及各種用在學校裏的測驗工具中看出。所以造成這種現象的原因，主要是認知領域裏，不論是行為目標也好、測驗題目也好，都要比其他領域的要來得容易準備及實施。

但是無論如何，在設計認知領域的成就測驗時，其過程和其它學習領域是一樣的，必須針對早先訂定的行為目標中所預期學生產生的行為結果來設計；當然也需依據「測驗細目表」（Table of Specification）中所列各行為目標或章節的比重來命題。

依據題目的特質，我們可將測量技職學生認知領域學習成就的測驗題目，區分為兩大類型：(1)認識型題目(Recognition-type Items)，及(2) 組織型題目 (Constructed-response Items)。認識型題目裏通常都會包含一段文字敘述的刺激(Stimulus)，和一些選擇或選項 (Choices)，而後由學生根據該刺激，認出並做出適當的選擇。這類型的題目包括是非題、選擇題、及配合題。組織型題目，顧名思義，是要受試者根據題目的要求，將自己所知的、所想的內容，經組織後，用文字或語言表達

出來，像填充、名詞詮釋、簡答題、及申論題都屬於這類。陳英豪及吳裕益兩位先生將前者稱為「選擇型 (Selection-type)」題目——由學生選擇答案，將後者稱為「供應型 (Supply-type)」題目——由學生供應答案❶。現將這些不同類型的題目之優、缺點，及命題應注意事項分別敍述如下。

壹、認識型題目 (Recognition-type Items)

所謂認識型題目就是由受試者根據一段文字敍述的刺激，在所提供的答案中選出正確（或認為正確）的反應。這類的題目的特點是：答案不會因人、時、地而有所改變，亦即其答案都是固定的 (rigid)，不會因不同的評分者在不同的情境或時間，或者同一評分者再做重閱評分時，其結果會有所不同、成績不一的情形。同時，這類題目的評分方式要較組織型的題目簡單得多，也因此目前在許多情況下，都可由機器或電腦閱卷評分，這點是組織型的題目所做不到的。

一、是非題 (True-False Items)

通常，是非題會提供受試者兩個可供選擇的答案，而後要求其做出判斷真偽、是非、對錯、或同意與否的反應，所以這可說是一種選擇題——二選一式的。就技職教育的學習內容而言，是非題較常用在要求學生判斷定義、定理、名詞、或事實現象的真偽的情況下。

【例 4.1】螺栓與螺釘最大的不同點就是螺釘沒有螺帽。

這便是一個判斷事實現象真偽的例子。由於其所提供的答案永遠是對立

---

❶ 陳英豪、吳裕益，"測驗的編製與應用"，臺北市：偉文圖書出版社，71 年 3 月，p. 16.

的，所以是非題又稱為「對立反應題」(Alternative Response Items)。

（一）是非題的優點

1. 命題者可以在短時間內，在很廣的範圍內取樣，亦卽測驗可以涵蓋較多的教學內容，也因此可提高測驗的內容效度。

2. 效率高——學生在對是非題作答時，所需的時間往往要比其他類型的題目要少。當然，作答的速度與學生資質、程度差異，以及題目的難易有關，但普通學生一分鐘可答 3～4 題。

3. 比起其他類型的題目而言，是非題的編製較容易而且省時。當然，這也並不是說是非題可以隨意編製的意思，而仍需要謹愼小心的。

4. 計分客觀，所以有人也將是非題稱為客觀性測驗❷❸。

5. 適用於各種教材。由於是非題的編製，其敍述是一些自明之理，或是絕對的對或錯，故通用於各種教材。

6. 使用於只有兩個選擇之問題很有效❹。

【例 4.2】磁鐵之同極相斥、異性相吸。

　　　　　螺紋有左右螺紋之分。

這種情形下，其答案只有兩種可能，利用是非題是極為合適的。

7. 可在課堂上，用之作短時間的問答；一來可知道學生瞭解的程度，二來可增加學習興趣，引起討論的話題。

（二）是非題的缺點

1. 無法測驗較高層次的學習。這是是非題最大的限制。一般是非題的編製，大都在知識方面，有時可能會到理解的層次，但已經是需要

---

❷　Travers, Robert M., *How to Make Achievement Tests*, New York: The Odyssey Press, 1950, p. 2.

❸　同註❶。

❹　吳榮宗，"工業科目測驗之編製和改善"，臺北市：師友工業圖書公司，63年12月，p. 45.

有高明的編製技巧了。這也是爲什麼有些人建議在使用是非題的同時，也應配合著使用其他類型的題目，如選擇題，使測驗的內容能涵蓋較高的層次。

2. 猜答的可能性高。由於答案只有兩個可能，其猜對答案的機率有百分之五十；萬一，在命題時敍述有明顯地傾向於「對」或「錯」的暗示時，其猜中率還可能更高。 Grounlund 就指出因高猜中率可能帶來的幾個負面的影響❺:

(1) 每個單獨題目的信度很低，因此使用是非題時，應儘量增加題數以便得到較可靠的測量結果。

(2) 由於分析學生對每個單一題目的答案是沒意義的，因此，這類測驗的診斷價值非常低。

(3) 由於學生作答型態 (response set) 的關係，因而其答案的效度也是不可靠的。所謂作答型態指的是對某一測驗所做的某種型態的答題方式，像全答對，或全答錯。

爲了降低受試者不用功，想猜答投機的心理，技職教師們常採用一些因應的措施，像:

a. 利用公式修正得分，下面便是一個常用的公式:

$$應得分題數＝答對題數－\frac{答錯題數}{n－1}$$

（n爲可選擇的答案數）

以是非題而言，其答案非對卽錯，因此其可能的、可選擇的答案數爲"2"。事實上，這個公式也常用在選擇題中，修正學生因猜答而得到的分數，其公式中"n"的數字就依其可選項的數目而定了，若是三選一，則 n＝3；若是四選一，則 n＝4；以此類推。

---

❺ Erickson, R.C. and Wentling, T.L. *Measuring Student Growth*, Boston, MA: Allyn and Bacon, Inc., 1976, p. 103.

　　ｂ．修正答題的方式。常用的方式是不但要學生指出某個敍述是對或錯的；並且，若他（她）認爲那個敍述是錯的話，還要他（她）將爲什麼錯的原因在答案紙上寫出來，如此，不但可防止學生猜答投機，並且教師們還可根據其答案，對學生學習的結果做更深入的診斷──這也正好可加強是非題的診斷功能。

　　3.錯誤的、似是而非的答案將對學生的學習有害，亦卽一旦學生把一個原來是“錯”的敍述，誤以爲是“對”的之後，他（她）可能會把這個錯的觀念一直當做是對的而記著。例如：

　　順時針旋轉前進（上螺絲時）的爲左螺紋。

　　若某位學生答對，而後又沒有人糾正他，那他（她）便可能一直誤以爲這是對的而不自知。也因此，在每次用是非題的測驗之後，教師應做試後的討論，尤其對「非」的題目，務必再三地解釋、澄清。

　　同時，也因爲這類測驗中的錯誤陳述，具有破壞性效果，所以應避免在學前測驗中，或對年幼的兒童實施，否則萬一建立了先入爲主的錯誤觀念之後，往後要再糾正時，就要花更多的工夫了。

　　（三）編製是非題時應注意事項

　　在編製是非題時，除了應注意其句子的清晰明瞭、標點及文法上的要求之外，還應注意下列幾點：

　　1.避免同一個試題內包含二個或二個以上的觀念，否則容易使學生觀念混淆，或提供答案的依據。

　　【例 4.3】鑽床是用來鑽孔的，其所使用的鑽頭鑽唇角爲 118 度。

　　這個例子說明了二種觀念，而且由「鑽床是用來鑽孔的」的敍述，暗示了這題的答案爲「是」。

　　2.避免使用足以暗示答案眞僞的字眼。

　　如「絕不」、「總是」、「從未」、「所有……都」、「全無」、

「唯一」等字眼，通常含有「錯」的意味。

【例 4.4】所有的螺紋都是右螺紋。

學生就可由「所有……都」的字眼得到暗示。

3. 避免使用語意模糊的字眼， 如: 「通常」、 「往往」、「可能」等模稜兩可的字，這種情形往往暗示學生該敍述是「對」的。

【例 4.5】螺紋通常分爲左螺紋及右螺紋兩種。

4. 避免使用直接抄錄自課本的語句。若直接抄錄課本，很容易養成學生死記硬背，而不求理解的學習方式；當然，這種情形是談不上學習效果的。

5. 儘量少用否定敍述， 尤其避免雙重否定的敍述 ❻。 否定的敍述，應只限於學習特別需要的知識才使用，且使用時應在「不」字下加一橫線，以提醒受試者。至於雙重否定的句子更應少用，唯有文法程度較高的學生知道，否定的否定即爲肯定，但對程度較差的學生而言，雙重否定等於在考其文法而非試題的內容。

【例 4.6】在木工場裏不戴安全眼鏡不是不對的。

這樣多重否定的敍述，即可能使得許多學生花很長的時間在斟酌這個敍述到底是正面的或負面的， 其實若把它改成如下 的 敍述，就直截了當得多——在木工場裏應戴安全眼鏡。

6. 避免使用不常見、隱喻性、或文藝性的語句❼。 測驗的重點在於測試學生過去的學習經驗，而非測驗學生對句子的瞭解程度，所以應儘量使用學生熟悉的、符合其程度的字眼、句子。下面就不是一個好例子:

【例 4.7】CNS 國家標準，尺寸採米答制。

---

❻ 同註❺, p. 106.

❼ 程法泌， "教育測量的理論與實施"， 臺北市: 臺灣書店， 民國59年 8月, p. 123.

其中「米答制」（卽為今日通稱之「公制」），為昔日之翻譯詞，目前已不採用。像這些情形，皆應避免。

7. 應使敍述是 "對" 的、及 "錯" 的數目相當。這樣可以避免受試者因猜答而得到不應得的分數；當然，這也只是個原則，命題的教師倒不見得一定使兩種題目的數字剛好一樣，事實上，若每次的試題中「對」與「錯」的題數都是一樣的話，也會影響學生作答的行為的。

8. 應使 "對" 與 "錯" 的題目長度一致。通常，教師們在命題時，都會有將 "對" 的敍述寫得較長的傾向。這是由於 "對" 的敍述往往需要較多的字眼才能寫得清楚、明瞭、正確。也因此，若兩種題目的長度不同時，答題者將很容易地由其長度得到答題的暗示。

9. 避免瑣碎的和無意義的陳述❸。

【例 4.8】凡與等角軸平行的直線，稱為等角線，所以等角線一定　　　　　是平行於等角軸的。

此題中後面一句的陳述是多餘的，應予以省略。

10. 要求答題者以最簡單的作答方式作答。一般是以符號「＋」、「－」，或「○」、「×」表示，但有時也用英文字「T」、「F」作答，其原則就是不要讓學生花太多時間在填寫「正確」或「錯誤」上。

11. 應標示作答的位置。是要受試者將答案劃記在題號前的空格中、或應填在答案欄上，應予以說明清楚。

由於是非題「非對卽錯、非錯卽對」，故在編製時，措辭方面須特別謹慎，否則極易暗示出答案之眞偽或造成模稜兩可，而使語意模糊。Tuckman 認為是非題是測量再認（Recognition）因素，為最常使用的測驗方式❾。其可測量的僅是知識的（Knowledge）和理解的（Com-

---

❸ 同註❷，p. 52.
❾ Tuckman, Bruce W., *Measuring Educational Outcomes: Fundamentals of Testing*, New York: Harcourt Brace Jovanovich, Inc., 1975, p. 83.

prehension) 的能力， 且受試者有百分之五十的猜題機率， 尤其是對程度較好的學生， 提供了他們做猜謎的線索❿。 因而教師們也常用「連串是非題」及「修正是非題」的設計，以補救常用是非題的缺點。

(四) 連串是非題:

連串是非題通常是以一段未完成的敍述句，後面有幾個句子、名詞等的從屬句或短詞，以完成前段敍述者。學生須將後段的從屬句或短詞與前段未完成的敍述句，做一邏輯性的判斷，以確定何者爲眞，何者爲僞；而在敍述爲眞者的前面空格上畫上「十」之符號，在敍述爲僞者的前面空格上畫上「一」的符號。

可見，連串是非題是要求受試者自一串項目中認出各項的正誤，可說是一種多向反應性的測驗題，也是比慣用是非題更有效的測量學生學習的量具⓫。 所以它不但可避免學生猜答之外，也可如同選擇題一樣，可做爲診斷教學的依據。

【例 4.9】紅外線燈泡用於:

(1)十 暖房，(2)十 美容，(3)一 照明，(4)十 工業上⓬。

(五) 修改是非題

修改是非題是被設計成讓學生先就試題上題目的陳述做一初步的判斷，選出敍述爲眞和敍述爲僞的題目；之後，並要求學生在敍述爲僞的題目中指認內容陳述錯誤之文句，然後再將其修改，使陳述句之內容成爲正確的文句。 如同本章前面提過的， 這也是一種防止學生猜答的作法。以下便是一個例子:

【例4.10】 ×(1) 螺紋上最小的直徑稱爲內徑。

---

❿ 同註❾, p. 84.
⓫ 張甘棠，"工業科目爲中心編製測驗的理論和實際"，臺北市: 遠東圖書公司，60年7月，p. 53.
⓬ 同註❹, p. 41.

說明: 螺紋上最小的直徑稱為小徑或底徑。因螺紋有陽
　　　螺紋及陰螺紋之分，故最小直徑在陰螺紋便非指
　　　內徑，蓋此時的最小徑是由螺峯所構成，故為避
　　　免與陽螺紋混淆，統稱螺紋上最小的直徑為小徑
　　　或底徑。

二、選擇題 (Multiple-choice Items)

像是非題一樣，選擇題在技職教育裏是常被使用的一種測驗題目。
它通常包含兩個以上的答案選項，並要求學生根據一段問句或未完成的
陳述句，從幾個選項中選出正確的來；所以它是由一個「題幹 (Stem)」
和幾個「選項（Alternatives）」組成❸。 題幹可由直接句或不完全的
敍述句所構成， 選項則包含正確答案及若干個錯誤答案 —— 也叫誘答
(Distractors)。這些不同的答案可能是事實的陳述、程序的說明、原則
的例證、或其他類型的反應。由於選擇題具有較高的鑑別能力，且此一
類型的試題可以衡量學生理解、辨別、應用或解決問題的能力，學生猜
題的機率比其他型態的測驗為少，故評分亦較客觀公平。所以被認為是
所有測驗類型當中最具價值、最切實用的一種❹。 同時，這種試題除了
可測量學生在認知領域的學習成就之外，也可用來測量學生在技能及情
意領域的學習結果❺。 這將在本書之第五、六章中做更詳細的說明。

有許多人對選擇題之題幹的敍寫方式有所爭議，是用直接問句好呢，
亦或未完成句較佳。以下便是兩種例子:

【例4. 11】以下那種木材比較適於製作傢俱?

　　　1. 柳安木

❸ 同註❶, p. 61.
❹ 同註❼, p. 147.
❺ 同註❺, p. 87.

    2. 柚木

    3. 鐵杉

【例4.12】較適於用來製作傢俱的木材是:

    1. 柳安

    2. 柚木

    3. 鐵杉

事實上,就測量學生認知領域的成就的觀點而言,這兩種敍寫的方式是沒有什麼不同的。但從編製測驗的角度來看,前者就要簡單、容易得多——只要直接地寫出問題,並在其後列出適當的選項便行。現將選擇題的優、缺點,及編製時之應注意事項說明如下:

(一) 選擇題的優點

1. 可測量的層次較廣泛,可測量比「知識(Knowledge)」更高的層次,例如測定學生說明、判斷、選擇、理解、應用、分析、及推論的能力。

2. 評分客觀,而且容易。

3. 其答案不易被誤解,像塡充題、簡答題,常常會有相同的答案,不同的人有不同的解釋的情形發生。

4. 與是非題相比較,其猜答的機率低,具有較高的信度。

5. 與簡答題相比較,其試題情境更富結構性,可彌補簡答題有時產生題意不清的缺失。

6. 具有診斷的效果。教師可由學生的答案中瞭解其學習的情形,很容易對教學的優缺點做診斷。

7. 選擇題不受作答型態 (response set) 的限制,因此,受試者在作選擇時靠徼倖猜中的機會極少⑯。

---

⑯ 同註❼, p. 147.

8. 這類題目所需的作答時間很少。

（二）選擇題的缺點

1. 受試者缺乏組織及陳述自己思想與觀念的機會。

2. 具有鑑別力及似眞性的誘答不易編製。

3. 比較不適用於數理的演算題、實驗題、及技能科目的實習操作的測驗，因爲它不能直接地測量學生執行實際操作的情形。

4. 完全以文字敍述，閱讀能力差的學生較吃虧——當然，這是紙與筆的測驗所共有的缺點。

5. 仍有猜中率——雖然比是非題的猜中率低。

6. 因其題數需要較多，加上各題都具有幾個選項，因此選擇題在試卷上較佔空間。

（三）編製選擇題時應注意事項

1. 如同前章所提及的，在製作測驗之前應擬好一份完整的測驗細目表，而後根據表上所列之課程內容或行爲目標所要求之學習層次進行命題。凡是認知領域中前三個層次——知識、理解、及應用都可利用選擇題加以測量。

2. 題目應使用簡單而精確的文字描述——避免直接摘錄書上的句子，否則容易鼓勵學生死背強記。

3. 題幹（Stem）的敍述必須清楚地顯示題意。

【劣題】順時針方向前進者稱爲（1）右螺紋（2）左螺紋（3）內螺紋
　　　　（4）外螺紋。

此題若屬螺紋單元測驗時，或許題幹中省略螺紋的字眼，學生仍可作答，但在正式的成就測驗中，則將給人有題意不清的感覺。

4. 避免以反面陳述的方式敍述試題的題幹。除非特別用來強調重要的學習觀念，否則應少用反面的陳述方式，而卽使使用時，也應在反

面字義下畫一橫線,提示學生注意。下面是一個強調性的題目。

【例4.13】當機器發生故障時,下列何種處理方法是<u>不妥當的</u>:(1)停止工作 (2) 關閉機器開關 (3) 遠離機器 (4) 告訴老師。

而下面這個例子就不太好:

【劣題】傳動用的螺紋,不能採用何種螺紋 (1) 方螺紋 (2) 梯型螺紋 (3) 惠氏螺紋 (4) 鋸齒螺紋。

此題未將題幹中的否定字眼畫線,易造成粗心的學生做出錯誤的選答;且這種測驗題,若學生忽略了否定字眼,則在往後的學習過程中,很容易在「傳動用的螺紋」和「惠氏螺紋」二者間產生增強作用,而得到錯誤的觀念,故像此類題目宜改成正面的敍述。有時為了測量學生的整體概念,亦可採用複選(即多重選擇題),讓學生得到正面的增強。

5. 以完全直接問句敍寫,比不完全敍述句為佳——這點在前面也提過。下面就是一個不好的例子:

【劣題】螺紋不具 (1) 傳動 (2) 測量 (3) 固定 (4) 轉動的功能。

6. 若有多重選擇題時,應加以說明或註明。尤其多重選擇題混合在單一選擇題中的測驗,更應在試題說明中,註明題號,或在題號前加註「*」,以提醒學生注意。

7. 每題所列的選項數目應求一致,並應考慮受試者的程度、學習背景來決定選項的數目;對技職學校的學生而言,則以三~五個為宜。

8. 各選項的敍述除了應簡單清楚之外,也應注意其文法及字數的一致。文法若不一致,則可能提供學生猜答的線索;同時,若選項的字數不同時,較長(字數多)的選項,往往便是正確答案,其道理在是非題的編製原則中亦曾提過——正確的答案往往需要較多的字眼才能將之描述得完整周詳;這樣一來,也可能提供學生答題的線索。

9. 選項中的誘答，與題幹之間應有相當的邏輯性及似眞性。例如：

【例4.14】螺紋旋轉一周前進的距離稱為 (1) 導程 (2) 螺距 (3) 牙深 (4) 牙角。

在上面這個例子中的第四個選項「牙角」，顯然與題幹中的「距離」所期望的答案不同質，聰明的學生會馬上將其刪除，不予考慮——這樣一來也會提高其猜答率。

10. 選項之間應避免重疊，且宜按選項的邏輯順序排列之。例如：

【例4.15】根據 CNS 製圖標準的規定，箭頭的長度應在那一個範圍之間：(1) 2～3mm (2) 1～2mm (3) 4～5mm (4) 3～4mm.

此題選項未能依照大小之順序排列，無法給學生系統、清晰的認識；且各選項之間的數目有重覆的現象，容易造成評分上的困擾。

11. 答案應力求隨機排列，以免學生猜答。

12. 避免使用「以上皆非」或「以上皆是」的選項。此類題目除易減少選項，提高學生得分的機率之外，同時也容易造成紛爭。例如：

【例4.16】齒輪的模數為 5，試計算齒根深為多少？(1) 5.00mm (2) 5.50mm (3) 5.78mm (4) 以上皆非。

此題依照公式 $b = 1.157m = 1.157 \times 5 = 5.785mm$,故其齒根深應為 5.785mm，但選項只採取小數點後二位，而選項 (3) 為 5.78mm 與標準答案只差最後一位數的四捨五入的關係而已，而其取捨之差皆為 0.005，故應視為標準答案；但選項 (4) 又來個「以上皆非」，使得選項 (3) 的正確性便具有存疑之處，因此標準答案應是選項 (3) 或 (4) 將會引起爭議。

13. 避免沒有答案的情形發生；原則上各題都應至少有一個標準答

案，若沒有答案，將使學生無法達成正面的學習機會。

14. 須指示受試者作答的位置。

15. 指示答案的方法宜簡單且易於明瞭爲佳（如1，2，3，4或A，B，C，D）。

16. 每個題目應只測量一個學習結果。例如：

【例4.17】根據 ISO 規定，公差等級可分爲幾級？ 那一級是用來檢驗精密量具的？（1）十六級，IT00，（2）十六級，IT16（3）十八級，IT00（4）十八級，IT16。

這個例子同時測量兩個主題，學生很可能在只知道其中之一的答案而不知另一個的情形下，因百分之五十的猜中率而得分（或失分），這樣是測不出其眞正的能力的。所以這題最好拆成如下的兩個題目：

──根據 ISO 規定，公差等級可分爲幾級？（1）十五，（2）十六，（3）十七，（4）十八。

──根據ISO規定，公差等級中那一級用來檢驗精密量具（1）IT00，（2）IT0，（3）IT16，（4）IT18。

17. 避免在同一份考卷上，出現可彼此參照作答的試題。像：

【是非題】──操作人員正對螺絲機件，順時針方向旋轉，而螺紋鎖入者，稱爲右螺紋。

【選擇題】──當面對螺紋圓端時，若反時針方向旋轉，而螺紋鎖入者，稱爲（1）右螺紋（2）左螺紋（3）內螺紋（4）外螺紋。

同一份試卷，雖然不同類型的題目，但彼此卻有可供相互參照的題目出現，這對學生而言是非常不公平的，亦卽會一題，另外一題就會；反之，一題不會，等於二題皆不會。這種情形一方面可說是該主題在測驗中的比重加重；另方面是造成學生考試機率減少一個題分。

18. 由於技職教育的特性，學生學習的內容常常會包含較高層次（如應用）的學習，這時也可將選擇題略作變化以達到這個目的。例如：

【例4.18】在一個串流電路的電阻是 500Ω，而其上的電壓是 110 Volts，試問將有多少電流流過其間？

(1) 2.2amp (2) 1.1 amp (3) 0.22amp (4) 0.11amp。

19. 題目擬好之後，可能的話應有機會再三地審視及修正。Ebel就建議命題者最好每天只命十至十二個題目，一方面可專注於這些題目的設計，另方面可以在隔天回頭再看看先前命好的題目❶。 另一種方式是請另一位老師看一次，其意見便可供修正試題的參考；通常請別人審視題目時，除了前述之各點外，還應注意下面幾點：（1）用選擇題是否最適當？有無更好的方式？（2）題幹、答案、誘答、及用字是否適當？（3）有無答題的線索？（4）難易情形？（5）題目的安排秩序是否恰當？❶

三、配合題 (Matching Items)

除了前述的是非題及選擇題之外，配合題可說是技職教育中，另一種較常用的測驗題；事實上，配合題也可說是一種變化型的選擇題，通常選擇題的型態是一個題幹之後，排列著一些選項；然而，配合題的型態是以相關連的二組事件做為陳述句，其中一組為問題陳述句，另一組為反應陳述句，而後由受試者根據問題陳述句，在反應陳述句中選擇正確的陳述的一種測驗方法；因此，配合題可說是「具有多個題幹及多個選項」的一種測驗型態。這類的試題適用於事件和日期、地點、人物之間的聯想，以及名詞和界說、原則和實例、工具與用途等關係的測量❶❷。 所以，經過適當設計的配合題可以用來測量學生較高層次，如「解

---

❶ Ebel, R.L. *Measuring Educational Achievement*, Englewood Cliffs, N.J.: Prentice-Hall, Inc., 1972.
❶ 同註❺, p. 101.
❶ 國立編輯館, "心理與教育統計及測驗（下冊）", 臺北市: 正中書局印行, 72年1月初版, p. 94.
❷ 同註❺, p. 110.

決問題（problem solving）」的能力。以下便是一個例子。

【例4.19】下面第一欄中列的是一些汽車的毛病，第二欄列有這些
毛病形成的原因，第三欄列的是排除這些毛病的作法。
答題時，首先根據第一欄的毛病，在第二欄中選出形成
該毛病的原因，將其號碼寫在第一欄前面的第一個空格
中，而後再在第三欄中選出排除該毛病的作法，並將該
作法的編號寫在第一欄前面的第二個空格中。

<u>起動時的毛病</u>　　　<u>可能的原因</u>　　　<u>解決的方法</u>

___, ___　1. 起動馬達不能轉動引擎　1. 蓄電池充電不足　1. 清理慣性式驅
　　　　　　　　　　　　　　　　　　　　　　　　　動齒輪

___, ___　2. 引擎慢轉而不發動　2. 起動馬達齒輪不　2. 檢查存油量
　　　　　　　　　　　　　　　作嚙合

___, ___　3. 引擎正常轉動而不點火　3. 化油器無燃油供　3. 充電及檢查
　　　　　　　　　　　　　　　應　　　　　　　充電裝置

　　這樣的題目就要求學生應用其知識來分析並解決問題。以下將就配
合題的優、缺點，及編製時應注意的事項分別加以說明。

　　（一）配合題的優點

　　1. 可在極短時間內測量大量相關連的事實資料[21][22]。所以其內容
效度高。

　　2. 可測量認知領域中較高層次（如綜合）的學習結果。

　　3. 在有限的紙張空間裏，可涵蓋許多題目及答案。

　　4. 評分亦非常客觀、迅速。

　　5. 若適當地編製，可以減低學生猜答的機會。

　　（二）配合題的缺點

---

[21]　同註❶, p. 95.
[22]　同註❺, p. 111.

1. 有許多測驗專家認為，配合題還是過於偏重記憶性知識的測量——通常是某些事實之間的關係或相關性。當然，如同前面提過的，若仔細地設計的話，這個缺點是可以克服的。

2. 有時很難找到足夠數目的、相類似性質的教材來安排題目。教師常常迫不得已使用測驗規劃表或細目表之外的教材。

3. 因考題的文章短，往往不能測量出學生理解的程度，而極易造成只測量學生記憶事實的現象。例如：

【例4.20】下面是螺紋牙角角度的測驗，請仔細閱讀左邊的問題陳述句後，在右邊的反應項目中選擇正確的答案，並將反應項目前的代碼（如A，B，C）填入問題陳述句前的空格內，每題只有一個正確答案。

　　____(1) 美英加統一螺紋　　　　　　A．25度
　　____(2) 愛克姆螺紋　　　　　　　　B．29度
　　____(3) 梯型螺紋　　　　　　　　　C．30度
　　____(4) 鋸齒型螺紋　　　　　　　　D．45度
　　____(5) 惠氏螺紋　　　　　　　　　E．55度
　　____(6) 公制螺紋　　　　　　　　　F．60度
　　____(7) 方螺紋　　　　　　　　　　G．75度
　　　　　　　　　　　　　　　　　　　H．85度
　　　　　　　　　　　　　　　　　　　I．90度

在這個題目中，學生或許不需知道甚麼是美英加統一螺紋？甚麼是鋸齒螺紋？他們只需花幾分鐘，背一下這些牙角，也可以得到很高的分數；但事實上，學生到底了解多少，而從「美英加統一螺紋」、「60度」，這短短十個字不到的敍述中，又理解了甚麼？是不容易由這個題目中測知的。

4. 它含有不相關的線索，影響選擇正確的答案。

(三) 編製配合題時應注意事項

1. 測驗除了應配合測驗細目表或規劃表的要求外，也應包含性質相同的兩組關係事件的材料。若不相關的教材被同時包含在同一題之中，則正確的答案會容易被分析、歸納出來。例如：

【例 4.21】

___(1) 劃圓的工具	（A）板金規
___(2) 量度的工具	（B）圓規
___(3) 劃線的工具	（C）外卡
___(4) 量外徑的工具	（D）分規
___(5) 量線徑的工具	（E）劃線臺
	（F）鉛筆

這個題目包含了二組不同的材料，(1)至(3)為製圖用工具，而(4)及(5)則為金工測量的工具，只要學生看出這一趨向，則可很容易地將後面的反應陳述分成二類，如此將可提高其猜答的命中率。

2. 需提供清楚、確切的答題說明。雖然，大部份的學生對配合題或者不陌生，但各種答題的細節仍應具體地說明，例如作答的方式是採用填上代碼、或是完成一完整陳述句的方法、或是將對應的答案用線連結起來，皆應詳細地加以說明，特別是那些修正過、不同形式的配合題更是如此。

3. 各題目裏的子題數目不宜過多，通常應將之限制在10個子題之內㉓。當然，這也應視學生的程度而定，以5～10題為宜。

4. 問題項目與反應項目的數目不宜相等。一般而言，反應項目應多於問題項目（至少多出二項），以增加各題選擇機率之一致性，避免

㉓ 同註❺，p. 112.

學生利用一一排除的方式，提高後答題目的猜中率。爲了克服這個缺點，有時候可使一個反應項目適合二個或二個以上的問題項目的答案。像前面討論配合題缺點第(3)項中所舉「螺紋牙角角度測驗」的例子中，其第(1)及第(6)的子題的答案都是60度，共同使用了(F)的答案。在這種一個答案可適用於好幾個問題的情形下，是可以降派學生猜答的意願及命中率的。

5. 反應項目應依邏輯順序排列。在上面所提的例子中，其反應項目的答案便是由小至大排列。

6. 試題應盡可能地放在同一頁上，以避免作答時的困擾，增加翻閱的次數，而拉長作答的時間。

7. 較長的敍述句應作爲問題項目，使學生節省時間在閱讀反應項目上；當然，反應項目的敍述宜簡短，並附加代碼，以方便作答。

（四）配合題的變化

前面曾提過，配合題的基本型式是包含「問題敍述」及「反應敍述」兩欄，但有時也可配合實際的需要將之略作變化，以下便是個例子：

【例4. 22】本題共有三欄，第一欄中所列的是常用在一般收音機裏
　　　　　的電子元件，第二欄所列的是各種製作電子組件的材料，
　　　　　第三欄所列的是這些組件的照片。請將第二及第三欄中
　　　　　的材料及圖片的代號，分別填在第一欄所指的組件前面
　　　　　的第一及第二個空格中。
　　　　　第二、三欄之各項都只能選用一次。

一	二	三
___ ___ 電阻	1. 鎵	a.
___ ___ 電容	2. 雲母	b.
___ ___ 二極體	3. 碳	c.
___ ___ 電路板	4. 銅	d. （圖片）
___ ___ 可控式 整流器	5. 電木	e.
___ ___ 導線	6. 鋁	f.
	7. 鋅	g.
	8. 矽	h.

在這個變化型的配合題中,不但可測量學生在認知領域的學習結果,同時還可藉著第三欄中圖片的辨認,測量其技能領域的學習成就。

經過前面的介紹之後,可以發現,認識型的測驗題目,由於其答案往往都是固定的,並且都呈現在紙上,所以受試者只能根據試題中所提供的刺激,來反應正確的答案。因此,它比較偏重舊有知識的再認,受試者缺乏重組及表達自己想法或意見的機會。若要測量較高層次的學習結果,下面要介紹的組織型題目將可達到這個目的。

貳、組織型題目 (Constructed-response Items)

除了前面介紹的認識型題目之外,一份優良的測驗卷也常常要用到組織型題目,因為若要測量如「綜合」、「評鑑」等高層次的學習,非要使用這類型的題目不可。

基本上,組織型題目包含了某種刺激(如問題、狀況等),而後要求學生將針對這個刺激(stimulus)所做出的反應,組織並表達出來。這類題目主要有簡答題(Short-answer Items)及申論題(Essay)兩

種。現將這兩種題目的優、缺點及製作時應注意事項分別敍述如下：

一、簡答題　（Short-answer Items）

簡答題又可區分為填充題（Completion）、名詞詮釋或定義（Definition）、及辨認題（Identification）；其中以填充題為最基本的型式❷。

填充題主要是要求學生在一未完成的句子中填上「字」或「句子」，而使之成為一正確且完整的敍述的一種題目。例如：

【例4.23】錫和銅的合金稱為＿＿＿＿。

【例4.24】一伏特電壓在一歐姆電阻下所產生的電流單位稱為

　　　　　＿＿＿＿。

名詞詮釋或定義的題目通常都是要求受試者就某一特定的名詞、原理、或操作步驟提出說明；這類的題目在技職教育中是常用的，以下便是幾個例子：

【例4.25】請說明電路中「串聯」的意義。

【例4.26】請定義「扭矩（Torque）」。

第三種是辨認題，這類題目通常透過各種知覺上的刺激，如視覺、嗅覺、聽覺、或觸覺，要求受試者辨認出某些特定物件（object）的名稱。例如：

【例4.27】在盒子中有編號 1 至 5 的五種不同木塊，請依次將它們
　　　　　的名稱填入下面的空格中。

　　　　1. ＿＿＿＿

　　　　2. ＿＿＿＿

　　　　3. ＿＿＿＿

　　　　4. ＿＿＿＿

　　　　5. ＿＿＿＿

---

❷　同註❺，p. 113.

在這個例子中受試者必須用到視覺及觸覺（或許還有嗅覺）以辨認這些木塊。 事實上， 這類的題目也常用來測量學生在技能領域的「知覺」（perception） 層次的學習結果。

（一）簡答題的優點

1. 可以更精確地測量學生對事實、原理、及操作步驟等方面的知識。像這類題目與前述之是非題、選擇題、及配合題不同的是，學生必須就自己的記憶中回憶（recall），並組織其答案，而不只是就看到的各種答案或選項中認出（recognize）正確的答案而已；也因此，這類的題目也可降低學生猜答的機率。

2. 就測驗題目的格式而言，簡答題可說是最自然、最能被接受的一種，幾乎所有學生都熟悉這類題目㉕。

3. 可使認知領域的測驗擺脫「紙和筆」的傳統測驗型態，前述的「辨認木塊名稱」的題目便是一個很好的例子。

（二）簡答題的缺點

1. 簡答題最大的弱點便是其評分的客觀性。由於這種題目要求學生回憶，並組織其答案，因此，學生使用不同的字眼往往會因評分者不同的看法而造成爭執。有時候要求學生列出操作程序時，若少列了一、兩個步驟，應如何評分？ 在要求學生作名詞詮釋時，若學生因寫作能力差，而答得不好時，應如何判定？ 如何評分？ 這些都是使用簡答題時常碰到的困擾。

2. 通常只能用來測量事實資料的回憶，而無法測量複雜的學習結果㉖。

（三）製作簡答題時應注意事項

㉕ 同註❺, p. 115.
㉖ 同註❶, p. 102.

1. 要求簡短而具體的答案。在命題時，應注意使題目所要求的答案限制在某一個範圍內，一方面學生可以簡短而具體的文字作答，另方面評分者也容易評分。下面的兩個例子中，前者就不如後者來得好。

【例4.28】圓規是＿＿＿＿。

【例4.29】製圖員用來畫圓及弧的工具是＿＿＿＿。

在例 4.28 中，作答者除了答：「製圖員用來畫圓及弧的工具」之外，也可能出現如：「一種製圖的工具」的答案，這樣一來會造成評分上的困擾。而例4.29，所要求的答案就好得多了，學生可以用很少的字眼作答，也不失測量學生學習成就的功能。

2. 如果使用填充題，最好只留一個空格。一個句子裏，若被刪除太多的字句，可能會喪失題意的完整性，而造成受試者混淆不清，甚至於誤解題目的情形。雖然某些空格較多的題目可測量較複雜的推理能力，但這種問題較適用於智力測驗，而較不適用於成就的測量[27]。下面這個例子就不好：

【例4.30】化油器將＿＿＿＿與＿＿＿＿混合汽化，使成為＿＿＿＿，送入＿＿＿＿內燃燒，＿＿＿＿膨脹，於是推動＿＿＿＿。

3. 應避免直接由書上摘錄句子作為命題的敍述，這點在本章前面談及製作是非題、選擇題時應注意事項時也提過，主要在於防止學生死記書本上的東西。

4. 最好以「直接問句」的形式來編寫試題，唯有在改為「不完全敍述句」後可使試題更簡明時，才以「不完全敍述句」來編寫[28]。使用直接問句可使題意較為明確、完整；而且，必要時根據直接問句所改寫成的不完全敍述句，較可避免題意模糊不清的缺點。例如：

㉗ 同註**❶**，p. 106.

㉘ 同註**❶**，p. 104.

【例4.31】使用於汽車上的電子點火有那兩種方式? _____

及_____。

5. 盡可能將空格放在句子的後面；若將空格放在句子的前面，容易使受試者對題意混淆不清。如果先以「直接問句」來編寫，則可很容易地將空格放在句子的末端成爲「不完全敍述句」。

6. 空格處要求學生提供的字句，必須是行爲目標或教學內容中重要的概念，而不是零碎的知識。

7. 評分時應允許同義字或相似的答案得分。在訂定各題之標準答案時，應事先把可能的、可接受的答案列出。例如下題：

【例4.32】在內燃機裏，將汽油與空氣按比例混合的機件是___。這個題目的標準答案是"化油器"，但目前也有利用噴油的方式將油料與空氣混合的，所以學生若答 "噴油器"也應是可接受的。

當然，若是考名詞詮釋或操作步驟的簡答題，教師應事先將其重點列出，而後以這些重點做爲評分的依據。

二、申論題 (Essay Items)

這類題目在測量學生有關回憶、組織、及表達意見的能力時特別有用；也因此，申論題可以測量認知領域裏較高層次的學習目標，像「分析」、「綜合」、及「解決問題」的能力等。申論題所要求的答案內容相異極大，它可少自幾句話、或一段敍述，多至幾頁；有基於此，申論題主要可區分爲限制反應型 (Restricted-response items) 及擴展反應型 (Extended-response items) 兩種。

所謂限制反應型的申論題乃是學生在答題時需受到某些限制或約束，其限制有在內容 (content) 上的或是在格式 (form) 上的兩種。以下便是一個在內容上限制的申論題例子：

【例4.33】請舉出三個節省汽車燃油的措施，並加以說明。

這個題目限制受試者只針對節省汽車燃油的措施進行討論，同時也要求受試者只舉出三個他（她）認爲主要的作法加以討論。若也要在格式上加以限制的話，則上個例子可作如下的修改。

【例4.34】請舉出三個節省汽車燃料的措施，並將每個措施分別獨立一段，以及舉一實例加以說明。

在這個情形下，答題者除了內容受限制之外，還得在作答的格式及方式上受到約束。也因此，這類型的申論題，要比下述的擴展反應型的容易評分。

相反的，就測量的層次而言，擴展反應型倒是可以測得較高了。通常這類型的題目都涵蓋較大的問題，而答題者都得根據自己已知的各種知識加以選擇、分析、綜合、以及判斷，並予以組織後，再用文字表達出來。這種情形下，學生可以毫無限制地自由發揮。當然，它的評分就比較難了。例如：

【例4.35】請說明自動化對電子工業可能造成的影響？

答題者在作答時，可資利用的知識及答題的方式可就廣泛且自由得多了。

（一）申論題的優點

1. 可用來測量複雜的學習結果。如同前面提過的，申論題可用來測量分析、綜合、及評鑑等複雜的學習結果——這是其它類型的題目所沒有的功能； 也因此， 只要行爲目標或教學內容中包含高層次的學習時， 務必將申論題包含於測驗中。

2. 可增進學生思考的統整和應用，以及解決問題的能力，特別是擴展反應型的申論題更是如此。

3. 可增進學生表達及寫作的能力。在許多職業領域的工作內容裏，會常碰到像寫報告、工作日誌、預算審查等要寫東西的機會， 申論題正

可以提供學生實際寫作的經驗。

4. 試題容易編製，由於編製起來既簡單又省時，許多老師都常用它；也因此也常看到粗製濫造、隨意編寫的申論題，這是教師們不能不謹慎小心的，除了應根據測驗細目表來命題之外，也應參考本章稍後將討論的編製注意事項。

5. 另一個優點是，申論題對學生的學習習慣和方式有積極的影響❷。若採用這種類型的題目，則學生就會比較注意整體教材的統整和應用。

(二) 申論題的缺點

1. 評分不易客觀、信度低。有許多研究顯示：不同評分者對同一申論題的評分結果極不相同，其信度僅在 .62 至 .72 之間❸。此外，卽使同一評分者在不同時間裏評同一個題目都會得到不同的結果❸。其信度也平均約 .72 左右❸。也由於這個缺點，所以技職教師們在命題的同時，也應將答案中所要求的重點，甚至於各重點的加權計分的方式預先訂好。

2. 申論題無法廣泛地、平均地在所學習的內容中取樣，以致於無法代表和涵蓋學科的全部內容，其取樣誤差也大。雖然這種題目可就某部份的學習成就（特別是高層次的）作深入的測量，但因其取樣的偏差較大，使其測量的結果無法真正地代表其學習的成就❸。常見到的情形

---

❷　同註❶, p. 132.

❸　Ruch, G. M. *The Objective or New Type Examination*, Chicago: Scott Foresman and Company, 1929.

❸　Coffman, W. E. "Essey Examination", In Thorndike, R. L. *Educational Measurement*, 2nd edition, Washington D. C.: American Council on Education, 1971.

❸　同註❸。

❸　同註❶, p. 134.

是，某位學生恰好對所命題的部份作了較多的研究而得高分，而另一位卻因工夫花在其他部份而得了低分。爲了克服這項困難，命題者應在同一份試卷中，除了使用申論題之外，也搭配著其它類型的題目，以同時兼顧測驗內容的寬廣度及深度。

3. 評分時，容易受許多無關因素影響。例如：答題者的寫作能力（含書法、文詞的優美、表達能力），答案的長度等都可能影響評分的結果。

4. 作答及閱卷均相當費時。申論題不像前面認識型的題目可用機器或由學生自己評分，而必須由教師自己來評，若碰到班級人數較多時，往往閱卷成爲一種沈重的負擔。

（三）編製申論題時應注意事項

1. 題目應能配合行爲目標，測出預期的行爲結果。在命題之前若能仔細地弄清楚行爲目標所要求的內容，則對於寫題目時會有極大的幫助。

由於「限制反應型」的申論題具有高度的結構性，故很容易用它來直接測量某一（些）學習結果。除了命題者較容易使用適當的字句之外，受試者也較容易瞭解題目所要求的內容。但是，以「擴展反應型」的申論題來說，由於它不在內容及格式上作任何限制，受試者可自由發揮，再加上它涵蓋面較廣，所以不容易使問題與預期的學習結果產生直接密切的關聯。克服這個問題的方法，可在答題說明中，向學生提出用來評鑑答案好壞的一些規準，例如：廣博性、論證的適切性、舉例的合適性、及組織的能力等❸。這樣可使學生在作答時，一方面可以自由發揮，同時也容易使試題直接與所欲測量的學習結果產生關聯。

2. 只有在其他類型的題目無法測量的情況下，才使用申論題。前

---

❸　同註❶，p. 142.

面也提過，申論題在效率及客觀性上，比不上如是非題、選擇題等類型的題目，因此，除非要測量「綜合」、「評鑑」、「解決問題」等高層次的、較複雜的學習結果，否則盡可能不使用申論題。所以陳英豪及吳裕益兩位先生認為，在下列的情況下才用申論題：（1）要求學生提出理由、（2）解釋變項間的關係、（3）描述資料、（4）有系統地陳述結論。他們更指出，在需要由學生「提供答案」的情形下，最適合以「限制反應型」的申論題來測量❸。

3. 題目的撰寫應注意是否明確、清晰。唯有明確、清晰的題目才能讓答題者知道教師期望他們答什麼及如何作答，含混不清的題目往往會誤導學生答題的方向，一則增加答題及評分的困擾，同時也測不出學生眞正的能力，失掉測驗的目的。

在本書前面的「學習領域」的一章中也曾提及，在測量學生之高層次、較複雜的學習成就時，可用如：「解釋」、「說明」、「分析」、「比較」、「批判」等字眼。以下是個不好的例子：

——請比較二行程及四行程引擎。

這樣的題目就不如改成下面的寫法，來得清晰明確。

【例4.36】請就下面幾項，比較二行程與四行程引擎的不同，並畫圖表示之。

（1）汽缸體的結構，（2）曲軸的運動

（3）進排氣的方式，（4）潤滑的方式

4. 不讓學生有擇題作答的餘地。常見到的情形是教師允許學生就試卷上的題目選出其中幾題回答（例如 6 選 4，10 選 6 等），事實上這種作法會使學生傾向於挑選他們準備得較好的題目作答，如此一來會發生下面幾個不良的後果：

❸ 同註❶，p. 141.

（1）可能會鼓勵學生偷懶、投機，因為不見得每題都準備得好的學生，或許能和每題都會做的學生考得一樣好，這是不公平的。

（2）使得教師無從比較學生的成就，特別是採常模評鑑（norm-referenced evaluation）時，會因學生之得分來自於不同的題目，而使得相互比較變成沒有意義。

（3）無法發揮測驗之診斷功能，因為這種作法顯不出學生學習上的弱點。

（4）將降低測驗的內容效度，前面曾提過，申論題的主要缺點是，其所提供的試題樣本有限而不具代表性，給予學生選答的機會，將增加試題選樣的困難，而且會降低其代表性。

可見，這種允許學生選答的作法是應盡量避免的；不過，若只是要測量學生的寫作、組織能力時，自由選答的方式當然還是可以使用的。

5. 讓學生有充份作答的時間,並應事先說明各題作答時間的限制。由於申論題主要測量學生之高層次的學習結果，因此需要足夠的時間來思考及敍寫。常有些教師想用較多的題目以克服取樣狹小的缺點，但這樣做往往使得寫作能力差的學生受到限制。所以，與其增加某次測驗的題數，倒不如增加測驗的次數[36]。

各題作答的時間通常都由教師預先根據題目的內容及學生的程度加以估計。在考試之前讓學生知道各題的作答時間，會有以下的兩個好處:

（1）由於學生不會將時間集中在某一些題目上，而影響其他題目之表現，使得學生的成績更能真正地代表其學習成就。

（2）學生可依各題作答時間的長短，瞭解各題之重要性，他們可以自行按排作答順序。

---

[36]　同註[1]，p. 145.

時間的限制可以直接寫在每題的後面，也可以由主試的老師在考試前，以口頭宣佈。

6. 在命題的同時，教師應將理想的答案寫出。這樣做有幾個好處:

(1) 讓教師有機會檢視一下題目是否適宜，必要時可預作修改。

(2) 有利於預估各題之作答時間，必要時，也可調整測驗的長度。

由本章的討論可以發現，認知領域的成就測量主要包含認識型題目及組織型題目。就測驗的內容而言，這兩種類型的題目各有其功能，前者適於測量「知識」、「理解」、「應用」、及「分析」層次的學習結果，而後者則除了能測量「理解」、「應用」、和「分析」層次的學習結果之外，還能測量「綜合」、及「評鑑」兩種學習成就。所以，在許多情形之下，同一份測驗都得同時包含這兩種題目，至於各佔多少比率，那都必須依據事先擬好之測驗細目表或規劃表 (Table of Specification) 來決定。

若以兩種題目所能抽取的試題樣本來看的話，由於認識型的題目可大量取樣，涵蓋面也廣，所以容易獲得較具代表性的內容樣本；相反的，組織型題目無法大量取樣，其內容樣本的代表性就差了。

在評分方面，認識型題目較客觀、簡單、且相當可靠，而組織型題目卻過於主觀、困難、比較不可靠。因此，前類的題目常可由同學自評、互評，甚至由機器、電腦來評分，後者卻無法這麼做。近年來，國內各種聯考為了遷就電腦閱卷，而大量使用認識型題目的結果，或會誤導學生過於重視低層次，而忽略高層次的學習，這是從事教育的人士所應注意的；再者，目前電腦輔助教學的推廣也非常迅速，如何同時配合使用兩種類型的題目，以兼顧各個層次學習結果的要求，亦應是今後大家努力的重點。

第五章　測量技能領域的成就

　　技職教育所強調的是培養個人謀生的能力；因此，在技職教育裏所欲測量的技能領域的成就，也著重在與職業有關的技能。能力本位的技職教育就是透過有系統的行業分析，將各行職業所必須的能力逐一列出，以爲教學內容及評鑑標準取捨的依據；並且爲了便於擬定教學目標而將這些能力區分爲三個領域——認知(Cognitive D.)、情意 (Affective D.)、以及技能 (Psychomotor Skills)，這點在本書之第二章中已詳細介紹過。

　　然而，就目前測量或測驗的技術而言，就無法把測驗的內容區分得這麼清楚了；換句話說，許多測得的學生行爲裏往往含有兩個或兩個以上領域的能力。例如：一個熟練的汽車修護工必須具備相當的知識才足以勝任各種不同的操作；同時，他也必須有正確的工作態度與安全的顧慮才能順利地完成這些操作，也因此，當我們測量某個人的技能時，事實上也多多少少地測量了他在認知及情意領域的能力。某位農夫也一定在瞭解各種不同的農業機械的特性之後，才足以勝任各種不同農場上的工作——翻土、播種、挿秧、收成、及運銷。

　　根據 Erickson 及 Wentling 的說法，人的許多行爲可以同時含有

認知及技能的成份,只是不同的行為各含有不同比例的認知及技能罷了,所以他們提出了如下的一個行為連續譜 (Behavior Continuum)❶:

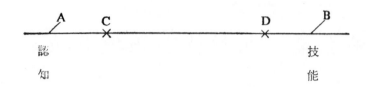

各種不同的行為依其含的知識及技能的成份都可在這個連續譜上訂出。行為A顯然是純認知的行為, 行為B則為純技能, 而行為C及D皆同時含有認知及技能的成份, 只是行為C含較多的認知, 行為D含較多的技能。

　　許多技職教師在設計技能領域的測量時, 常常犯了一個錯誤就是:只測認知部份的成就, 而以為有高的認知成就一樣的會有高的技能成就。我們常見到類似下列的例子: 一個人若知道車子各部份的功能, 知道如何保養車子, 以及熟知交通規則, 他卻不見得會開車。同樣的, 一個精通腎臟的生理組織及手術技術的人, 不見得就能進行換腎的手術。

　　以上的例子並不是說認知領域能力的測量對評定一個人技能領域的成就沒有用處, 而主要的是強調在技職教育裏的許多技能, 大部份都同時應用了知識、感官、及四肢運動的能力。

　　由於技職教育所關心的就是個人未來就業能力的培養, 所以在技職教育裏談到技能測驗, 其最理想的環境當然就是在實際的工作情境中實施, 可是往往由於費用、或安全等理由而必須改在模擬的情境中實施。

---

❶ Erickson, Richard C., and Wentling, Tim L., *Measuring Student Growth*, Boston: Allyn and Bacon, Inc., 1976, p. 126.

長久以來，與技職教育有關的技能測驗主要是著重於性向（Aptitude）及成就（Achievement）的測驗。在技職教育中常用與技能有關的性向測驗，國內的有如臺北市大同國中所編製的工藝性向測驗，在美國有如：普通性向測驗(General Aptitude Test Battery, GATB) 及 Purdue Pegboard，這些性向測驗就是用以瞭解學生學習職業技能的潛力。像近年來也在國內造成食品界震撼的麥當勞食品（Mc Donald）就使用 Purdue Pegboard 來評定其員工在食物裝備操作過程上的性向。

在技職教育中，技能測驗主要的還是著重於測量學生的成就（achievement），本章也將就這點做較詳細的介紹。技能方面的成就測驗，較小規模的有教師們日常教學過程中在學校裏對學生實施的，較大規模的有像內政部職業訓練局所做的技能檢定或類似的執照考試；無論是那一種成就測驗，都是測量操作過程（Procedures/Process），或是測量成品（Products），或是兩者都測。下一節將討論過程及成品的測量。

壹、過程（Process）及成品（Product）的測量

在測量技能時，到底要偏重操作的過程呢？或要偏重其成品？這是技職教師在進行測量前應先根據教學目標而決定的。事實上，只測量過程，或只測量成品往往會得到極不相同的結果，這裏以沖茶做為一個例子：

【例 5.1】以下為沖茶的幾個步驟，請詳細觀察學生的操作，只要他（她）做過的步驟，則請您在該步驟的後面空格中打勾，遺漏的步驟則不打。（每個步驟10分，滿分為80分）

1. 取出茶具並擺好 ＿＿＿＿＿
2. 煮好開水 ＿＿＿＿＿
3. 用開水涮洗茶具 ＿＿＿＿＿
4. 置適量茶葉於茶壺中 ＿＿＿＿＿
5. 注入開水 ＿＿＿＿＿
6. 一分鐘後倒掉壺中的水 ＿＿＿＿＿
7. 再注入開水 ＿＿＿＿＿
8. 三分鐘後，將茶壺中的茶注入杯中 ＿＿＿＿＿

就這個例子而言，其目的是要瞭解受測者的沖茶技術，假設學生甲考試時按部就班地由步驟（1）做到步驟（8），則根據評分的方式，每個步驟得10分，該生在過程的評量上顯然可得滿分，就其成品而言，也可得分──因為沖出來的一定是茶。但另一個狀況，學生乙也接受同一個考試，他也一步一步地依照沖茶的步驟進行這項技能操作，可是他匆忙之間把步驟（4）──置適量的茶葉於壺中──給忘了，這時，根據過程評量的標準，每個步驟得10分，他漏了一個，所以就過程的評量結果而言，他還可得70分──距滿分80分只少10分，可是若就成品的評量結果而言，該生就一分也得不到了，因為他沒放茶葉，最後倒在杯子裏的當然不是茶了。由上述這個例子可以瞭解，偏重過程的評量與偏重成品的評量，結果常常是不一樣的，至於一定要二選一的話，那個比較重要呢？這就要看原來訂下的教學目標來作決定了，不過，由於技職教育強調的是技能的培養，所以老師們不妨多重視一點過程的評量；當然，若測量時，同時注重過程與產品將是最理想的了。譬如說，商業學校的打字課中，老師想知道學生的打字技術如何，首先可就其打出來的信做評定，其評定的項目包括格式、整潔、及正確等；但除了看其打出來的作品之外，最好也看看他打字過程中指法對不對？身體是否坐直？雙腳是否平

貼於地面？及眼睛是否看著原稿？學生很可能用不正確的方法，打出一封非常合於標準的信件；但是無論如何，不正確的方法對其日後正式工作時在打字的速度會有所影響，甚至於有些工作的操作過程不對時，可能造成意外傷害事件的，所以除了要求其作品合於規定（通常含速度、正確度、及精確度）之外，操作的過程也是極重要的。以下將對過程的測量與作品的測量，分別做個簡單的介紹。

一、過程的測量

　　一般而言，過程的測量要比成品或作品的測量來得複雜且困難得多。最常用的測量技巧還是觀察法——由技職教師對學生的表現加以評等或評分，這種方法最大的缺點就是容易滲入主試者的主觀成份。若是某一項工作（Task）或操作（Operation）的步驟只有一種的話倒還沒甚麼問題；可是在行職業的領域裏，往往同一個工作可有好幾種方式或步驟可以完成，這時候若學生循著與主試者所認為不同的步驟進行的話，其所得的分數可能會受到影響。為了克服這個缺點，使過程的測量較客觀的作法就是對各行職業進行澈底的工作分析（Task Analysis），以便獲得對各種操作步驟有一致的看法。

　　品質（Quality）及效率（Efficiency）是一般過程測量的重點，前者是看做得好不好？後者是在乎做得快不快？譬如說，有位汽車修護科的學生嘗試著替一輛車子換一個新的點火線圈，那他得確定新換上的點火線圈能發揮功能——亦即「品質」的保證，另方面他得在某一特定時間內完成——亦即要有「效率」。有一天，他離開學校進入工作世界，顧客最在乎的便是「品質」，而他的雇主最在乎的便是「效率」，所以這兩個重點是在過程的測量中需要注意的。當然，除了這兩點之外，其它像「學習時間」、「意外事件的發生」，及「對工作的態度」等等，

也經常是過程測量的對象。

二、作品或成品的測量

與過程的測量比較起來,作品及成品的測量要容易得多了;例如:在車床上完成的工件可利用厘米測微器、游標卡尺……等量具測量其是否與預期的尺寸相同,顯然這要比測量其在車床上車削的過程要單純而具體得多。

除了上面這個例子所提到的成品測量的標準是依據預定的設計之外, 有時候成品的測量也注重成品的外觀及實用性。 像家事的烘焙課裏,評定學生所烘焙出來的蛋糕時,就應觀察其外觀,而後再看其質感及鬆軟度。總之,作品及成品的評定標準主要注重尺寸、外觀、強度、正確性、及實用性。

三、技能測驗的優點及限制

不管是著重過程的、或是著重成品的技能測驗,通常都可在實際的情境中測量學生較多而且複雜的行為,也因為在實際情境中進行測量,所以這類的測量具有相當高的效度及信度——這是技能測驗最主要的優點。

至於技能測驗的限制,則包含下列數項:

(一) 非常費時

這是技能測驗最大的缺點,從測驗的設計、準備,一直到實施,每個階段都得花相當多的時間。特別是實施時,往往一位老師在同一時間只能監考極少數的學生(一至三位),使得考試時間非常長。

(二) 非常花錢

每種技能測驗都需準備各種不同的設備、工具、及材料,甚至於監

考或主考人員的工作費等等都花費極大。這點可由國內每年一度職業學校技能競賽，及師範大學工業教育系招生的術科考試所花的費用得到印證。

（三）可能會滲入主試者的主觀

無論是過程的測量或成品的測量，經常請主試者運用**觀察的技巧**（**如:** 操作步驟、工作的態度、成品的外觀）以評定學生的**技能方面的成就**，也因此使得測量結果可能由於主試者的主觀而降低可信度。為了克服這個缺點，我們建議應由受過專業訓練的教師，使用適當設計的量表來進行技能測驗。

前面曾分別就過程 （process） 的測量及成品 （product） 的測量作過詳細的討論；至此，我們可以明顯地看出：成品的測量比過程的測量在「費時」及 「滲入主觀」 的程度上稍好 。 因為在做成品的測量時，教師可在全體受測者完成作品之後才開始評定分數或等級，自然較省時間；此外，教師可用各種量具進行成品的測量（如: 長度 、 重量、 比重、及糖度等）；顯然的，這種情況下，教師的主觀較不易影響其測量的結果。當然，成品的測量也有其缺點，學生可能在操作過程中犯了某一個錯誤，極可能造成無法挽救的結果，就如同前面舉過的沖茶的例子一樣，學生忘了放茶葉的步驟就得到完全不同的成品，在這種情形下，由一小部份的錯誤而否定其他部份的能力，是不恰當的，可是單由成品的測量卻無法區分這一點。

過程的測量有個最大的優點就是可提供豐富的診斷性資料，以協助學生的學習；經常地我們可以在學校的工場裏，看見學生不戴安全眼鏡進行車床或銑床的操作，他們或許可做出非常合標準的成品，但操作過程中卻隱伏著極大的危險因素，這是我們從事教育的人員所應重視的，而這種問題也唯有利用過程的測量才能發現。

討論到此，可發現過程的測量與成品的測量是利弊互見；所以，只要可能，最好同時運用過程及成品的測量。

四、評分方式

一般用在技職教育裏的技能評分方式主要包含以下三種：由教師評分、由同學互評、以及由自己評分。現分別介紹如下：

（一）由教師評分

由教師來評定學生的成就可說是最常見的一種評分方式了。在平日技職教育的教學中，教師們可說是隨時在進行著各種評分，例如在機工場裏，學生們在各種不同的機具上操作，而老師則不斷地在其中走動，觀察學生的學習情形；同樣的，在家事的縫紉課裏，教師也需來回地走動，以觀察學生剪裁、及操作縫紉機。這種不具形式的觀察經常可在比較個別化的教學裏發生。

然而無論如何，除了上述的不具形式的觀察之外，教師的評分當然也包括經過事先設計的正式評分方式——有確定的目的、有事先製作好的量表、有預先擬訂的測驗步驟、及預訂的評等標準。對技職教育或訓練的學生而言，這類的評分除了由學校或職訓中心的老師執行之外，有時候學生們因為實施建教合作，而到外面實際環境中學習，在這個情況下，主持評分的人就很可能由工廠中負責督導這些學生的領班擔任了。國內在技職教育界推行建教合作已有多年，學校方面覺得較吃力的一件工作就是學生分散在校外，不易督促學生的學習，若能由學校老師將事先製作好的量表交由廠方的人員使用，評定學生的進度，共同督導學生的學習，相信可使建教合作更具成效。

（二）由同學互評

就教育的觀點來看，任何能用以改進教學或探測學生成就的資料都

是有價值的,而收集這些資料的方式中,除了前述的由教師或建教合作裏廠方的督導評分之外,由同學互相評分,也是一種常被採用的手段; 特別是近年來國內技職教育界推行能力本位教學,強調個別化的學習方式,教師們已頻頻嘗試由學生互評,以及下一段要介紹的自我評分的作法。

通常,由學生參與評分的工作是有許多好處的。Bloom 就認為好處有下列幾種: ❷

1. 讓學生瞭解技能測量的複雜性。

2. 促使學生隨時檢討自己的行為與所做的努力。

3. 促使學生更積極地參與教學活動。

當然,除了上述這些好處之外,學生在評別人時,也可瞭解評分的重點,這等於給自己一個複習的機會,也因此可加強自己在這方面的學習。

要怎麼實施呢? 這裏有幾種可供參考的作法:

【第一種】: 由每一個人來評班上的所有其他人,顯然的,這種作法會比較花時間。

【第二種】: 由班上的同學推舉數人 (三～五人) 成立評分委員會,負責評定全班每個人的分數。

【第三種】: 指定每個人負責評三至四位班上其他同學的分數,也因此,每個人都受到好幾位其他同學的評分。

在這裏要特別強調的是, 無論那一種同學互評的方式,都需由教師提供事先設計好的適當的量表或測量工具才行; 同時,處理學生得分的辦法也應事先擬好,例如: 某位學生的技能同時被三、四位同班同學評分,其最後分數應如何取得? 這些都應先決定才行的。至此,大家都同意邀請學生參加評分有助於教學的實施, 其實, 在決定技能測量的重

---

❷　Bloom, T.K. "Peer Evaluation—A Strategy for Student Involvement." *Man/Society/Technology*, Vol. 33, No. 5, Feb. 1974, pp. 137-138.

點、設計測量工具、及擬訂評分標準的過程中，也邀請學生參與的話，將使學生的學習有更積極的鼓勵作用。

（三）自己評分

由學生本人對自己技能方面的成就評定分數，也是讓學生直接參與學習活動的一種策略，在能力本位教學的過程中，也極強調學生自我評分的診斷功能。和其他的評分方式一樣，讓學生進行自我評分時，也需要提供他們事先設計好的測量工具或量表才行，

以上提到的三種評分方式——由老師評分、同學互評，及學生自評，原則上都需使用適當的量表；而且這三種方式經常可以使用——相似、或甚至於完全相同的量表。以下將討論使用於測量技能領域成就的各種量表：

貳、評量表的種類

本章將介紹下列五種用於測量技能領域成就的評量表：評等表、成品對照表、檢核表、數字評定量表、及圖表定量表。

一、評等表（Ranking）

將學生技能的成就——過程（process）及成品（product）——依其好壞排列成等級，是目前作學生技能測量時最常用的一種方式，例如國內每年一度的全省中學工藝作品展覽及競賽就是採用這種方式以取得優勝及佳作的作品。換句話說，評等表的作法便是將所有學生的技能成就放在一起作比較，而後將其由最好的作品到最差的依序排列，很明顯的，這是一種所謂常模參照（Norm-referenced）的測量方式。本章前面就曾對這種測量方式提出過說明，它最大的缺點就是只能比較同學們彼此之間表現的好壞，而無法具體地指出每個人到底表現有多好？

一般而言，在測量較單純的、含操作數目少的技能時，利用排等級

的方式會有較高的信度；反之，用來測量較複雜、含操作數目多的技能時，將困難得多。例如：在印刷課裏要學生拍照，那麼將其拍照的技術排列等級，就要比將他們拍照及沖洗兩方面的能力排出等級，要來得容易得多。以下就是一個使用評等表評定學生成品等級的例子：

【例 5.2】請將下列五件學生的作品評定等第，並以阿拉伯數
字1，2，3，4，5表示一至五名。評等第時請考慮
以下三項重點：

a. 精確度

b. 設計

c. 美觀

名次

作品A　————

作品B　————

作品C　————

作品D　————

作品E　————

二、成品對照表（Product Scales）

利用成品對照表作技能測量時，不但具有如等級表一樣的評定等第的功能，同時，它也可進行效標參照測量（Criterion-referenced）——不拿學生的成就互相比較，而是把所有學生的成就與某些特定的效標比較而得測量的結果，所以這種測量法顯然要比排等級的方法客觀。成品對照表，顧名思義，也就是收集同一類不同品質、不同精密度——亦即不同等級的成品，而後將它由最好的排到最不好的，接下來便賦予每一個成品不同的分數或等級，這樣便可建立一個所謂的對照表。每當評定某位學生的作品時，就只要將其作品拿來與這個預先建立的對照表比對

一下，看它與對照表上那一個等級的作品相近似，而後便可據之以評定等級或分數。

在例 5.3 及 5.4 中，便是用以評定學生製圖課裏有關線條及字法的作（成）品對照表，各表底下的阿拉伯數字便是分數。

【例 5.3】　| 線條　　成品對照表 |

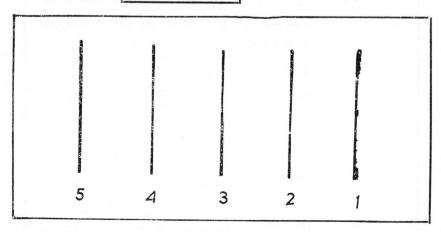

【例 5.4】　| 字法　　成品對照表 |

在技職教育的領域中，可利用成品對照表進行成品測量的例子非常多，例如：在電焊課中可利用一組焊接的鐵板；電工課可用一組絞線；烹飪課可用一組蛋糕或麵包的樣品； 印刷課可利用一組絹印的圖片；……等等。

成品對照表有兩個主要的優點：（1）教師很容易製作這種量表，他們通常只要在所任教的班級中，挑出可代表不同等級的學生作品即可；同時，教師還可不斷地在原有的兩個等級之間加入新的。

使用成品對照表評分的好處，除了很客觀之外，還可用以刺激學生的學習。有時候技職教師可將這個表在教學前公佈給全體學生，如此一來學生可具體地知道將來技能應達到的標準，他們將會激勵自己努力地練習，使學習效果更好。能力本位教學也可運用這種策略，讓學習者知道技能要求的標準。

三、檢核表（Checklist）

檢核表主要的格式就是將某些行為或活動逐一列出，而後由主試者（可能是老師、同學、或自己）根據觀察某個人在某段時間內所表現的行為或活動，在該表上劃記。所以利用檢核表可以很容易地記錄一個人「到底做了什麼？」，或「沒做什麼？」本章前面所舉「沖茶」的例子，便是一種檢核表，在其中把沖茶的步驟依順序列出，主試者將受試者所做過的步驟在後面的空格裏打勾， 遺漏的動作就不打勾。 以下例5.5 便是一個類似的例子：

【例 5.5】以下所列的是架設投影機的步驟，請一面觀察，一面將學生所做過的步驟，在後面的空格中打勾。

　　步驟

1. 將投影機放置於使用位置　　　　＿＿＿＿

2. 將插頭接上電源　　　　＿＿＿＿

3. 在投影枱上放一張透明片   ————
   （用以調焦距）

4. 打開投影機的電源開關   ————

5. 調整投影機的位置   ————

6. 調整焦距   ————

7. 關掉電源開關，備用

　　在技職教育裏，經常會碰到同一個工作可有好幾種完成的方法的情形，這時候就得將檢核表稍作彈性的修改了。例 5.6 是一般的作法，例 5.7 是修改過後的。

【例 5.6】 清潔相機鏡頭

1. 首先蓋上鏡頭的前方護蓋。   √

2. 用壓縮空氣或刷子清除鏡頭   √
   金屬部份的灰塵。

3. 除去鏡頭護蓋，並用另一把鏡頭專用的刷
   子除去前方鏡片的灰塵。   √

4. 取出一張拭鏡紙，並沾上一兩滴拭鏡液。   √

5. 用該拭鏡紙，輕輕地由鏡片的中央循螺紋
   線擦拭到外圍。   √

【例 5.7】 清潔相機鏡頭   步驟

1. 首先蓋上鏡頭的護蓋。   1

2. 用壓縮空氣或刷子清除鏡頭金屬部份的灰塵。   2

3. 用布清除鏡頭金屬部份的灰塵。

4. 除去鏡頭護蓋，並用另一把鏡頭專用的刷子
   除去前方鏡片的灰塵。   3

5. 除去鏡頭護蓋，並用手除去前方鏡片的灰塵。

6. 除去鏡頭護蓋，並用布除去前方鏡片的灰塵。

7. 取出一張拭鏡紙，並沾上一兩滴拭鏡液。　　　　4

8. 滴一、兩滴拭鏡液於鏡片上。

9. 用沾有拭鏡液的拭鏡紙由鏡片的中央循螺旋
線擦拭到外圍。　　　　　　　　　　　　　　5

10. 用布在鏡片上用力擦拭。

　　像例五故意把錯誤的步驟也一同列出，對技職教師而言，這可用來做爲診斷學生的行爲，以爲改正不正確動作的依據。

四、數字評定量表 (Numerical Scales)

　　這種量表就是由評審人員就學生的行爲表現給予一些特定的數字（或分數），以代表其好壞的等級。學生在技能領域內的行爲成就常可以其速度、正確度、或精確度加以評定。例 5.8 就是個用在評定學生操作車床的一種數字量表。有時候還可將之修正使用，如例 5.9，這樣一來可以同時評定其精確度、外觀、或其他的特質（如速度）等。

【例 5.8】請根據學生在車床上車出的弧面的精確度，評定其成績，5分爲最高分。

	1	2	3	4	5
a. 凸面	□	□	□	□	□
	1	2	3	4	5
b. 凹面	□	□	□	□	□

【例 5.9】

	精　確　度			外　　觀		
	1	2	3	1	2	3
a. 凸面	□	□	□	□	□	□
	1	2	3	1	2	3
b. 凹面	□	□	□	□	□	□

　　另外還有一種數字量表的形式是在兩個相對的形容詞之間列出連續的數字，並由主試者根據受試者的行為表現在適當的數字上劃記或勾選。以下例 5.10 就是個可用在一般工場或實驗室的例子:

> 【例5.10】下課前，學生收拾工作區時:
> 　　　　a. 吵雜　1　2　3　4　5　安靜
> 　　　　b. 雜亂　1　2　3　4　5　有條理
> 　　　　c. 慢　　1　2　3　4　5　快

　　像這樣表格的設計可同時由各個角度評定某一行為的不同特質。其他的好處就是（1）使用起來非常方便，（2）教師很容易綜合評分的結果，並且（3）也可將各事項的分數累計算出總分。

　　再者，教師還可根據各項之重要程度給予不同比重的評分，如例5.11所示。

【例5.11】

工作圖　（數字）評定量表			
項　　　　目	得　分	加重	實　得　分　數
圖 面 佈 置		1	
線　　　條		1	
字　　　法		1	
尺 寸 標 註		1.5	
公 差 配 合		1.5	
加 工 符 號		1.5	
圖 形 正 確 性		2.5	
備註　各單項滿分為10分　時間分數另計		總分	

五、圖表評定量表 (Graphic-Rating Scales)

這種量表的主要形式， 就是在說明所欲評定行為的敍述之後， 劃出一條上面分有幾種不同等級的直線；通常這些不同的等級不用數字表示，而是用一句，甚至是一段話予以描述。例 5.12 是分成五段且分別用一短句描寫不同等級的量表；而例 5.13 及例 5.14 則對各等級作更詳細的說明：

【例5.12】請根據您的觀察，評定該生在車床上車螺紋的熟練程度。

　非常笨拙　稍笨拙　　中等　　　很熟練　　非常熟練

【例5.13】請根據您的觀察，評定該生在車床上車螺紋的熟練程度。

1. 非常笨拙: 無法使用工具及機器進行操作。
2. 稍笨拙: 在持用工具及操作機器時有問題， 但勤加練習仍可改進。
3. 中等: 與其他同學比較，其熟練程度屬於中等。
4. 很熟練: 除了少數的操作之外， 大部份的操作都很熟練。
5. 非常熟練: 對所有的操作都表現了高度的熟練。

【例5.14】

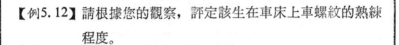

立體寫生圖　技能熟練程度 (圖表評定量表)

　A　　　　A_　　　　B_+　　　B　　　　B_　　　C_+　　　　C

　特優　　　優良　　　中上　　　中　　　尚可　　　略差　　　極差

評鑑說明：

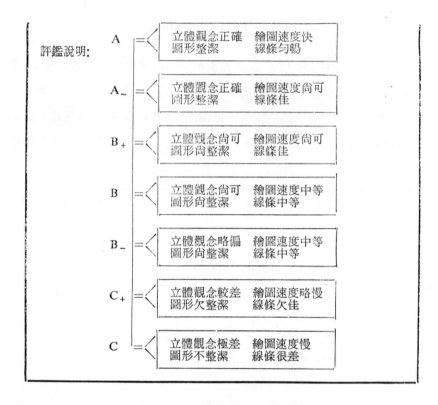

| A | = | 立體觀念正確 | 繪圖速度快 |
| | | 圖形整潔 | 線條勻暢 |

| A_ | = | 立體觀念正確 | 繪圖速度尚可 |
| | | 圖形整潔 | 線條佳 |

| B_+ | = | 立體觀念尚可 | 繪圖速度尚可 |
| | | 圖形尚整潔 | 線條佳 |

| B | = | 立體觀念尚可 | 繪圖速度中等 |
| | | 圖形尚整潔 | 線條中等 |

| B_ | = | 立體觀念略偏 | 繪圖速度中等 |
| | | 圖形尚整潔 | 線條中等 |

| C_+ | = | 立體觀念較差 | 繪圖速度略慢 |
| | | 圖形欠整潔 | 線條欠佳 |

| C | = | 立體觀念極差 | 繪圖速度慢 |
| | | 圖形不整潔 | 線條很差 |

　　這種量表由於對每個不同的等級都或多或少地用文句加以說明、描述，是故，這種量表的評定結果也較前面介紹的數字評定量表來得客觀、可靠。數字評定量表最大的缺點就是各等級以數字代表，在這種情況下，張老師所評定的"3"分，可能與李老師所評的"5"分是一樣的，換句話說，其評得的結果並不一致，而這個問題對圖表評定量表而言，就不那麼嚴重了，由於各等級皆有簡單的敘述，因此各評審的人員也就有所依循，其評審結果也就較易一致且較可靠了。

　　技職教師們也經常把屬於一類的許多題目用同一種圖表評定量表，如此一來，不論在評分上或處理學生的分數時，都顯得非常方便。Remmers 提供了幾個製作圖表評定量表時的建議：

1. 量表所用的線，不論是劃直的或橫的，都必須是連續的（不能斷開）。

2. 線的長度須容得下所有描述的詞句。

3. 假如有許多子題的話，所有線的方向應一致，也就是屬於好的、受歡迎的一邊都朝同一方向。

4. 若有好幾個特質被評分時，屬於同一特質的子題應集中在一起；換句話說，先評完某一特質後，再進到下一個。

5. 描述或說明的詞句應儘可能地靠近評量線上所代表的等級點。

6. 各等級不見得一定要等距❸。

此外，Guilford 也補充了下面兩點：

1. 對一般的技職教師而言，評分線上的等級，以前端先出現好的或受歡迎的等級較佳。

2. 評分的等級沒有必要時不要分得太細❹。

以上這幾種評量表最常用在技能領域的成就測量中，接下來要介紹的就是四種主要的技能測量形式，前述的各種評量表就可配合著不同的測量形式加以運用。

叁、技能測驗的形式

一、書面測驗 (Paper and Pencil Test)

或許很多人會覺得很奇怪，書面測驗怎麼能用來測量技能方面的成就呢？事實上，除了測量認知方面的行為之外，書面測驗是可以用來測

---

❸ Remmers, H.H. "Rating Methods in Research on Teaching." *Handbook of Research in Teaching*, Chicago: Rand McNally, 1963.

❹ Guilford, J.P. *Psychometric Methods*, 2nd ed. New York: McGraw-Hill, 1954.

量技能行為的。譬如說，許多行業在施工之前工作者都需預先繪出工作圖， 特別像建築師就必須具有在書面上繪圖的能力， 就是個明顯的例子。

例 5.15 是個可用在室內配線的試題——它要求受試者在圖上直接顯示出臥室、洗手間、及進口處應有的電源開關及插座。

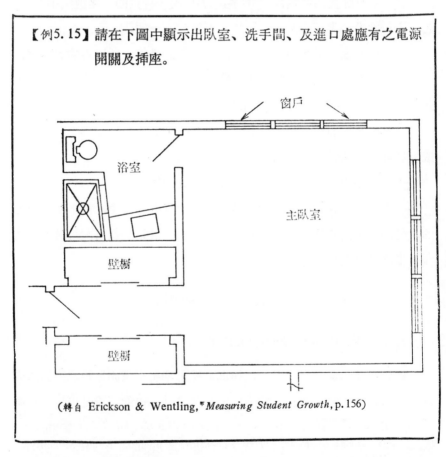

【例5.15】請在下圖中顯示出臥室、洗手間、及進口處應有之電源開關及插座。

窗戶

浴室

主臥室

壁櫥

壁櫥

(轉自 Erickson & Wentling, *Measuring Student Growth*, p.156)

例 5.16 也是個類似的例子，這是師大工業教育系七十三學年新生入學考試電工科所用的操作試題。

【例5.16】請用筆完成下列電路，並用 2 個 CT，2 個 PT，1 個 AC 安培表，1 個 AC 伏特表，及 2 個 AC 單相瓦特計，測量交流三相平衡負載之功率及功率因數。

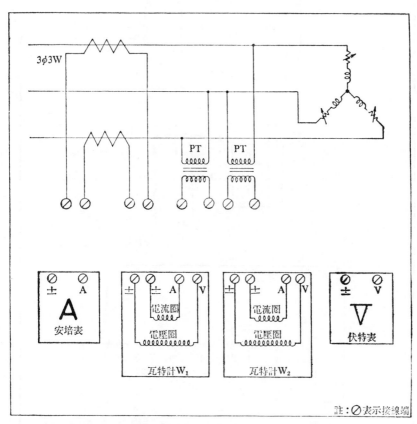

（國立臺灣師範大學工業教育系73學年度新生入學考試電工升操作試題）

　　另外一種常在技職教育裏使用的書面測驗，就是將各種量具的照片或圖片顯示給學生看後，並要求他們照上面的刻度讀出，通常教師們可用這種方式測知學生讀出各類量具的能力。例 5.17 中就是幾個有關讀出厘米測微器及游標卡尺讀數的測驗。

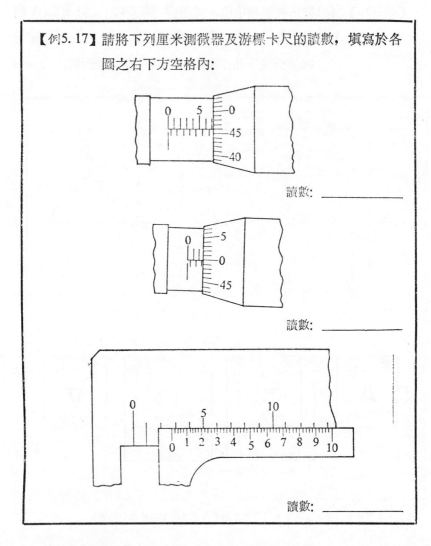

【例5.17】請將下列厘米測微器及游標卡尺的讀數，填寫於各
　　　　 圖之右下方空格內：

讀數：_____

讀數：_____

讀數：_____

　　像上述這類的書面測驗就非常近似於下節所將介紹的模擬情境的測
驗，受試者只顯示了將各種量具上的刻度讀出的讀數，而沒有「真正地
使用」這些量具。

　　再有一種屬於這類的測驗就是要求受試者寫出電腦程式，通常受試

者都得針對某一或某些特定的問題，設計一套解決的電腦程式。例如：
「請寫出一套程式，可將輸入的任何一組數字由大而小的次序列出。」
學生在紙上將流程及程式寫出卽可；而敎師或主試者便依據其所寫出程
式的功能予以評分。若進一步地要求學生將程式輸入電腦，並試試看該
程式是否有效的話，那就與實際情境中的技能測驗是一樣的了。

　　還有一種書面的技能測驗就是用在商業敎育中的會計課，例5.18所
示的卽爲一個這類的測驗，它要求學生根據所給的數據寫出該公司的損
益報告。

【例5.18】試根據下列錦華服裝社試算表，編製該社民國72年度
　　　　　損益表、業主變動表及十二月三十一日資產負債表。

錦華服裝社

試　算　表

中華民國72年12月31日

現　　金	$ 21,000	
應收票據	16,000	
應收帳款	22,000	
裝修設備	305,000	
縫紉設備	298,700	
應付票據		$ 11,000
應付帳款		900
錢崑來資本		400,000
錢崑來提取	14,000	
業務收入		451,100
佣金收入		4,200
房租費用	50,000	
工資費用	120,000	
水　電　費	10,200	
包　裝　費	3,000	
利息費用	7,300	
	$867,200	$867,200

　　最後要介紹的一種書面測驗是「要點排列測驗（Variable-Sequence Test）；它最適宜用於測量學生解決困難或排除障礙的能力 —— 從汽車引擎檢修到病人的診斷都屬於這類的能力。這類的考試，通常都是對學生提出一個待解的問題以及一些解決的方法或步驟，而後要求他們根據自己所認為正確的順序將所給的方法或步驟列出，最後教師就根據學生所列的順序是否正確、是否適當來加以評分。

　　舉個例子來說， 汽車工的教師給學生一個狀況 ——「車子無法發動」，並要求學生依最適當的順序由下列各項重點中挑出應 採 取 的 措施：

- ·檢查電瓶
- ·檢查發火線圈
- ·檢查分電盤
- ·檢查化油器的功能
- ·……

　　熟練這方面技能的人，可以很清楚地知道該由那步驟著手，並可根據檢查的結果決定下一步應採取的步驟。像這種要求受試者將步驟、方法、或程序，依正確的順序排列或重組的測驗，便稱為要點排列測驗。

二、辨認測驗 (Identification Tests)

　　在技職教育的領域中，辨認測驗常用來測量學生辨認、或區分事物的能力，例如：辨認物件、區分正確及不正確的動作、及辨認作品的好壞等等。

　　較常用的辨認測驗就是要求學生辨認工具、或者是要他們指出某個機具上各組件的名稱。例 5.19 便是個辨認工具的例子，而類似此例子在技職教育中可用得很多。

【例5.19】請在每個鉗子的下方寫出其正確的名稱。

1. _____　2. _____　3. _____

4. _____　5. _____　6. _____

而例 5.20 卻是個要求受試者辨認組件名稱的例子。

【例5.20】請寫出下圖中手押鉋機之各部份名稱。

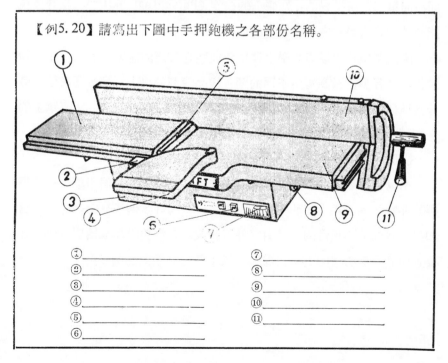

① _____　⑦ _____
② _____　⑧ _____
③ _____　⑨ _____
④ _____　⑩ _____
⑤ _____　⑪ _____
⑥ _____

除了上述的例子之外， 要求學生分辨不同木材的名稱、 高低筋麵粉、或高低碳鋼等都是可供參考的例子。

討論至此，或許有人要懷疑技能方面的辨認測驗，與認知方面的辨認測驗是否有所不同；甚至於有人認為這種辨認測驗只測量了受試者的「認知」能力，而沒眞正地測量某一個人的技能，像一個人瞭解打字機各部份的名稱、以及知道它的各種控制組件的操作方式之後，並不保證他就能適當地使用打字機打字；亦卽，受試者可能把這些組件、工具的名稱或特性像認知領域裏的一些學習一樣，用記憶的方式記下來的。

然而無論如何，技能領域裏的辨認測驗與認知領域裏所談的辨認測驗最主要的不同乃在於前者需運用各種感官所接受的訊息（如聽覺、味覺、觸覺、及嗅覺），而後者僅只用到視覺對文字符號的接收而已。如同前面第二章所提過的，知覺上的技能（Perceptual Skills），在許多技能領域的行為裏佔有相當重要的地位。

辨認測驗可用以偵測學生運用各種感官技能的能力，例如：在食物製備的課程裏，教師可將不同的麵包樣品陳列於桌上，而後要求學生區分其種類、或要求其將各種麵包依好壞排出等級。 有時候， 汽車工的老師可將各種損壞的汽車零件一一列出，並要求學生(1)指出其名稱、(2)說明其損壞的狀況、及(3)說明損壞的原因。

由以上所舉的各個例子看來，或許很容易給大家一個印象——辨認測驗非常強調視覺方面的能力，事實上，也有許多例子是靠聽覺的。譬如說，教師把不正常的汽車引擎聲錄音後，在測驗時播放給學生聽，並要求他們分辨引擎的毛病在那裏，以下便是個類似的例子：

【例5.21】你將聽到一段八缸引擎的起動聲，請指出它是那個
　　　　　廠牌的車子。

　　　　　　　　　（錄音機播放）

_____　1. 通用汽車公司

_____　2. 福特汽車公司

_____　3. 美國汽車公司

_____　4. 豐田汽車公司

　　很明顯的，上面這個例子可用以選出老經驗的汽車修理師傅。下面
的例子可用在一般金工場或其他用到砂輪機的工場中。

【例5.22】以下共有四個砂輪，分別用塑膠棒輕輕敲擊後所發
　　　　　出的聲音，請判斷那一個是裂的。

　　　　　　　　　（錄音機播放）

　　　　　　　1. _____

　　　　　　　2. _____

　　　　　　　3. _____

　　　　　　　4. _____

　　接下來將討論在技能領域裏運用辨認測驗的優缺點。其優點有：

　　1. 它可偵測學生辨別或區分實際物品的能力。

　　2. 它也可偵測學生對各種技能所需依循的操作步驟的能力，而不
必真的去做；也因此而不必用到昂貴的或複雜的機器。

　　3. 可對大團體實施，省時也經濟。

其主要的缺點是：

　　1. 並沒真正的或直接的測量學生的技能。

　　2. 經常需要大量的零件或產品以供測驗用，也因此會造成額外的

花費。

至於應如何發展這類的測驗， Marshal 及 Hales 做了如下的幾項建議❺:

1. 使用的文字敍述應能清楚地陳述問題。

2. 用字力求簡單明瞭。

3. 敍述中減少不必要的字眼。

4. 也應提供清楚的答題說明。

除了上述的這些建議之外，Erickson 及 Wentling，也對發展辨認測驗的步驟，提出了他們的看法❻:

【步驟一】確定預期的行為目標——在設計任何的測驗或測量工具之前，都應先確定該測驗到底想要測什麼，設計技能方面的辨認測驗也不例外。通常，在設計技職教育的課程時，通常皆由行業分析著手，而後根據該分析的結果規劃課程內容，並訂定教學目標或行為目標，這些目標便是日後進行教學及評定學生學習成果的依據。

【步驟二】選定測驗的內容，並準備相關的器材——根據步驟一的資料，接下來便可確定測驗的內容，而且由此內容更可以著手準備所需之工具及設備。 譬如說， 某個辨認測驗的內容重點在某個操作的過程上，那麼與該操作過程有關之設備、器材就得預先安排。

【步驟三】訂定發展測驗的工作計畫——在測驗內容及器材都選定了之後，下一步便得將這些內容及器材，依測驗的過程予以組織起來，這時就需要一套工作計畫以為依循了。工作計畫應包含些什麼呢?Ryan s 及 Frederiksen 建議: ❼

---

❺ Marshal, J.C., and Hales, L.W. *Classroom Test Construction* Reading, MA: Addison-Wesley Publication Co., 1971.

❻ 同註❶, p. 149.

❼ Ryans, D.G., and Frederiksen, N. "Performance Tests of Edu-

1. 準備施測時所需的設備及材料時，所應注意的事項。

2. 舉辦主試者或監考人員講習時，所應注意的事項。

3. 檢查各項用來測驗的設備時，所應注意的事項。

4. 實際施測時所應注意的事項。

除了上述幾項之外，若能夠將測驗場所（教室或工場）的安排也涵蓋於計畫中的話，則更完美。下面即爲一個工作計畫的實例：

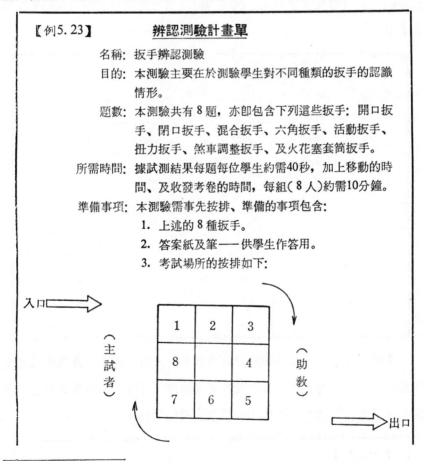

【例5.23】　　　　**辨認測驗計畫單**

名稱: 扳手辨認測驗

目的: 本測驗主要在於測驗學生對不同種類的扳手的認識情形。

題數: 本測驗共有 8 題，亦即包含下列這些扳手: 開口扳手、閉口扳手、混合扳手、六角扳手、活動扳手、扭力扳手、煞車調整扳手、及火花塞套筒扳手。

所需時間: 據試測結果每題每位學生約需40秒，加上移動的時間、及收發考卷的時間，每組（8 人）約需10分鐘。

準備事項: 本測驗需事先按排、準備的事項包含:

　　1. 上述的 8 種扳手。

　　2. 答案紙及筆——供學生作答用。

　　3. 考試場所的按排如下:

續❼ cational Achievement." *Educational Measurement*, Washington, D.C.: American Council on Education, 1951, pp. 455-493.

> 由圖中可見入口在左上方，出口在右下方，學
> 生每組 8 人，依順時針方向移動，而主試者及
> 助教各站一邊。
>
> 4. 碼錶及哨子各一。
> 5. 助教一人，而由主試者負責計時。

【步驟四】設計並印製測驗所需的答案紙──答案紙的設計完全得依照測驗的內容及型態而定，例 5.24 即爲上表的例子中所用的答案紙的格式。

【例5.24】答案紙的範例

姓名: ＿＿＿＿＿＿＿　　學號: ＿＿＿＿＿＿＿

科目: ＿＿＿＿＿＿＿　　日期: ＿＿＿＿＿＿＿

編號　　　　名稱　　　　　　　特性

1. ＿＿＿＿＿＿　＿＿＿＿＿＿＿＿＿

2. ＿＿＿＿＿＿　＿＿＿＿＿＿＿＿＿

3. ＿＿＿＿＿＿　＿＿＿＿＿＿＿＿＿

4. ＿＿＿＿＿＿　＿＿＿＿＿＿＿＿＿

5. ＿＿＿＿＿＿　＿＿＿＿＿＿＿＿＿

6. ＿＿＿＿＿＿　＿＿＿＿＿＿＿＿＿

7. ＿＿＿＿＿＿　＿＿＿＿＿＿＿＿＿

8. ＿＿＿＿＿＿　＿＿＿＿＿＿＿＿＿

【步驟五】擬定有關測驗的說明事項──爲了使主試者及受試者能清楚地瞭解答題的方式，事先擬定詳細的答題說明，是極爲必要的。下面便是針對前面的例子所擬的一個答題說明的例子:

【例5.25】

一、主試者應注意事項

1. 在開始測驗之前應注意位置的安排是否符合計畫，並檢查桌面上的扳手與編號是否一致。
2. 安排學生至各測驗站之前，並注意每站只能有一人。
3. 確定每人手上都有答案紙及筆。
4. 清楚地對學生宣讀"測驗須知"後才開始施測。
5. 每隔 50 秒便吹一次哨子，並要求學生移至下一站繼續作答。
6. 在完成各站的測驗後，將各人之答案紙收回，並讓他們由出口離開。

二、受試者應注意事項──測驗須知

1. 本測驗主要在測量你對各種扳手的名稱及特性的認識程度。
2. 首先在答案紙上寫下你的名字及學號。
3. 每個扳手上方用紅筆寫的大阿拉伯數字，便是各站的編號，〔注意〕將扳手的名稱及特性寫在相對題號後面的空格內。
4. 請勿移動各站之扳手及編號卡。
5. 聽到老師的哨音之後，才可移至下站繼續作答。

【步驟六】預試並修改該測驗──預試的技巧是選取一小羣與未來將使用這個測驗的學生性質相似的預試者，在一實際的測驗環境裏進行預試。往往在這個預試的過程當中，可以發現一些早先沒想到的缺點及困難，測驗的設計者可據之以修改測驗，使之更爲完美。

三、模擬情境測驗 (Simulation Tests)

就技能測驗本身而言，最好能在實際的情境中實施，但常因爲種種因素的限制，例如經費、時間、及安全的考慮等，技職教師常利用各式

各樣的模擬器（Simulator）以進行技能測驗，無非想在上述各種限制的因素之下，製造一模擬的情境，並藉之以偵測學生的技能。

譬如說：教學生如何操作核子反應爐時，在不能確定他們是否熟練是項技術之前，是不能冒然讓他們在實際的反應爐前進行測驗的，這時候，最妥當的辦法便是設計一種模擬器——其操作的方式與實際的完全一樣，而後讓學習者在模擬器上進行學習及測驗。圖 5.1 便是一種風能轉換的模擬器，這種教具主要是供中學生在工藝課或職業學校的「動力與能源」的課程中使用。

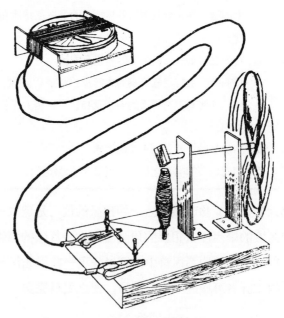

圖 5.1　風能轉換模擬器

（資料來源: Alternative Energy Sources, Thomas Alva Edison Foundation）

此外，電子工場的教師常用類似於圖 5.2 中所顯示的示教板，進行教學及測驗，為了便於測驗，當初設計這個示教板時，就多加了一個控

制器，施測者只要扭動旋鈕或撥動開關，便會製造不同的故障，以供受試者檢修。

圖 5.2 電子電路示教板

圖 5.3 顯示的也是一個車床的模擬器，主要培養學生垂直及水平進刀的協調能力。 它通常要求學生在 Y 面上畫出圖形， 譬如說， 畫一個

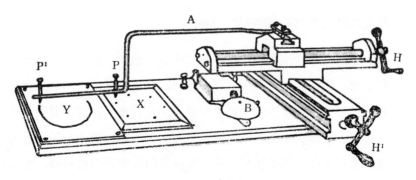

圖 5.3 車床模擬器

(資料來源: W. W. Norton & Co., New York)

圓，學生便依循 X 面上的六個小點，操縱 H 及 H_1 兩個進刀栒而完成之。藉著這樣的測驗，敎師可測出學生操作車床進刀的能力及熟練的程度。

利用模擬器在模擬情境中學習的方式，也常被軍方採用。例如訓練飛行員時，在他們上眞飛機之前，就利用模擬的飛行狀況進行訓練及測驗；太空人眞正被送上太空之前，往往也要花上數年的時間，在地面接受各式各樣的模擬訓練。民國七十二年國立臺灣師範大學工業敎育硏究所便曾與行政院資訊策進委員會合作替軍方設計了一套坦克車之射擊模擬訓練器——藉著一套設計週詳的電腦程式，學習者便可在電視螢幕上練習各種狀況的射擊。

敎學用模擬器通常可由敎師自製，或向專門製作敎具的公司購買。由於市場不大，國內的敎具製作商並不多，在美國便有許多這類的廠商，每年十二月所舉行的美國職業敎育年會的會場中，便可看到許多廠商，展示各類敎學用的模擬器。不過，話又說回來，絕大部份的職業技能，都可用簡單且經濟的模擬器加以偵測的。

模擬情境的測驗在應用時，亦有其優點與缺點，將與下節所介紹的實地測驗合併討論。

四、實地測驗 (Work-Sample Test)

有人也把這種測驗稱爲「實際情境中的測驗」。對技能測驗而言，這是最適當、最理想的測驗形式了，所以，只要可能，技職敎師應儘量地採用這種形式進行學生們在技能領域裏的成就測量。國內目前見到的一些較正式、規模較大的技能測驗或比賽，如內政部職訓局所舉辦的技能檢定，及每年所舉辦的工科或農科職業學校學生的技能競賽，主要都採用實地測驗。

實地測驗最主要的特徵，就是受試者必須在實際的環境裏依循正確

的步驟進行操作,且其所用的材料及設備、工具等,都與實際情況中所用的完全一樣;這點正是實地測驗與上節所介紹之模擬情境測驗的主要相異之處。例如, 前述的車床及電子電路的測驗,在實地測驗中就得使用眞實的車床或電子設備進行; 顯然的, 在這種情形下,其所需的材料、工具設備、及事先預備的時間要比模擬情境的測驗多得多。

　　實地測驗與模擬情境的測驗有相似的優點及缺點。其最大的優點就是表面效度 (Face Validity) 很高, 換句話說,它們很容易讓受測者瞭解該測驗在測量什麼。再者,它們也對學生在某個職業領域中的技能提供極直接的測量。另一個優點是它也提供了極佳的學習經驗,透過這種測驗, 通常可提供極具體的回饋資料, 由教師作爲教學上的參考。

　　關於它們的缺點, 主要就是費時間,由於這種測驗的過程中往往需要密切的觀察,也就是一位老師只能監考少數的學生, 所以從準備到實施,都要花許多的時間; 此外, 前面也稍微提過的, 這類的測驗要有設備或模擬器, 以及材料的消耗,所以也極花錢。第三個缺點是主試者的主觀很容易影響其評分結果。最後一個要提到的缺點是,這類的測驗常常無法涵蓋整個技術內容, 而只能侷限於某幾項技術。

　　至於應如何設計模擬情境測驗或實地測驗呢? 以下是幾個可供參考的步驟:

　　【步驟一】選定測驗的內容——通常教師們可根據行業分析結果以及課程目標, 選定重要而值得測驗的主題。

　　【步驟二】設計評分或記錄表——在選定測驗內容之後, 技職教師下一步就得針對所欲測的技能操作過程或產品, 設計適當的評分表格。評分表格有許多不同的型式, 本章的前段曾作過詳細的介紹, 教師們可根據其不同的特性及所欲測量的內容, 選取最適當的格式。通常是, 測量操作過程時, 可使用數字評定量表或圖表評定量表; 而測驗操作產品

時，則可用成品對照表行之。

【步驟三】瞭解測驗進行中可能碰到的困難或限制——事先瞭解這些困難或限制之後，有些是預先可以克服的，有些則在設計測驗過程時，應加以考慮的。最常碰到的技能測驗的困難是時間——在不影響實際的教學進度之下，有多少時間可供這類的測驗的實施？教師本身有多少時間可供設計測驗及進行測驗。另一個可能的困難是現有設備的數量，把這些因素考慮進來之後，教師可設計出更實際可行的技能測驗。

【步驟四】訂定發展測驗的工作計畫——這裏所提的工作計畫的內容與設計辦認測驗的工作計畫相同，可參考上節所討論的辦認測驗的工作計畫內容。

【步驟五】預試及修改——方式與辦認測驗相同，這裏不再贅述。

以下便是一個民國七十三年所舉辦的第十四屆全國技能競賽中，汽車修護工所用之實地測驗的試題及評分表。

【例5.26】

一、題目：汽車電器系統之故障檢修

二、說明：

（一）檢查指定汽車電器系統之故障並作修理

（二）將故障判斷結果記錄於答案紙上

（三）故障排除後，調整各項規格切合原廠資料

（四）現場提供規範數據或原廠修護手冊

（五）故障零件不能調整者得要求更換

三、評分要項：

（一）時間：限時80分鐘內完成。

（二）技能標準：

    1. 故障判斷正確　　2. 檢修後作用正常　　3. 各項調整切合規範

四、答案紙

姓　　名	編　　號	日　　　期	得	裁 判 簽 名
		年　　月　　日	分	

說明：將檢查之故障零件名稱，損壞情形及修理方法記錄於下表中

項次	機 件 名 稱	損 壞 情 形	修 理 方 法	備　　　註
1				
2				
3				
4				

　　方法僅記作：調整、校正、更換

記分：(1) 故障零件名稱，損壞情形及修理方法完全正確得　　　　5分
　　　(2) 故障零件名稱部份錯誤，損壞情形與處理方法有
　　　　　缺點，均視所設置之條件酌予扣分　　　　　　　　酌予扣分
　　　(3) 故障零件名稱完全錯誤　　　　　　　　　　　　　　0分

五、安全事項邀照試場一般規定

六、評分表

選 手 姓 名		競 賽 日 期	年　　月　　日
競 賽 時 限	八十分鐘	選 手 編 號	
實 得 分 數		裁判（簽名）	

項次	項目	績分	評　分　標　準		得分	備　　　註
1	時間	5	準時限完成者得 超過時限	5分 0分		時間與技能項目在任何一項得零分本題得零分。損壞工作物品或有重大違紀情事本題得零分。
2	技能	15	故障判斷準答案紙最高 故障排除調整切合規範 故障排除調整未能切合規範 故障未能排除組合不完整	5分 10分 6分 0分		

3	安全及它	扣分	違反安全規定或工作　　方法錯誤　　　　— 5分 未能維護整理　　　— 3分 態度不良　　　　　— 3分	
合			計	

第六章　測量情意領域的成就

壹、前　言

　　大家都知道技術職業教育的主要目標乃在於培養個人就業的能力，可是令人覺得奇怪的是，每每提到就業的能力，許多人就直覺地聯想到所需的知識或技能，而忽略了在情意領域裏的一些必要能力，也因此使得許多人由於無法與人相處，或沒有嚴謹的工作態度而丟掉工作，或找不到工作的例子屢見不鮮。事實上，除了那些應具備的知識及技術之外，再有適當的態度、興趣、價值觀、及欣賞能力，將可使個人的工作更容易成功。也因此，長久以來從事技職教育的工作者，也較其它領域的教師或行政人員，更重視與工作有關的正確的態度、興趣、價值觀、及欣賞能力的培養。最近國內推行能力本位教學之後，更加深了大家對這方面能力的培養與測量。

　　在正式介紹情意領域之成就的測量技巧及方式之前，有一點仍然必須強調的是：雖然學生所需學習的內容——學習領域，可大致區分爲認知、技能、及情意三個領域，情意領域與另兩個領域一樣，彼此之間是

不能區分得那麼清楚的; 換句話說,情意領域裏的學習,往往也包含有認知及技能的成分, 卽使睡覺時所作的夢, 除了具情意方面的感覺之外, 同時也往往具有認知方面的思想及技能方面的活動。因此, 每當我們談到情意領域成就的測量時, 我們得注意其複雜性。另外一個例子是, 當我們評定學生對某種行職業的興趣時, 學生對該行職業的認識將成爲先決的條件, 否則其表現出來的興趣程度極可能因不瞭解而被誤導。

情意領域也是和其它兩個學習領域——認知及技能——一樣, 可以再依學習的程度細分爲不同的層次。有好幾種不同的體系作過這類的分層, 其中最著名的就是在一九六四年由 Krathwohl, Bloom 及 Masia 三位先生在 *A Taxonomy of Educational Objectives: Handbook 2, The Affective Domain* 書中所建立的體系❶, 這個體系已在本書之第二章中介紹過; 此外, Girod 也在 *Writing and Assessing Attitudinal Objectives* 的書中提出過另一種分類方法❷。事實上, 不管是那一種, 都有助於技職教師在教學之前編寫教學目標。這裏需要特別注意的是應用這些體系時, 千萬別忽略了技職教育的實用特性, 基本上, 情意方面的學習還是一個連續的反應過程: 由接受某事物的最初反應, 到個人內在的作用, 到顯現在外的日常行爲; 亦卽情意的學習可包含內在的 (Covert) 及外顯的 (Overt) 兩部份。

Tyler 博士對行爲目標極有研究, 他把情意領域的行爲目標畫分爲四類: (1) 興趣 (Interests)、(2) 態度 (Attitudes)、(3) 價值觀(Va-

---

❶ Krathwohl, D.R., Bloom, B.S., and Masia, B.A. *A Taxonomy of Educational Objectives: Handbook 2, The Affective Domain.* New York: David Mckay Co., 1964.

❷ Girod, G.R. *Writing and Assessing Attitudinal Objectives.* Columbus: Charles E. Merrill Publishing, 1973.

lues)、及 (4) 鑑賞力 (Appreciations)❸。「興趣」通常可定義爲「喜歡某事或某物」，或「喜歡參與某件活動」，興趣對技職教育而言是非常重要的，因爲學生對學習某項職業方面的知識或技術的動機或慾望，與其對這方面的興趣有關。

「態度可定義爲與某事或某物有關的感覺——可以是正向性的 (Positive)，也可以是負向性的 (Negative)，學生的態度通常都會在接受某種刺激之後表現出來；譬如說某位學生看到油污的時候，馬上把頭撇開，顯示了他對油污的厭惡。技職教師平常最注意學生對工作，對他們自己，同伴或同事、設備、及工具等的態度，若那位學生不喜歡看到油污的話，他將無法勝任許多和機械有關的職業了。

「價值觀」與「態度」最主要的不同是，前者較具永久性，並且被羣體所接受；而後者比較是暫時性的、個人的。譬如說「應該要敬業、要對公司或雇主忠誠」是一種被大眾共認的價值；然而，「對某一位同事看不慣」則純粹是一種個人的看法而已。

「鑑賞力」可定義爲"瞭解或認識某件事物的價值"，這些事物可以是藝術品、或是工業產品、甚或是一種服務。經常地我們可以由中學工藝教育，及技職教育的目標中看到「培養學生對工業產品的鑑賞力」這樣的字眼，也就是教導學生認識一件好的作品、精巧的手藝、或有意義的服務工作的價值。

Wick 把前述的態度、興趣、價值觀、及鑑賞力，統稱爲「後天的行爲特質 (Acquired Behavioral Dispositions)」❹，這個特質將決定個人

---

❸ Tyler, R. W. "Assessing Educational Achievement in the Affective Domain", *Series of Special Reports by the National Council on Measurement Education*, Vol. 4, No. 3, Spring 1973.

❹ Wick, J. W. *Educational Measurement*, Columbus: Charles E. Merrill Publishing, 1973.

面臨某些特定狀況時的反應模式。譬如說，某位公車司機早上開車時，發現車子的煞車不太靈光，這時他會採取甚麼行動就和許多情意成分有關：他對自己工作的態度如何？想不想保有這份工作？他是不是在乎自己及乘客的安全？交通規則或公車公司的規定，在其心目中的份量如何？這許多的情意成分將相互反應，而引發出這位司機的應對行動──或是立即進廠修理、或是為了載客獎金而冒險載客。同理，一個人對其工作的興趣、他對其同事及僱主的態度、以及他對成就感需求的程度等等，都會影響其在工作上的表現，而這些都是屬認知及技能領域之外，導致工作成功的重要因素。我們由技職教育的目標可看出，如何培養學生對自我、對工作、及對他人的正確態度，應是所有技職教師所最關心的事。

貳、情意測量的功能

情意方面的測量有許多方面的用途。透過適當的測量技巧，我們可以瞭解學生剛入學時的各種情意方面的能力（如：態度、興趣）；此外，也可以知道學生在經過一段學習活動之後，各項這方面的能力是否有所改變，進而可以肯定其學習的成就、或教學的功能。

最近在國內推行能力本位教學，也附帶地對以往較受忽略的情意領域的學習內容重視起來，更由於能力本位教學強調教學前訂立具體化的教學目標，及教學活動與目標的配合，這些皆需要技職教師對情意領域的認識，及這方面測量技巧的熟練而加以達成。再者，情意方面的測量結果，還可以用來做為設計教育或訓練計畫的依據，譬如：根據學生的興趣及態度，我們或許可以為他們開設新課程，或取消那些不適合的──這點對成年人的技職教育尤其重要，因為他們的需要是極多樣性的；若是有一羣人表示對電腦硬體方面的設計有興趣，另方面就業市場也需要這方面的人才，技職教師或行政人員便可著手作教育計畫了。

以上談的都是情意方面的測量對技職教育的用途，那麼對學習者個人而言有那些功用呢？首先，情意方面（如興趣、性向）測量的結果，可用來作爲個人生計輔導的參考，許多諮商及輔導人員就是藉著這些資料，協助個人作生計選擇或決定的。此外，情意測量的結果，亦可用作輔助學生的學習；根據學生的興趣及態度，教師們可爲他們選擇適當的教材及教法。

叁、情意測量的困難

如同前面曾提過的，情意領域的教學長久以來都不太受到重視，探討其原因，主要有下列幾項：

一、需較長的學習時間

通常，學生們要完成情意領域裏的學習，都要花一段較長的時間，而不像許多認知領域裏的學習可以在極短的時間裏完成。有些技職教師甚至於認爲情意領域裏的學習目標是遙不可及的，而事實上也是如此，有許多學生的態度、興趣、價值觀、及鑑賞能力，都可能在畢業之後一段長時間才顯現出來，這一點對衡量技職教育的成效時，造成極大的困擾。

二、專有名詞不明確

由現有的研究及文章中，我們可以發現有關情意學習的部份，遠較其它的學習領域要少得多。也因此，使得描述情意領域裏各種行爲的專有名詞顯得不夠明確，以致於使得這方面的教學及測量技巧，也比其他領域來得簡陋，譬如興趣及鑑賞力，就很難找到更淺顯易懂的字眼來

描述它們。

三、「教條（Indoctrination）」與教育的爭議

談到情意領域的教學與測量時，許多技職教育學者擔心有關價值或態度的教育，會演變成為「洗腦」或左右學生的行為，而不是培養學生在就業上所需之適當的情意行為。我們中國人所說的教育，指的就是潛移默化的功能，由學生內心的認同，而引發其表現於外的適切的舉止，這與教條式地要求學生做這做那，是截然不同的。

四、情意行為的隱私性

到這裏為止，我們可以發現情意行為的內容——如興趣、性向、及價值觀，以及這些行為的測量，都與個人的隱私有關，如何測量這些行為？如何處理其測量的結果？在在都需要考慮到個人的隱私權。

當然，就技職教師的立場而言，其所訂下的情意方面的教學目標及內容，都應著重於與勝任其未來職業有關的情意行為即可。

五、有關情意行為學習方面的錯誤假設

「四維八德指的是甚麼？」——像這類的題目經常可以在學校裏的各科考試中看到；事實上，就教育的觀點來看，學生是不是做到四維八德所提示的行為準則，要遠比學生是否知道甚麼是四維？甚麼是八德？要重要得多。可是，目前就有許多教育工作者以為有了知識之後，行為就會自然而然地修正或養成，這種想法很明顯的是錯的，也因此，情意方面的教學就被誤導了。

同時，在認知方面的成就，不見得就一定導致正向性的態度；例如：常常可看到老師過於強迫學生學習某一學科，反而使有些學生不喜

歡該科，甚至於起反感。若期望學生們在學習知識的同時，也培養適當的態度，教師們就得運用特殊的教學技巧了。

六、缺乏設計良好的測量方式

也是因爲長久以來不受重視的結果，有關這個領域的研究，就比其他領域少得多；同時，測量的技巧及方式上，也遠不如其他領域。許多教師們總覺得測量學生興趣、性向的工具皆應由專家來發展——卽所謂的標準式的測驗 (Standardized instruments)，事實上，教師也可以動手發展這類的測量工具，近年來像臺北市大同國中所發展的工藝性向測驗，木柵高工所發展的機械類科性向測驗，都是非常好的嘗試。

七、實際的情意學習結果與僞裝之後的差異

許多用在測量情意方面學習結果的手段，像面談、問卷、及觀察等，都可能有測量誤差，這些誤差的形成原因有二：首先，某一特定的情意特質，並不一定就會引發某一特殊的情意行爲，常常可發現不同的學生，卽使具有相同的特質，但行爲表現卻迥然不同；相對的，相同的行爲也可能各由不同的特質所引發。

第二個造成差異的原因，可能是學生在知道被觀察或評定某些行爲的特質時，往往會根據教師的期望作一些行爲上的僞裝，事實上這些僞裝過的行爲，並不是其真正的行爲。譬如說，某一學校的校長在某天早上朝會時宣布，當天有評鑑小組到校作訪問評鑑，通常學生在這天會表現得比平常要規矩得多，顯然，在這種情形下要測量學生是否守秩序的話，其結果並不代表日常的情形，也可以說測量結果是有誤差的。

肆、測量情意領域成就的方式

和其他兩個領域一樣，學生在情意領域裏的成就測量，也有幾種不同的方式，這些方式主要的有：直接觀察法、面談（試）法、問卷（調查表）法、投射法、以及暗地觀察法。有時候教師們爲了能得到更充分的資料，可同時運用兩種或兩種以上的方法測量同一情意行爲。在技職教育裏，問卷或調查表是最常使用的工具，當然，其它幾種也各有其特性，茲就這幾種方法敍述如下：

一、直接觀察法（Direct Observation）

使用直接觀察法評定學生情意領域的成就時，必須在實際的環境中實施；通常著重在學生對某事或某物的反應情形。在技能方面的測量裏，也使用直接觀察法來輔助或配合其他測量的方式，可是在情意領域中，直接觀察法擔負的功能就要大得多了。

話雖如此，直接觀察法在測量情意行爲時，仍受到許多方面的限制。

（一）限制

1. 觀察時對象不能太多

當觀察學生對某事物的反應時，同一時間裏看許多人是非常困難的；這種觀察最好是一對一的作，即使不能一對一，至少也應限制受測者的人數，以便觀察者有充分的時間作深入的觀察，否則測量結果的信度是會受到影響的。也因此，這種測量方法極耗費時間。

2. 常需提供必要的刺激，以便觀察反應

如同前段所提的，這種測量方法非常花時間，所以對觀察者而言，一則是做長時間的觀察，以便學生在自然情況下產生被觀察的行爲；另

外的辦法就是故意地呈現某種刺激，以便觀察學生的反應，這樣一來便可節省許多時間。

3. 受測者知道被觀察時，常會有經過僞裝的反應

亦卽會與自然狀態下的反應不同。例如：當老師也在場的時候，某位護理學校的實習生會對病人表現出非常熱忱的態度；相反的，當老師不在時，其熱忱的程度可能就比較差了。或由於禮教的束縛，或由於羣體的壓力，一般人都會傾向於隱藏那些 “令人不快” 的態度，這點在我們比較保守的中國社會裏尤其是如此。譬如說，某人與朋友約會，對方若遲到的話，除非遲到太久，否則他卽使不高興也不會表現出不悅的態度；同理，來自觀察者或評分者的壓力常會影響受測者的態度。

4. 無法清楚地確定導致行爲發生的因素

就因果關係來看，常常很難判定表現出來的行爲到底是由甚麼原因所導致的。例如：某位學生每天都比規定時間早半小時到學校，很可能是因爲車班的關係，而不是喜歡上學的結果；某位學生上課時無精打采，可能是在家裏擔負太多家事，而不是對該科沒興趣。由此可見，有各式各樣的原因會影響學生的態度或行爲，也使得情意方面的測量要困難得多；這也強調了多用幾種測量技巧的必要性。

5. 不易決定行爲的強弱

像興趣、態度、價值觀、及鑑賞力的強弱，是很難將之數化或量化的。例如說，我們很難由學生的表情來判斷其態度是否友善，一個每小時微笑五次的人，不一定就比一個小時笑三次的人要來得友善。

Girod 曾提出一種分類的方式，以便決定情意行爲的強弱程度，這個分類的方式，包含五種階段——由程度淺的到程度深的❺：

(1) 實驗階段 (Experiment Stage)

---

❺　同註❷。

指的是「嘗試某些事」，這類的行為如：學生讀了職業課程的簡介或簡章等。

(2) 選擇階段 (Choice Stage)

指的是「由不同的事物中做了選擇」，這類的行為如：學生決定就讀高職，而不進高中。

(3) 贊同階段 (Concurrence Stage)

指的是「主動地和別人一同參加某一活動」，例如學生按時地到學校學習。

(4) 改變他人階段 (Proselyte Stage)

指的是「引導他人參與某些活動」，例如某一高職學生說服其朋友也一同進高職。

(5) 獻身階段 (Sacrifice Stage)

指的是「下定決心參與某一活動」，例如某位高職學生把考職業學校當作第一志願。

以上的這個以不同的階段作為情意分類的方式，將有助於教師作學生情意行為的測量。當然，由這些階段可以瞭解，只有某些階段的行為是可用觀察而得，但有些仍需利用其他的方法（如：問卷、自我報告），方足以得到所需的資料。

（二）測量工具

今天，我們可以發現教師們評定學生情意行為的資料，主要來自於平日的觀察，像學生的操行成績，教師幾乎都是根據平常在教室或工場觀察的結果加以評定的。這種日常的觀察當然不能只靠感覺或印象，利用適當的工具是非常必要的，這些工具主要的包含有下列三種：觀察檢核表 (Observer Checklists)、數字評定量表 (Numerical Scales)、以及圖表評定量表 (Graphic-Rating Scales)。這幾種測量工具的主要特性

在第五章——「測量技能領域的成就」中已詳細介紹，所以在這裏將著重於實際例子的介紹。

1. 觀察檢核表 (Observer Checklists)

在情意的測量中，檢核表的格式主要是列出一些受測者對某事或某物可能的反應行為，不論是正面的或負面的，而後由觀察者依其觀察所得，在適當的項目上劃記或記錄。在技職教育中，使用這種表格的觀察者，可能是工場教師、工商界裏的建教合作的督導人員(廠長或領班)，也可能是同學或同事。

例6.1的檢核表可以由汽車教練場裏的教練，用來評定學習者的開車習慣。

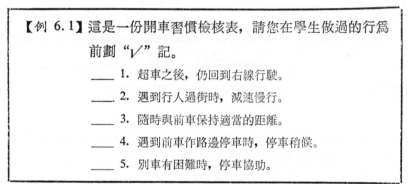

【例 6.1】這是一份開車習慣檢核表，請您在學生做過的行為前劃 "∨" 記。

＿＿ 1. 超車之後，仍回到右線行駛。

＿＿ 2. 遇到行人過街時，減速慢行。

＿＿ 3. 隨時與前車保持適當的距離。

＿＿ 4. 遇到前車作路邊停車時，停車稍候。

＿＿ 5. 別車有困難時，停車協助。

觀察者只要在受測者執行了某一行為之後，在適當的格子裏打勾便行。只是這種表在使用時，可能會造成技術上的問題，例如某生受測的結果，前四項都打勾，唯有第⑤項沒被打勾，事實上並不是該生沒做到第⑤項的要求，而是在該生被觀察的時段裏，根本沒有那種情況發生——亦即沒有別的車子發生任何困難；這種情形下，運用測量結果時可能就有困擾了——到底是沒有是項狀況，或是有那個狀況而受試者沒停車協助，二者的情意行為是完全不同的。

　　爲了避免上述的困擾，該檢核表可修正成如例6.2的格式，這樣一來就可確知到底是根本沒有該項狀況；或在該項狀況發生時，受測者的反應如何。

【例 6.2】這是一份開車習慣檢核表,請在適當的格子裏打勾，
　　　　　左邊一欄記錄是否有該項狀況發生，右邊一欄記錄
　　　　　學生的反應行爲。

狀況　反應的行爲

＿＿　＿＿　1. 超車之後，仍回到右線行駛。

＿＿　＿＿　2. 遇到行人過街時，減速慢行。

＿＿　＿＿　3. 隨時與前車保持適當的距離。

＿＿　＿＿　4. 遇到前車作路邊停車時，停車伺候。

＿＿　＿＿　5. 別車有困難時，停車協助。

　　當然，學校工場裏也有許多學生的安全習慣可用檢核表加以測量。例 6.3 所舉的例子就是用在操作木工場的圓盤鋸時， 應謹守的安全規則。

【例 6.3】操作圓盤鋸時應注意的事項。

＿＿　1. 檢查鋸片的緊度。

＿＿　2. 戴護目鏡。

＿＿　3. 剛起動機器時，不應正對鋸片站立。

＿＿　4. 利用導板鋸切。

＿＿　5. 使用推板鋸切。

---

　2. 數字評定量表 (Numerical Scales)

　　顧名思義，這種量表主要是用數字來表示某人對某件事物情意反應的程度，通常這種量表的兩端都用到「好」與「壞」，「高」與「低」，

及「滿意」與「不滿意」的字眼。例 6.4 就是一種用來評定學生學習動
機的數字量表：

【例 6.4】根據您的觀察，這位學生的學習動機：

1　2　3　4　5　6　7　8　9　10
低　　　　　　　　　　　　高

這種量表在使用上極為方便，觀察者僅需依其觀察所得，在適當的
分數上打勾即可。它另一個優點就是，可用同一種量表測量學生對幾種
不同事物的看法或反應，不但可以節省製作時間，同時也可以精簡測量
表。例 6.5 就是一種測量餐廳服務生服務態度的量表，它可由餐廳的經
理用以評定其員工的服務品質，當然也可由餐飲服務科的教師用來評定
其學生的表現。請特別注意這個表格的設計。

【例 6.5】餐廳服務生的服務態度評量表

服務生姓名＿＿＿＿＿＿＿＿＿＿＿＿＿

◎請根據您的觀察，將這位服務生在下列各項的表
現情形，在每項後面的等級表上劃 "√" 記。

　　　　　　　　　　　　　差　　　　　優

1. 招呼顧客的熱忱　　　1 2 3 4 5 6 7 8 9

2. 協助顧客點菜　　　　1 2 3 4 5 6 7 8 9

3. 處理顧客的各種要求　1 2 3 4 5 6 7 8 9

4. 處理顧客的抱怨　　　1 2 3 4 5 6 7 8 9

5. 為顧客設想　　　　　1 2 3 4 5 6 7 8 9

6. 招呼小孩子　　　　　1 2 3 4 5 6 7 8 9

7. 與同事相處　　　　　1 2 3 4 5 6 7 8 9

　　Fielder 曾提出第一個領導效果的權變模式，他對於領導方式的測量是採用 LPC (Esteem for Least Preferred Co-Worker) 問卷作為工具，例6.6便是領導方式的 LPC 量表❻:

【例6.6】領導方式之 LPC 量表

友　善 (Friendly)	87654321	不　　善 (Unfriendly)
拒 絕 度 (Rejecting)	12345678	接 受 度 (Accepting)
有 幫 助 (Helpful)	87654321	挫　　折 (Frustrating)
不 熱 誠(Unenthusiastic)	12345678	熱　　誠 (Enthusiastic)
緊　張 (Tense)	12345678	鬆　　弛 (Relaxed)
拒人千里 (Distant)	12345678	親 近 的 (Close)
冷　漠 (Cold)	12345678	溫　　暖 (Warm)
合　作 (Cooperative)	87654321	不 合 作 (Uncooperative)
支　持 (Supportive)	87654321	敵　　意 (Hostile)
令人厭煩 (Boring)	12345678	感到興趣 (Interesting)

---

3. 圖表評定量表 (Graphic-Rating Scales)

　　這種量表與前述的數字量表，主要不同的地方在於它不只使用數字，同時也用了一些敍述，來描寫不同數字所代表的意義，所以這種量表也有人將之稱為描述性量表 (Descriptive Scales)；很顯然的，這種量表比數字量表來得較為客觀，且其信度也較高。目前許多職業學校裏，除了強調教師對學生進行測量之外，也鼓勵學生之間的互測，在這種情況下，圖表評定量表就更有其實用性了。例6.7就是一個用來評定學生與同學相處情形的量表。

---

❻ 饒達欽，"工業教育行政領導技術新猷──權變理論"，工業職業教育，2卷1期，民國68年7月10日，pp. 2-4.

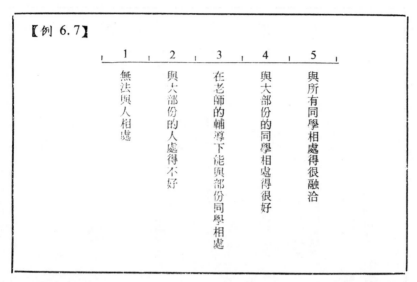

【例 6.7】

```
  1         2         3         4         5
├────┼────┼────┼────┤
無       與        在        與        與
法       六        老        大        所
與       部        師        部        有
人       份        的        份        同
相       的        輔        的        學
處       人        導        同        相
        處        下        學        處
        得        能        相        得
        不        與        處        很
        好        部        得        融
                 份        很        洽
                 同        好
                 學
                 相
                 處
```

　　這個量表比例 6.5 及 6.6 的量表較好一點的是，為各不同的等級加了一些簡單的描述，顯然要比前兩個量表量出來的結果客觀。為了使測量者能更具體而客觀，有時候還在例 6.7 的表中，加上一段更詳細的文字說明如下：

1. 無法與人相處：極端的孤僻，而不能與人相處。
2. 與大部份的人處得不好：只有少數的朋友，可是與大部份的人處得不好。
3. 在老師的輔導下能與部份同學相處，可是仍有些情形下，即使有老師的協助，也無法交往。
4. 與大部份的同學相處得很好，只有與少數人無法交往。
5. 與所有同學都相處得很融洽：個性開朗隨和，能與各種人做朋友。

　　若在例 6.7 的量表下方，加上這樣的一段補充說明之後，相信可使觀察者更容易客觀地評分了；同時，類似這樣的量表也可以用來作為學生的自評用。

【例 6.8】　　學生工作特質量表

評分者姓名 _____　學生姓名 _____　日期 _____

一、這位學生工作時:
1. 非常獨立
2. 除非面臨改變，否則非常獨立。
3. 碰到偶發事件時，才顯得依賴。
4. 依賴
5. 非常依賴

二、當面對改變時，這位學生:
1. 表現適當的彈性
2. 在大多數的情況下，表現適當的彈性。
3. 具有排斥的傾向
4. 顯示排斥的態度
5. 極端的固執

三、根據其成熟度，這位學生的行為:
1. 一向很穩定
2. 通常是穩定的
3. 有時候不穩定
4. 通常是不穩定的
5. 一向不穩定

四、在團隊工作時，這位學生:
1. 主動參與
2. 願意參與
3. 被鼓勵後參與
4. 逃避
5. 拒絕參與

五、被督導時，這位學生:
1. 樂於接受指示
2. 被動地接受指示
3. 接受指示，但心中不情願。
4. 不情願，且拒絕某些指示。
5. 拒絕被督導

六、這位學生與人溝通的能力:
1. 非常優越
2. 很好
3. 中等
4. 還可以
5. 很差

(資料來源: Illinois School for the Deaf-Division of Vocational Rehabilitation, 1975)

例6.8是一份更完整的量表，可以由技職教育裏建教合作老師，或外面工廠的督導，用來評估學生學習情形。我們知道，目前國內在技職教育裏實施建教合作時，碰到的主要困難就是在外面工廠的學習內容，無法與學校所教的內容配合，以及學校教師無法掌握學生在工廠實習時學業及行為等的變化情形，若能獲得廠方督導或領班在這方面的配合及協助的話，將可使建教合作更具績效，例6.8的量表或可在這方面發揮一點功能。

在「測量技能領域的成就」一章裏，我們曾經介紹了編製圖表評定量表時的應注意事項，這裏仍簡單地摘述如下：

1. 量表中所用的刻度線必須是連續的，不能中斷。

2. 刻度線的長度應長得足夠涵蓋所有文字的描述。

3. 同一個表上刻度線的方向應求其一致，亦即對各行為特質是正向性、可接受的描述都放在同一端；反之，負性向、令人不喜歡的描述都歸在另一端。至於，其排列的順序是由正向而負向，或由負向而正向，則無一定的規則可循，倒是 Guilford 建議，若量表是由心思較簡單的人使用時（如學生），則最好由正向而負向排列❼。

4. 若同一量表中含有不同種類的特質的測量時，則應把測量同一特質的子題集中在一起。

5. 附加上的文字描述，應與其所代表的評分等級靠得愈近愈好。

二、面談或面試法 (Affective Interviews)

今天，在學校裏常可看到教師邀請學生做個別談話；在企業界裏也常看見雇主對新進員工作面試。這些都是根據某些主題或問題，透過詢

---

❼ Guilford, J.P. *Psychometric Methods*, 2nd Edition, New York: McGraw-Hill, 1954.

問者與被詢問者的一對一的問答方式，來測量被詢問者對某些事物的情意反應的技巧。這種技巧——面試法——比其他情意測量技巧優越的地方，是它還可供測量者在問答之間深入地探討行為發生的原因。

在使用面談或面試法時， 仍可應用本章前面介紹過的 Girod 區分情意行為強弱程度的五種階段：

1. 實驗階段 (Experiment Stage)：表現嘗試某事的意願。

2. 選擇階段 (Choice Stage)：表現由不同事物中做出選擇的傾向。

3. 贊同階段 (Concurrence Stage)：表現與他人分享某事或某物的意願。

4. 改變他人階段 (Proselyte Stage)：表現邀請他人一同參加同一活動的意願。

5. 獻身階段 (Sacrifice Stage)：表現出犧牲某些有價值的事物而獻身於其他的事物或活動。

就面談或面試的實施方式而言，主要可分為組織型面試法 (Structured Interviews)，及非組織型面試法 (Unstructured Interviews) 兩種，現分別介紹如下：

(一) 組織型面試法 (Structured Interviews)

這種面試法就如同所有其他屬客觀性的測量技巧一樣，都得用上預先設計好的，具有某種格式的測量表格。通常，為了使用方便，這些表格至少包含：（1）面試中將問到的問題；（2）可供主試者勾選的答案欄，或填寫受試者答案的空白欄；以及 (3) 主試者進行面試時的使用表格須知或注意事項。 例 6.9 便是一個用以瞭解學生使用圖書館的情形——透過其上圖書館的次數，衡量其對使用圖書館的看法。

【例 6.9】在上個月裏，當你有空暇時間時，你上圖書館的次
　　　　　數有多少? （請在適當答案前打 "√"）

　　　　　＿＿＿ 1. 沒去過

　　　　　＿＿＿ 2. 一次

　　　　　＿＿＿ 3. 二次

　　　　　＿＿＿ 4. 三次

　　　　　＿＿＿ 5. 四次

　　　　　＿＿＿ 6. 五次以上（含五次）

　　例 6.9 中問題後面括弧內的黑體字，便是給主試者的用表須知。有
時候，爲了瞭解學生對某事物呈現某種看法或態度的原因——例如上例
中那些回答 (1) 及 (2) 的學生爲甚麼有空時不去或很少上圖書館，那麼
還可以用開放式的問題（如塡充題、簡答題）來尋求其原因。例 6.10
便可以緊放在例 6.9 之後。

【例6.10】（若某生在例八的答案是 (1) 或 (2) 時，請再用本
　　　　　題問他）爲甚麼你有空時，寧可做別的事，而不上
　　　　　圖書館呢? ＿＿＿＿＿＿＿＿＿＿＿＿＿＿＿＿＿

　　　　　＿＿＿＿＿＿＿＿＿＿＿＿＿＿＿＿＿＿＿＿＿＿＿

　　　　　＿＿＿＿＿＿＿＿＿＿＿＿＿＿＿＿＿＿＿＿＿＿＿

　　除了例 6.9 及例 6.10 運用了選擇題及簡答題的格式之外，面試法
也常用到例 6.11 的這種評定等級的量表——這個例子是評定學生對工
作或事業的看法。

【例6.11】當你在選擇某一工作或事業時，以下這些因素的重
要程度如何？（請在適當的號碼上打圈）

	不重要	稍重要	重要	極重要
1. 收入	1	2	3	4
2. 陞遷的機會	1	2	3	4
3. 工作的保障	1	2	3	4
4. 工作地點與家裏的距離	1	2	3	4
5. 工作環境	1	2	3	4
6. 休假	1	2	3	4

有了如例 6.11 這樣的表格，主試者只要一邊在問答的過程中，一邊將適當的答案圈選出來卽可。 在技職教育裏， 也可利用這種技巧來得知學生們對教師教學的意見或看法。在例 6.12 中就是一些這類的問題，當然也可運用在組織型的面試法中。

【例6.12】以下這些問題主要是想瞭解一下你對「電工原理」
這門課的看法。
　　1. 你喜歡這門課嗎？
　　　　a. 相當喜歡
　　　　b. 普通
　　　　c. 不喜歡
　　　　d. 不能確定（不知道）
　　2. 爲甚麼呢？
　　　　a. 老師
　　　　b. 內容
　　　　c. 同學

> d. 教學法
>
> e. 考試
>
> f. ＿＿＿＿＿＿＿＿＿
>
> 3. 在這門課裏，你最大的心得是:
>
> > 1. 老師很親切
> >
> > 2. 老師可以把課教得很生動
> >
> > 3. 學好這門課，對其他課的學習也有幫助
> >
> > 4. 對往後的學習更有信心。
> >
> > 5. ＿＿＿＿＿＿＿＿＿＿＿
>
> 4. ⋯⋯⋯⋯⋯⋯⋯⋯⋯⋯⋯。

以這個例子來說，主要是瞭解學生對該科目的看法，像這種對學校、對老師、及對科目看法的面談，在選擇主試者時，就得特別注意了，最好請具有較超然立場的人來主持較爲理想，以免學生的答案因來自主試者的壓力而受到影響。國內所舉辦的職業教育評鑑時，經常委託師範大學、師範學院或教育學院協辦，其中有些資料是利用到校訪問評鑑而得，而訪問評鑑時，有一項重要的活動就是與學生座談，由於到校評鑑者（通常都是上述三所師範院校及相關大學的教授）客觀、超然的立場，也使得每次座談時獲得極多具體而眞實的學生的意見及看法。

對某些閱讀能力較差的學生而言，這種組織型的面試法就比一般的問卷調查法來得較實用了，由於主試者可以用口頭說明問題，學生因閱讀能力不好而看不懂問題或誤解問題的情形就不致於發生，當然也就可以保證得到的面試結果是確實可靠的了。

（二）非組織型面試法（Unstructured Interviews）

非組織型面試法不像前者使用預先設計好的表格進行面試，它主要是採取一種幾近於漫談的作法，由主試者來引起話題、引發談話。這種

面試法因為沒有預擬的表格以為依據，所以面試的過程也就不似前者那麼拘於形式， 充其量只是主試者心裏事先先擬幾個主題， 屆時在面談時，可以將談話的內容圍繞著這幾個主題進行，而不至於離題太遠。

這樣的面談或面試法的優點是，談話的氣氛較為輕鬆、自然，受試者較易流露眞實的態度與意見。然而不可否認的是，主試者也需要較高的技巧才行，這些技巧包括引發談話，控制談話的內容不要離題太遠，以及歸納、綜合受試者的意見。在這種面談的過程中，主試者還應隨時注意受試者意見的自由表達，千萬不要導引其看法及意見。

以下還有幾項對實施非組織型面試時的建議：

1. 盡量使當時的氣氛友善、輕鬆、活潑，如此才會使受試者對自己及對主試者有信心。

2. 主試者應扮演一個良好的傾訴對象——隨時保持同情、專心、及有興趣的態度傾聽，必要的時候還可在適當的時機，以點頭或以"唔"的聲音表示鼓勵與贊許。

3. 主試者應注意對所發問的問題保持中立超然的態度。絕對不要對問題的本身，或受試者的看法發表個人的意見，也不要對受試者所說的話表現出不屑、訝異、或震驚的表情。總之，主試者只需弄清楚受試者的看法為最主要，而不必對之表示贊成或不贊成。

4. 主試者應是個細心的觀察者， 應注意受試者談話的態度， 甚至於其所用的手勢，這些都可以提供線索以瞭解受試者眞正的想法及感覺。

由以上這些，我們更可以確信非組織型的面試法，是一種探討受試者情意行為的良好方式，但一個良好的主試者，將是這個方法是否奏效的主要關鍵。

三、問卷或調查表法 (Questionnaires and Inventories)

就調查情意行為（如態度、興趣）而言，問卷及調查表是最常用的一種方法了。基本上，它如同一種印在紙面上的面談或面試——它要求受試者就印在紙上的問題——的用劃記、填充或簡答的方式，發表個人的意見。

使用問卷或調查表法通常比面試法多了下列幾項優點：（1）可將主觀或偏見的成份減至最少——特別是不具名填答時，更可以獲得客觀的結果；（2）可同時對許多人施測，比一對一的面試法節省許多時間；以及（3）紀錄結果的時間也比面試法少許多。但它的缺點就是，萬一碰到那位受試者的回答含混不清時，無法做深入的探查。

就題目的型態而言，在問卷或調查表裏最常用的包含下列五種：自我檢核表(Self-report Checklists)、選擇題(Multiple-choice items)、填充題 (Open-ended items)、評定題 (Rating items) 以及Q－分類方式（Q-sort techniques），現一一說明如下。

（一）自我檢核表 (Self-report Checklists)

在本章前段討論直接觀察法時，曾就檢核表加以說明舉例過，事實上類似格式的檢核表也常用來由學生自我填答——特別是興趣的測量方面經常使用它。如同前面所介紹過的，檢核表的格式通常都是列出一連串的題目或敍述，而後由學生依其自己的看法或感想，在適當的項目上勾選。例 6.13 便是一個探查學生對一個理想工作的看法。

【例6.13】您認為一份理想的工作應具備下列的那些條件呢？
請在適當的項目前面的空格裏打勾。
＿＿ 1. 待遇好。

_____ 2. 可帶來社會地位。

_____ 3. 工作安定有保障。

_____ 4. 有機會發揮自己的專長。

_____ 5. 有許多與人相處的機會。

_____ 6. 有機會為別人服務或幫助別人。

_____ 7. 有機會發揮自己的創造力。

_____ 8. 自由自在不受別人的監督、約束。

_____ 9. 滿足自己愛冒險、刺激的個性。

在許多情況下，例 6.13 這種問卷不但要求受試者打勾，並且還請其用阿拉伯數字列出其認為重要性的先後順序——" 1 "表示最重要，" 2 "次之，………；以此類推。在技職教育中，這種表格可用來探討學生對課程、對設備、及對教材等的意見及看法。在民國七十三年，師大工業教育研究所的研究生林伯賢先生就利用這類的表格，探討了國中應屆畢業生對將來升學及就業的取向,以為規劃「延長以職業教育為主的國民教育」之設科依據，現將其所用問卷之部份題目呈現如下(例6.14)： ❽

【例6.14】政府目前已開始試辦「延長以職業教育為主的國民教育」，讓國中畢業後沒有繼續升學的同學有機會接受職業進修補習教育，如果您將來有機會參加這項進修補習教育；下列那一個職種您最有興趣？（請選擇 3 項，並按您興趣的先後順序在方格內填寫 1，2，3）。如果您想選擇的志願，未列在下表中，請在其他欄上直接填寫其名稱，也同樣的要寫明它是您心目中的第幾志願。

---

❽ 林伯賢, "延長以職業教育為主的國民教育設科規劃研究", 師大工業教育研究所碩士論文, 民國73年 6 月。

(一) 工科：

① 機械製圖
② 木模
③ 鑄造
④ 板金
⑤ 汽車
⑥ 模具
⑦ 機電
⑧ 重機械
⑨ 電工
⑩ 電力
⑪ 冷凍
⑫ 控制
⑬ 自動控制
⑭ 儀表
⑮ 電訊
⑯ 電子計算機
⑰ 電子設備維護
⑱ 營建製圖
⑲ 營建監工
⑳ 建築木工
㉑ 建築測量
㉒ 配管
㉓ 水電

（機械類｜電機類｜電子類｜營建類科）

㉔ 化工技術
㉕ 化工生產操作
㉖ 石化
㉗ 染整
㉘ 印刷
㉙ 美工
㉚ 視聽技術
㉛ 傢俱木工
㉜ 陶瓷

（化工類｜工藝類）

(二) 農科：

① 農業土木
② 園藝
③ 森林
④ 畜牧獸醫
⑤ 食品加工
⑥ 農村家事
⑦ 農場經營
⑧ 蠶絲
⑨ 農業機械
⑩ 食品工業

(三) 商科：

① 綜合商業
② 會計統計
③ 國際貿易事務
④ 儲運事務
⑤ 廣告設計
⑥ 文書事務
⑦ 觀光事業
⑧ 會計事務
⑨ 銷售事務

(四) 家事科：

① 綜合-家政
② 服裝縫製
③ 美容
④ 幼兒保育
⑤ 食品營養
⑥ 室內佈置

（五）醫事護理科：	（六）海事水產科：
①護　理　助　產	①輪　　　　　機
②護　　　　　理	②漁　航　技　術
③助　產　特　科	③水　產　製　造
④醫　事　檢　驗	④航　　　　　海
⑤藥　　　　　劑	⑤漁　航　管　理
⑥食　品　衞　生	⑥水　產　養　殖
⑦復　健　技　術	⑦水　產　經　營
⑧醫用光學技術	⑧水　產　電　訊

　　顯然的，這種檢核表不但可用來調查受測者喜歡那些事物、或不喜歡那些事物，也可以之瞭解受測者參加了那些活動、讀了那些書，……等等；總之，在技職教育裏，它可以用來測量學生的態度、鑑賞力、以及興趣等情意領域的行為特質。

　　有時候，技職教師們可以將檢核表稍作修改，使之能蒐集更多的資料。譬如例 6.15 所示，不再要求受測者對喜歡的或不喜歡的作勾選，而是要求受測者對每一項敍述填答 —— 像 "同意" 或 "不同意"、"贊成" 或 "不贊成"、"是" 或 "不是"，以及 "好" 或 "壞" 等等。

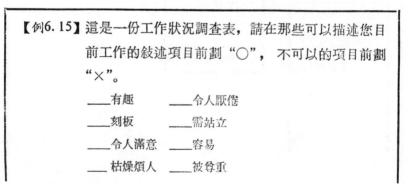

【例6.15】這是一份工作狀況調查表，請在那些可以描述您目
　　　　　前工作的敍述項目前劃 "○"， 不可以的項目前劃
　　　　　"×"。

　　　　＿＿有趣　　　　＿＿令人厭倦
　　　　＿＿刻板　　　　＿＿需站立
　　　　＿＿令人滿意　　＿＿容易
　　　　＿＿枯燥煩人　　＿＿被尊重

```
┌─────────────────────────────────┐
│  ____熱　　　____有創意          │
│                                 │
│  ____愉快　　____令人沮喪        │
│                                 │
│  ____有挑戰性　____有成就感      │
└─────────────────────────────────┘
```

在這樣的例子我們可以發現它不僅是有檢核表的功能，由於它可以評好壞、高低，所以它多多少少還具有評定等級（Rating）的功能了。

最後要介紹的一種檢核表也是由一般檢核表修改演變過來的——它要求受測者由所列的少數（通常三～四項）幾項事物中作選擇，就如 Girod 所提的五個階段中的選擇階段（Choice Stage），透過這種選擇的結果，也瞭解受測者的態度。這類檢核表比較有名的是 Kuder Preference Record，它每題都是列出三項事物，而後要求受試者從三項裏選出一項最喜歡的，同時，也得選一項最不喜歡的。另外一種叫 Minnesota Vocational Interest Inventory 的調查表，也沿用了類似的格式；由於受試者一定得由少數幾項事物中作出選擇，所以這種方式又叫做強制選擇（Forced-choice）式。例 6.16 及例 6.17 就是兩個這類的例子：

```
┌─────────────────────────────────────────┐
│ 【例6.16】就下列的幾項活動中，選一種您最喜歡的:  │
│         ____ 1. 處理文書資料                 │
│         ____ 2. 閱讀商業方面的雜誌           │
│         ____ 3. 到外面跑業務                 │
└─────────────────────────────────────────┘
```

```
┌─────────────────────────────────────────┐
│ 【例6.17】下列那一項敍述最能代表你? 請在它前面劃"○": │
│         那一項最不能? 請在其前面劃"×"。         │
│         ____ 1. 我在家裏情緒受到困擾。         │
│         ____ 2. 我向來都是準時交作業。         │
│         ____ 3. 我和老師的關係一直維持得很好。  │
│         ____ 4. 我常批評學校。               │
└─────────────────────────────────────────┘
```

　　這種強制選擇式的題目在設計上一定要考慮：測量結果的詮釋是否容易？是否清楚？所以這類題目的製作極花工夫與時間。甚至於有時候針對受試者的特性，還可將選擇項目用文字以外的方式呈現。譬如說，施測的對象若閱讀能力不良——年級低或智障的孩子，則可配合著圖片或幻灯片來進行。

　　要製作一份適合可用的檢核表，並不是件容易的事，以下有幾點可供製作時參考的注意事項：

1. 先確定檢核表的主要目的。
2. 各題的敍述應力求簡明扼要。
3. 先找幾位學生預試一下，若有問題可事先找出來修正。
4. 在強制選擇性的題目裏，選擇項不應超過五或六項。
5. 在檢核表上也附加詳細的使用或答題說明。

(二) 選擇題 (Multiple-choice items)

　　選擇題相信是大家所最熟悉的測量方式了，在認知領域的測量上，它是常被使用的一種——用來測量「知識（Knowledge）」、「理解（Understanding）」、或較高層次的學習結果。

　　選擇題也被用來測量學生的情意行為，然而就測量的目的而言，是與測量認知領域的成就時有所不同的。在情意領域裏，選擇題不但用來測量學生的成就，同時，也用以探查學生的感想，不像在認知的領域裏，選擇題就純粹地只測量學生的成就。

　　也由於上述的不同點，在認知領域裏的選擇題往往有"標準答案"，而且只有一個；可是在情意領域裏，選擇題就無所謂"對"或"錯"的答案了——各個選擇項目都僅代表各人之不同的看法或感覺而已。選擇題的題幹可以是一個問題（如例 6.18），或是一個未完成句（如例 6.19）。

【例6.18】你覺不覺得每年一度的工業職業學校的技能競賽會
　　　　　影響正常的教學?

  1. 一點也不。

  2. 有一點影響，但不嚴重。

  3. 有相當嚴重的影響。

  4. 不清楚。

【例6.19】您認爲五專前三年基礎教育所使用之專業實習設備
　　　　　水準的現況是:

  □（一）與五專高年級的專業實習設備水準相同。

  □（二）與高職的專業實習設備水準相同。

  □（三）同時使用高職及五專高年級水準的專業實習設備。

（資料來源: 林宜玄，我國五年制專科教育問題之研究，師大工業教育研究所，
民 73, 6）

  關於製作選擇題的應注意事項，在「測量認知領域的成就」一章
中曾作過詳細的介紹，這裏僅就與情意領域測量有關的事項提出建議如
下:

  1. 注意題目與所欲測量的情意行爲的密切配合——這包含內容與
層次上的配合。

  2. 使題幹 (item stem) 的敍述簡單、明確。

  3. 注意使各選項合理、明確。

  4. 儘可能的經過預試及修改的步驟。

  （三）填充題 (Open-ended Items)

  填充題的基本型式就是由受測者將一句未完成的句子填滿或完成;
甚至於問答題也屬於這類題目。以下就是幾個例子。

【例6.20】除了課本上的教材之外，我希望老師能提供_____

_____

【例6.21】我盼望能在電工實習課裏學到_____

_____

_____

【例6.22】對高工三年的學習，我覺得_____

_____

若有機會重來一次的話，我希望_____

【例6.23】畢業後，我希望從事_____

_____

_____

由以上的這幾個例子可看出，填充題運用在情意領域中時的功能與前面所介紹的非組織型面試的功能非常相近——它可由受測者自由地發表意見或看法，也因此，透過它可蒐集許多有關個人想法或用以改進教學的資料。

然而，它仍然有一些缺點，像：要花許多時間閱讀及分析學生的答案或意見；同時學生也需要相當程度的寫作能力才行，否則言不及義、或詞不達意都將影響答案的眞實性、可靠性，所以在使用這種測量方式時，也應考慮學生的能力及特性才行。

(四) 評定題 (Rating items)

長久以來，評定題是測量情意行爲最常用的一種手段，而萊卡

(Likert)量表、佘斯通（Thurstone）量表、差異性語意(Semantic-differential) 量表、及 Q-sort 技巧是其中較著名的四種，現分別介紹如下：

1. 萊卡量表 (Likert Scale)

萊卡量表的基本型態就是在一段有關情意行為的敍述之後，緊接著列出一組有等級次序的回答——由受測者圈選或勾選。通常前面的敍述都具有明顯的意向，或是正向性的，或是負向性的，而接在後面的回答則常用一些認同或同意的字眼（像"同意"、"贊成"）。例 6.24 就是常見到的一種萊卡量表。

【例6.24】暑假中的校外實習對我的學習很有幫助：

□ 非常同意　□ 同意　□ 不確定　□ 不同意　□ 非常不同意

在這裏須特別注意的是，在萊卡量表裏的敍述應是非常肯定、明確的，如例 6.24 中用 "很有幫助" 這樣的字眼，若把它說成「暑假中的校外實習對我的學習還算有幫助」就不是很好了，而且很容易誤導及誤解學生的意思。同時，也應注意最中間的那一級（第三級），用的是「不能確定」或「未決定」的選項，許多測量學家認為像這種中性的，沒有方向性的選項，對探查學生的情意行為而言是用不上的，也因此，有許多人建議乾脆把中間那個中性的選項取消。例 6.25 是李大偉用來評量某一成人教育的成效時，所用問卷的前四題[9]，就沿用了萊卡五段量

---

[9] Lee, Ta-Wei, *The Relationships between Learners' Opinions and Selected Characteristics of Adult Vocational Programs in Pennsylvania*, Unpublished Doctoral Dissertation, The Pennsylvania State University, 1981.

表 (5-point Likert Scale)。

【例6.25】請就您對目前所進的成人教育班的看法，在下列各敍述後面的適當選項上劃圈。

	極同意	同意	不確定	不同意	極不同意
1. 我由同學處得到許多協助	□	□	□	□	□
2. 教師非常友善	□	□	□	□	□
3. 教師教學很認眞	□	□	□	□	□
4. 教材編得很好	□	□	□	□	□
5. ....。					

Erickson 及 Wentling 還建議，類似於例 6.25 的這種探查受測者同意程度的萊卡量表也可稍予變通，以適合特殊需要 (Special Needs People) 或低年級的學生使用，例 6.26 就是一種作法[10]。

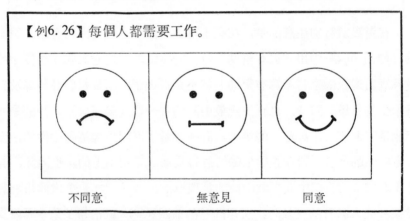

【例6.26】每個人都需要工作。

| 不同意 | 無意見 | 同意 |

當然，若受測對象無法閱讀時，主試者還得利用宣讀的方式配合實施。

---

[10]   Erickson, R.C., and Wentling, T.L. *Measuring Student Growth*, Boston: Allyn and Bacon, Inc., 1976, p. 220.

　　萊卡量表也不一定就用同不同意或贊不贊成的選項，有時也用「重要程度」、「發生次數」，以及一般數字的選項。例 6.27 就是以重要程度爲主的萊卡量表。

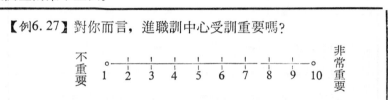

【例6.27】對你而言，進職訓中心受訓重要嗎？

不重要　　1　2　3　4　5　6　7　8　9　10　　非常重要

　　此外，有時候兩個以上的萊卡量表可用在同一敍述之後，這樣一來同一份問卷或調查表可以蒐集更多的資料。師大家政教育研究所許美美在調查國民中學家政教師專業能力時，就用了這種方式，例 6.28 所示的爲其所用問卷之部份[11]。

【例6.28】國民中學家政教師專業能力需求調查問卷（部份）

　　調查專業能力的需求：

　　填答說明：①本研究所謂的家政教師專業能力，係包含「教育領域
　　　　　　　　的專業能力」及「家政領域的行業能力」二者。

　　　　　　　②本問卷全部共 108 項能力分爲二部份，您是填答其中
　　　　　　　　的一部份，包含54項能力，大約需15～20分鐘作答。

　　　　　　　③下列每項題目代表一種家政教師的能力，題目右邊有
　　　　　　　　三組表格，依序爲「重要程度」、「個人專精程度」
　　　　　　　　及「參加進修的興趣」，您填答時，請依據自己的看
　　　　　　　　法，先判斷該項能力對於家政教師者是否重要，再考
　　　　　　　　慮您個人專精此項能力的程度，最後再考慮您個人參
　　　　　　　　加該項能力進修的興趣。

　　　　　　　④我們採用等級系列量表，數字愈大表示其重要性，專
　　　　　　　　精程度或參加興趣愈高。請您在適當的格子中劃記：

⓫　　許美美，"國民中學家政教師專業能力需求之分析研究"，師大家政教育研究所論文，民國73年6月。

題目	重要程度 1.不重要 2.稍許重要 3.重要 4.相當重要 5.非常重要	個人專精程度 1.不專精 2.稍許專精 3.專精 4.相當專精 5.非常專精	參加進修的興趣 1.沒有興趣 2.稍有興趣 3.很有興趣
例：使用黑板書寫	=1 =2 =3 =4 =5	=1 =2 =3 =4 =5	=1 =2 =3
1. 能以連續的、順序的及統整的方式，發展課程的短程、中程和長程目標。	=1 =2 =3 =4 =5	=1 =2 =3 =4 =5	=1 =2 =3
2. 將當前有關的社會狀況、學生、學校、社區，及其他和家政領域相關的資料，納入課程之中。	=1 =2 =3 =4 =5	=1 =2 =3 =4 =5	=1 =2 =3
3. 能將教師所俱備的專長知識，運用於家政課程中。	=1 =2 =3 =4 =5	=1 =2 =3 =4 =5	=1 =2 =3
4. 依據家政教育目標及教材單元，擬定教學單元目標及具體目標。	=1 =2 =3 =4 =5	=1 =2 =3 =4 =5	=1 =2 =3
5. ……………	…………		

在製作用萊卡量表的評等題目時，可循著下面的幾個步驟進行:

(1) 確定所欲測量的情意行為及重點

唯有在確定所欲測量的情意行為之後，才能進而設計各個題目應該涵蓋的內容；譬如說，為了要瞭解學生對某一職業科目的看法，所設計的測量題目就得包含教材、教學方法、作業、考試、及評分方式等等重點。同理，若為了探查學生對選擇工作的看法時，調查工具就得包括有關工作環境、待遇、陞遷機會、及人際關係等方面的題目了。總之，這個步驟決定了題目的內容，所以是非常重要的。

(2) 編寫題目

接下來就根據在上個步驟所確定的行為內容及重點編寫題目了，在編寫題目時，Edwards 提供了下面十四個建議及注意事項[12]:

a. 避免提及過去而與現實無關的事情。

b. 避免使用旣成事實的敍述。

c. 避免使用語意不清，可做多種解釋的句子。

d. 避免使用與所欲測量的情意行為無關的題目。

e. 避免使用眾所共認，理所當然的敍述。

f. 使用可涵蓋所欲測量的情意行為的題目。

g. 使用簡單、明瞭、且直截了當的句子。

h. 敍述的句子不要太長（最好不超過 20 個字）。

i. 每個敍述裏只能含有一個概念或觀念。

j. 不要用「往往」、「所有」、及「經常」等模糊的字眼。

k. 特別小心使用「只是」、「僅僅」等字眼。

l. 盡可能使用簡單句型，而避免使用複合句。

⑫ Edwards, A.L. *Techniques of Attitude Scalc Construction,* New York: Appleton-Century-Crofts, 1957.

m. 不要用艱澀冷僻的字眼。

n. 不要使用雙重或多重否定句。

(3) 審查與試測

這幾乎是每一種測驗工具完成之後必須做的一件事。在製作者詳細地審查之後，再請兩三位學生試答一下，經過這樣的過程，往往可以找出如語意不清、錯字等錯誤。當然，在正式使用之後，有時候也還可以發現該修改的地方。

2. 佘斯通量表 (Thurstone Items)

這種量表的主要特色就是不同的題目有不同的加權，換句話說，在探測或解釋受試者的情意行為時，某一題佔的比重要比另一題高些。也因此，這種量表在製作及使用上都比較困難；通常它的製作過程如下：

(1) 針對特定的情意行為寫下一系列的題目。

(2) 由專家組成的小組共同審議這些題目。

(3) 由該小組將所有的題目根據受歡迎的程度高低（例如由最受歡迎到最不受歡迎），區分為十一類。

(4) 再由各類中抽取題目，每個題目的比重乃是由小組中的各專家評分的平均數而定。

(5) 最後，將這些題目隨機而不按次序地列入問卷中，而各題的加權數將用於最後統計總分時使用。

下面就是一個讓學生評定某一科目時所用的佘斯通量表，特別注意每個敘述後面括弧裏的加權數。

【例6.29】你修完「電工原理」之後覺得：

____ 1. 這科的老師教學技巧比別科的老師好。(8.2)

____ 2. 即使這科是選修的，我也會選它。(6.3)

____ 3. 這科的考試，難易程度適中。(4.5)

3. 差異性語意量表 (Semantic-differential Items)

這種量表的基本型態就是在一段描述情意行為的敍述或句子之後，列出一系列的形容詞，通常這些形容詞是成對的出現，中間並設有五段量表。成對的形容詞常用的有好——壞、美——醜、乾淨——骯髒、有價值——無價值、有益——有害、及令人愉快——令人不愉快等。這種量表經常使用在一般態度的測量上。以下就是一個例子：

【例6.30】令人喜歡的職業科目是：

容易	├──┼──┼──┼──┼──┤	難
理論部份多	├──┼──┼──┼──┼──┤	操作部份多
作業少	├──┼──┼──┼──┼──┤	作業多

4. Q-分類方式 (Q-Sort)

這個方式是在1953年由 W. Stephenson 所提出的[13]。在它被提出之後，就常被用來分析許多與態度有關的職業及生計方面的問題。Q-分類方式就是先列出好幾個有關態度的描述句子，而後要求受試者根據其對某事物的看法將這些句子分類。

這種測量的方式有個最大的特色就是可以在教學過程的任何階段實施，而且可以重覆地實施——藉以了解學生在學習前後態度上的變化。譬如說，某位學生當初進鑄造科時，鑑於這個行業的工作環境心裏或許有點嘀咕，可是兩三學期過來，他對於該科的看法或因進一步的了解而有所不同；這時，若教師想知道該生是否在態度上有所變化，就可運用這種方法加以探測了。

Q-分類測量工具的製作及實施過程如下：

---

[13] Stephenson, W. *Study of Behavior*: *Q Technique and Its Me-thodology*. Chicago: University of Chicago Press, 1953.

(1) 先訂定藉以評分的依據或標準（例如：贊成或不贊成、同意或不同意某件事物）。

(2) 針對想要探測的情意行為，擬出一系列的描述句子（通常列出30至50個）。

(3) 決定區分等級或分類的數目。

(4) 訂定各個等級或類別應包含的句子數目；通常使中間等級所包含的句子數最多，亦即讓重數正好在中間欄。例如：有三十個不同的句子要分成七種等級的類別，那麼各個等級所應分配到的題數如下：

	極不同意					極同意	
等級或類別	1	2	3	4	5	6	7
題　數	2	3	6	8	6	3	2

(5) 對學生解釋題目的總數及分類的方法之後，將題目交由學生分類。

(6) 將各題依據不同的類別評分，例如：在第一類"極不同意"裏的題目可給1分，而在第七類"極同意"裏的題目可給7分。

在技職教育裏，教師們可分別在教學前及教學後對學生施測，而後可以比較一下學生對不同題目的看法是否有所改變。

四、投射法 (Projective Techniques)

投射法可用之於探討個人較深處的感覺，也因此，這個方法倒是常被心理醫師運用。羅莎 (Rorschach) 測驗──視對墨水點或畫的反應而分析性格的測驗──便是很有名的投射測量法。以下就是一個要求學

生對幾張照片寫出其看法的例子。

【例6.31】你現在手邊有本小册子，裏面共有四張照片，請你
　　　　在看過照片之後，根據你的看法將每張照片寫成一
　　　　個故事。以下所列的一些問題，或可做為你編寫故
　　　　事時的參考。

　　　　　　＿＿發生了甚麼事?

　　　　　　＿＿有那些人?

　　　　　　＿＿這些人在想甚麼?

　　　　　　＿＿這些人正在做甚麼?

　　　　　　＿＿可能將發生甚麼事?

　　　　每張照片，你僅能看 20 秒鐘，而後就在照片右邊的空白紙
　　　　上完成一個故事，寫故事的時間只有三分鐘。

　　　　當然，這些故事無所謂正確或不正確，請你就看完照片之
　　　　後所想到的寫成故事便可。

　　　　好了，現在就請根據主考老師的指示，由第一張照片開始
　　　　作答。

　　根據受試者所寫的故事，教師或心理專家便可進行心理分析了。
另外一種類似的投射法是要求受試者根據幾個特別的字眼或句子寫成故
事。

　　為了協助教師或心理學家能客觀而有效地分析受試者的看法，最近
已有人利用電腦來歸納出一些與興趣、性向或其他情意行為有關的字
眼，及重覆出現的字句。

五、暗地測量法 (Unobtrusive Measures)

　　在本書前面曾經一再地提到：當受測者知道在被觀察或被測量時，
常常會表現出與平常不同的行為。暗地測量法，顧名思義正是為了克服

這一點而設計的方法——亦卽在受測者不知道的情況下進行測量。

前面所介紹過的直接觀察法 (Direct Observation) 若在對方不知道時實施，也可稱之爲暗地測量法；可是這裏所稱的暗地測量法，主要還是利用間接的資料，對受測者的情意行爲加以評定。譬如說，在參觀過一家積體電路製造廠之後，老師想知道學生們對學習積體電路的態度是否有所改變，這時，這位老師不見得需直接對學生的學習態度做觀察或面談，而他可由下列各種現象加以評定，這些現象包括：

——圖書館裏有關積體電路的書籍，是否被借出去的數目與頻率比往常多？

——課後學生找老師問這類問題的次數是否比往常多？

——自行設計作業時，是否用到積體電路？

——若讓學生自訂報告題目時，是不是有許多學生選用這方面的題目？

其他的例子像：老師想瞭解學生的品行時，他可以由學生在工作枱上的刻字、在工場牆上寫的字、工具的失竊、以及吵架打架的情形見其端倪。當然，由工場意外事件發生的頻率，也可看出學生對工場安全的關心程度。由此觀之，在日常教學活動中，有許許多多有關學生情意行爲的資料可供參考，我們認爲技職教師所應注意的就是如何針對教學目標，有計劃、有系統地收集這些資料、分析這些資料。

對所有技職教師而言，情意領域裏成就的測量技巧可能是最被忽略，也是最不爲教師熟悉的了；尤其近年來國內在職業學校裏推行能力本位教學之後，更暴露了這個問題，本章介紹了情意領域成就測量的功能及困難，並詳細地說明了幾種可用於這個領域成就測量的方式，希望這些能喚起技職教師們對情意方面學習的重視，並能運用各種測量技巧於日常教學之中。

第七章 試題的分析與評鑑

壹、前 言

　　教學是師生共同參與的一種活動歷程。在此歷程中，無論是學生起點行為的分析，適當教學活動的設計，以及教學目標是否達成的檢討等，都要以評鑑的結果為依據❶。教學評鑑根據 Mackay 的分類，分成預備性評鑑 (Preparative Evaluation)、形成性評鑑 (Formative Evaluation)、及總結性評鑑 (Summative Evaluation) 三大類❷。預備性評鑑係在教學前實施，以了解學生過去的學習背景與基本的知識技能；形成性評鑑係在教學過程中實施，以了解學生吸收的情形並控制教學的品質，掌握教學進度；總結性評鑑則在教學後實施，以考察學生經過學習的過程後，是否達成預期的教學目標。茲將評鑑與教學的關係，圖示如下：

---

❶ 張春興，林清山著，"教育心理學"，臺北市：東華書局，民國70年。
❷ 轉引自國立編譯館主編，"心理與教育統計及測驗（下冊）"，臺北市：正中書局印行，民國72年1月初版，pp. 179-180.

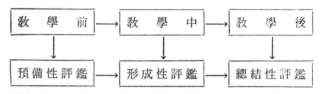

在學校中的教學，教師活動包括了教學目標的擬訂、教學和測驗的實施三部份[3]。其流程如下圖所示:

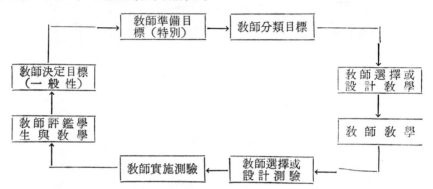

由上可知，教學是達成教學目標必須的手段，測驗則兼具評估教學與教學目標的雙重功用。教師透過測驗的實施可反映出學生學習的結果，故一個測驗如果要測得學生經過學習後是否達成預期的目標，則此一測驗必須具備相當的效度 (Validity) 和信度 (Reliability)。因此，如何對測驗工具做評鑑，就是相當重要的一個課題。

所謂評鑑常含有對事物決定其價值或缺失的意思，而其最終目的是希望透過評鑑的結果做為改善的依據。故準此原則，所謂試題評鑑，是教師對實際使用過的測驗，藉由學生受測的反應，用科學與統計的方法，推論試題的難易度 (Difficulty-Easiness Index) 和鑑別度 (Discrimination Index)，以判斷測驗試題的難易；並能對整份試題的效度與

---

[3] Tuckman, Bruce W., *Measuring Educational Outcomes*: *Fundamentals of Testing*, New York: Harcourt Brace Jovanovich, Inc., 1975, p. 45.

信度做評估，以考驗測驗的價值。 因此試題評鑑， 依據 Erickson 和 Wentling 認為應包括二方面❹: 即

（一）對工具個別部份的評鑑， 也就是 對測驗 工具做 試題分 析 (Item Analysis)。

（二）對工具做整體性的評鑑，也就是考慮工具的效度與信度。

試題評鑑的目的不外有下列幾點:

1. 改進測量工具

試題就是一種測量工具，而試題本身應包含教師所教的內容與預計達成的教學目標。故一份好的試題除應考慮上列因素外，試題本身的敍述是否詳實易被人接受，也將是個很重要的因素。故透過試題分析，對每一道題目做難易度與區分度的鑑定，將有助於判斷試題的優劣，去蕪存菁，除可增加試題的可信度、可讀性外，同時對於整份試題的信度與效度亦可大大地提高。

2. 增強學生的學習

經由試題評鑑，可知道每一個學生在學習的過程中，或因對較難的題目做錯誤的反應，或因學生模糊的觀念，而導致不正確的反應。學生可經由跟同學的討論或試後再閱讀中獲致正確的答案，或在課堂中經老師的說明而澄清觀念，並獲得正確的知識，因而增強學習。

3. 做為補救教學的基礎

學生或許因為能力的不足， 或許由於閱讀或學習的過程中不 盡 確實、或許因為教師在教學中遺漏此教材，因而提出不正確的答案或不知如何作答；透過試題分析的手段，將可以發現學生的優、缺點。在這之後，教師便可據之以設計補充教學的內容及方式。

---

❹ Erickson, Richard C. and Wentling, Tim L., *Measuring Student Growth*, Illinois: Griffon Press-Urbana, 1976, p. 260.

4. 改進教學

試題分析的資料除可對學生個人做增強與補救教學外，亦可針對全體學生的反應而修改課程與教法。尤以經過試題分析後，學生普遍反應試題太難時，教師則應考慮是否自己所使用的教材過於艱澀難懂、或是所使用的教學法不易為學生所接受、或是課前高估了學生的能力等等。諸此種種的因素，先做一番研判及過濾，再對症下藥，改進教學。

5. 可算出試題的信度及效度

命題者可根據此信度及效度的大小決定是否再使用它，或進一步改善它。

6. 改進試題編製的技巧

教師經過試題評鑑之後，由試題分析可知道試題編製的優劣點；由整體的評鑑可知如何提高測驗的信度與效度。由多次的編製經驗，並且認真的評鑑，將可累積試題編製的技巧。

貳、試題分析 (Item Analysis)

對每一個測驗試題做再一次的檢驗 (reexamining)，以發現試題的優點與缺陷 (strengths and flaws)，即稱為試題分析[5]。所以試題分析不僅幫助我們辨別那些是不好的題目 (poor items)，而且也告訴我們為什麼此題目不能達到我們所要求的功能。因而，試題分析能使我們成為更好的試題編製者[6]。

---

[5] Ahmann, J. Stanley, and Clock, Marvin D., *Evaluating Student Progress——Principles of Tests and Measurements*, Boston: Allyn and Bacon, Inc., 1981, Sixth Edition, p. 160.

[6] Chase, Clinton I., *Measurement for Educational Evaluation*, 2nd. Edition, Addison-Wesley Publishing Company, Inc., 1978, p. 138.

試題分析的目的，Martuza 認爲有下列二點❼:

1. 評估測驗試題的品質。

2. 發現學生對教材內容的不足或誤解。

如前所述，Erickson 及 Wentling 認爲它可以協助敎師:

1. 選擇已被證明爲適當的題目。

2. 鑑定試題結構上的缺點。

3. 設計個別化的補救敎學。

4. 改進敎學方式❽。

綜上而論，試題分析的目的在於改進測驗試題的品質，選用較佳的題目，鑑定試題的結構，改進敎師敎學，並做爲設計補救敎學的基礎。

試題分析可分爲質的分析（Qualitative Analysis）與量的分析（Quantitative Analysis)兩部份。前者係就試題的內容和形式，從取材的適切性與編擬試題的技術方面加以評鑑，這個部份本書已在前面幾章中討論過。後者則基於試題經過預試的結果，逐一分析其難度(Item Difficulty)、鑑別度 (Item Discrimination)、與受試者對各項配列答案的反應情形❾。 本章僅就量的分析，採統計方法來分析題目的品質，包括難度分析與鑑別度分析，做爲探討試題分析的基礎。一個測驗信度與效度的高低，完全取決於試題的難度與鑑別度，故經由試題分析，可提高整個測驗的信度與效度。以下就先介紹常模參照 (Norm-referenced) 測驗的試題分析。

---

❼ Martuza, Victor R., *Applying Norm-Referenced and Criterion-Referenced Measurement in Education,* Boston: Allyn and Bacon, Inc., 1977, p. 178.

❽ 同註❹, p. 263.

❾ 簡茂發，郭生玉撰， "測驗的編製" ，載於楊國樞等編著，社會及行爲科學研究法，（上冊）,臺北市: 東華書局，民國73年6月七版，p. 451.

一、常模參照測驗

（一）難度分析

1. *以通過的百分比表示難度*

試題難度一般以受試者通過或答對該題的百分比來表示。其公式爲:

$$P = \frac{R}{N} \times 100$$

式中，P 代表試題的難度。

R 代表答對該題的人數。

N 代表全體受試者的人數。

例如在一項成就測驗（Achievement Test）裏，在30位學生中有20位答對該題，則此題的難度爲 .67。

$$P = \frac{20}{30} = .67 \text{ 或 } 67\%$$

題目愈容易通過的百分比愈高， 反之， 題目愈難通過的百比愈低。所以有人建議將它稱爲 "容易度指數（Easiness Percentage）"。另一種求難度的方法是以分數高低排列來求的，其步驟如下:

（1）．將學生或受試者的測驗總分依高低分次序排列。

（2）．確定高分組和低分組（a High and a Low-Scoring Group）

R. L. Brennan（1972）提出，若用電腦分析，則每一組各取全體人數的27%定爲高分組與低分組; 對老師平日所做的測驗而言，則可取25%至35%做爲高分組和低分組[10]。

根據 Chase 指出運用在不同班級人數中的27%人數的選取， 可參照下表所示[11]:

---

[10] 同註[4], p. 265.
[11] 同註[6], p. 138.

班 級 人 數	25~27	28~31	32~35	36~38	39~42	43~46	47~49
27%	7	8	9	10	11	12	13

班級人數超過此處所列者，可找其比例或倍數而乘以倍數，例如班級人數為50人，則找25~27之人數這一欄，得知其27%為 7 人，故50人時的27%應為14人。

　　(3). 分別將高分組及低分組同學的作答情形劃記，（有時可劃在答案紙上），以便瞭解這兩組同學在各題之答題情形。（如圖 7.1）

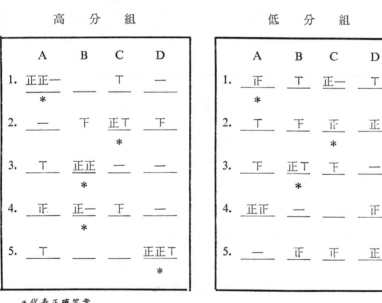

＊代表正確答案

圖 7.1　使用空白答案紙劃記

　　(4). 將高分組與低分組的人，統計其每一題有多少人答對 。（如圖7.2）

　　(5). 由公式求難度。

題 目	組 別	A	B	C	D
1.	高分組	11*	0	2	1
	低分組	4	2	6	2
2.	高分組	1	3	7	3
	低分組	2	3	4*	5
3.	高分組	2	10*	1	1
	低分組	3	7	3	1
4.	高分組	4	6*	3	1
	低分組	9	1	0	4
5.	高分組	2	0	0	12
	低分組	1	4	4	5*

*代表正確答案

圖 7.2 高分組及低分組之答題情形統計表

$$P = \frac{P_H + P_L}{2} = \frac{R_H + R_L}{N_H + N_L}$$

P 代表試題難度。

P_H 代表高分組通過該題的人數百分比。

P_L 代表低分組通過該題的人數百分比。

R_H 代表高分組答對該題的人數。

R_L 代表低分組答對該題的人數。

N_H 代表高分組的人數。

N_L 代表低分組的人數。

例如，以圖 7.1 及圖 7.2 的情形而言，在50名學生中，被選爲高、低分組的各有14人，其中高分組有11人答對第 1 題，低分組有 4 人答對第 1 題，則第 1 題的難度爲：

$$P=\frac{11+4}{14+14}=.54\ (54\%)$$

或者是　$P=\frac{11/14+4/14}{2}=\frac{0.79+0.29}{2}=.54(54\%)$

這個數目愈大，則表示題目愈簡單。

2. 以等距量表來表示難度指數[12]

以通過人數的百分比來表示難度的指數 (P) 是一種次序量表 (Ordinal Scale)，它可以指出難度的順序或是試題難度相對的高低。例如有 3 個試題，其難度第 1 題是.50，第 2 題是.40，第 3 題是.30，則我們可以說第 1 題最容易，第 3 題最難，但卻無法指出第 1 題與第 2 題的差異，相當於第 2 題與第 3 題的差異。故以通過人數的百分比來表示難度，只能表示試題難易的相對關係，並無法指出各難度之間差異的大小。

如果我們假定任何一個試題所測量的特質成常態分配，則我們就可根據常態曲線次數表，將試題的難度轉換成具有相等單位的等距量表 (Interval Scale)。因此，在一個測驗中，如果第 1 題通過人數佔全部的84.13%(即 P=.8413)，則在圖 7.3 的常態分配圖中得知該題的難度

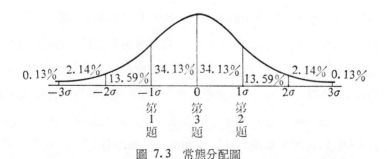

圖 7.3　常態分配圖

---

[12]　陳英豪、吳裕益著，"測驗的編製與應用"，臺北市：偉文圖書出版有限公司，民國71年 3 月初版，pp. 295~298.

水準是在平均數以下一個標準差的位置。如果第 2 題只有16%的受試者通過，那這個題目的難度會落在平均數之上一個標準差的位置。如果第 3 題剛好有50%的受試者答對，則第 3 題在這個量表上的難度即爲 0；較難的題目爲正值，較簡單的題目爲負值，我們可以從常態分配表中，找到任何 P 值的相對 σ 值。

由於以常態分配曲線的 σ 值單位來表示題目的難度，會有負值或小數點。故美國教育測驗服務中心 (Educational Testing Service 簡稱 ETS)，將其轉換成標準差爲 4，平均數爲13的標準分數量表，並以希臘字母 △(delta) 來表示，其轉換公式爲

$$\triangle = 13 + 4X$$

如果一個題目幾乎所有的人都通過 (99.87%) 則其 σ 值爲 -3，$\triangle = 13 + 4(-3) = 1$，這是△的最下限。如果一個題目答對的人不到 1 %(0.13%)，則其 σ 值爲$+3$，$\triangle = 13 + 4(3) = 25$，這是△的最上限。可見這麼做的話，所有的題目之難度均介於 1 與25之間。

△值愈大，則難度愈高，△值愈小，則難度愈低。

其計算只要算出高分組通過的百分比及低分組的通過百分比，便可從范氏試題分析表 (Fan, 1952) 中找出△值。（如附錄二）

在常模參照測驗 (Norm-Referenced Test) 中，測驗試題編製者應儘量讓試題的難度接近.50左右[13]。這是因爲難度指數越接近 1.00 和 0，就愈無法區別受試者間能力的差異。相反地，難度指數愈接近.50，則區別力愈高[14]。假設在100個受試者，有 50 個人答對，50個人答錯，則這個題目能够用來區別那些答對者或答錯者的人的能力差異。因爲我們有 2500(50×50) 個配對比較；如果另一個題目有70人通過，30人未

---

[13] 同註[7], p. 179.

[14] Anastasi, Anne, *Psychological Testing*, New York: Collier Macmillan Publishing Co., 1982, Fifth Edition, p. 193.

通過，則有 2100（70×30）個配對比較；如果通過的人有90人，則有 900（90×10）個配對比較；假如100個全部通過，則就毫無區別力，因為它們已沒有配對比較，也就失去區別力了。

為了使測驗具有最大的區別力，就必須選擇難度在 .50 的試題來組成試題。不過在實際作決定時，因難度都是 .50，故試題間的交互相關（Intercorrelated）有偏高的趨勢。一個測驗愈同質（Homogeneous），各試題間的交互相關愈高。例如在一個測驗中，假如所有題目都是完全交互相關且所有題目的難度皆為 .50，那麼將有50％的人答對所有題目而得到滿分；同時，另一半的人將得到零分。因為試題的交互相關，最好的試題難度應分佈在各不同的層次。Martuza 認為在常模參照測驗中試題難度以在 0.30～0.70 的範圍之間，但難度平均以接近.50為佳❺。此外，試題的交互相關愈高（或者試題與總分的相關愈高），則試題的難度分佈也應愈廣❻。另 Chase 指出在實際運用中，四個選項的選擇題難度在 .40～.80，是非題則在 .55～.85 為最適當❼。

效標參照測驗是設計來描述學生所能和所無法完成的學習工作，而不是用來評定學生相對的等第。因此前述的常模參照測驗（Norm-Referenced Test）的難度計算，在效標參照測驗中並不具任何意義❽。

常模參照測驗最理想的難度，是要能區分出高學習成就與低學習成就者，而效標參照測驗試題理想難度的決定與常模參照測驗不同，它完全取決於所測量的學習結果。如果學習結果所包括的各項工作很簡單，則試題就必須很簡單；如果學習工作的難度中等，則試題的難度也必須中等；如果學習工作很難，則試題也就必須很難。我們不可以為了要提

---

❺　同註❼，p. 179.
❻　同註❿，p. 193.
❼　同註❻，p. 140.
❽　同註⓬，p. 321.

高試題的鑑別度，或是擴大測驗分數的分散範圍，而任意改變試題的難度。雖然上述以難度指數來作爲選擇試題的依據，但一般而言，如果教學有效的話，則絕大多數效標參照測驗試題的難度均較低，因爲通過的百分比將會很高。

(二) 鑑別度分析

試題的鑑別度分析可以分爲「項目效度」(Item Validity) 與「內部一致性」(Internal Consistency) 分析兩方面。前者是在分析受試者在題目上的反應與在效標上之表現的關係，後者是在分析個別試題與整個測驗總分的一致性。[19]二者鑑別度的計算方法是一樣的,只不過其利用統計學中求相關的方法，所使用的變數不一樣罷了。項目效度也稱爲外在效度 (External Validity)，是以外在效標 (External Validation Criterion) 爲依據，衡量試題反應與效標分數的相關程度，或分別求出各效標組 (Criterion Groups) 在某一試題上通過人數百分比，以其差數作爲效度指數 (Index of Validity)[20]。而內部一致性分析亦卽一般所謂「諧度分析」，其目的在於檢查個別試題與整個測驗的作用之一致性。可用兩種方法求之: 一爲探求試題反應與測驗總分之間的關聯性，一爲比較高分組和低分組在個別試題上通過人數百分比。[21] 由上可知，項目效度是在求變數與外在效標間的相關程度，而內部一致性分析則在求變數與測驗分數之間的相關程度。故取其相同之處，我們可以歸結利用下面兩種方法來求其鑑別度。

1. 利用相關統計法來求鑑別度[22]。

---

[19]　同註[12]，p. 303.

[20]　同註[9]，p. 453.

[21]　同註[9]，pp. 452-453.

[22]　林清山著，"心理與教育統計學"，臺北市: 東華書局，民國73年 7 月十版，pp. 440-453.

(1) 點二系列相關 (Point-Biserial Correlation)

如果X和Y兩個變數之中，有一個變數是二分名義變數 (Nominal-Dichotomous Variables)，而另一個變數是等距變數 (Interval Variable) 或比率變數 (Ratio Variable)時，便要使用點二系列相關 (Point-Biserial Correlation)。有時，如果有一個變數是雙峯（雙眾數）分配時，則儘管它並不是真正的二分名義變數（如男女），也可以使用這種統計法。例如，犯罪少年對非犯罪少年、文盲對非文盲和智能不足對正常智能等，均屬雙峯分配。

表 7.1 所示，為在某次成就測驗中數學科總分與國文科測驗第 1 題的關聯性:

表 7.1

學　　　　生	A	B	C	D	E	F	G	H	I	J	K	L	M	N	O
數學成績	65	70	31	49	80	50	35	10	81	69	78	55	77	90	42
及格與否(X)	1	1	0	0	1	0	0	0	1	1	1	0	1	1	0
答對或答錯(Y)	0	1	0	1	1	0	1	0	0	1	1	0	1	1	0

$$p = \frac{8}{15} = .5334 \qquad\qquad q = 1 - p = 1 - .5334 = .4667$$

$$\bar{X}_p = \frac{548}{8} = 68.50 \qquad\qquad \bar{X}_q = \frac{334}{7} = 47.71$$

$$S_t = \sqrt{\frac{58936 - \frac{(882)^2}{15}}{15}} = 21.72$$

$$p_{XY} = \frac{6}{15} = 0.4 \qquad p_X = \frac{8}{15} = 0.533 \qquad p_Y = \frac{8}{15} = 0.533$$

$$q_X = 1 - 0.533 = 0.467 \qquad q_Y = 1 - 0.533 = 0.467$$

根據15位受試者在第 1 題作答的情形，答對者以 " 1 " 表之，答錯者以 " 0 " 表之。則此時數學成績即為一種比率變數，而對國文第 1 題

答對與否則是一種實際的二分名義變數，我們可用點二系列相關統計法來處理。其公式如下所示:

$$r_{pb} = \frac{\bar{X}_p - \bar{X}_q}{S_t} \sqrt{pq}$$

式中, r_{pb} 代表點二系列相關係數

　　　$\bar{X}_p$ 代表答對的受試者在數學上的平均得分

　　　$\bar{X}_q$ 代表答錯的受試者在數學上的平均得分

　　　p 　代表答對第 1 題的百分比

　　　q 　代表答錯第 1 題的百分比

　　　S_t 　代表全部受試者在數學上得分的標準差

將表中數值代入公式得

$$r_{pb} = \frac{68.50 - 47.71}{21.72} \sqrt{(.5334)(.4667)} = .478$$

要考驗 r_{pb} 是否達到顯著水準， 可以查積差相關係數顯著性臨界值（參閱林清山著， 心理與教育統計學，p. 561）。 由於自由度爲 13 ($df = N - 2 = 15 - 2 = 13$) 時，必須達到.514，才達到 .05 的顯著水準，因此本題的效度值得懷疑，亦卽說明數學成績與國文科第一題之間並沒有顯著的相關存在。

(2) 二系列相關 (Biserial Correlation)

二系列相關適用於 X 變數和 Y 變數均爲常態的連續變數，其中的一個變數因爲某些理由， 被以人爲的方法分爲兩個類別時的情形。 換言之，如果兩個變數之中，有一個變數是等距變數或比率變數，而另外一個是常態的二分名義變數，則應該使用二系列相關的統計法。我們仍用表 7.1 的資料， 只是此種方法是假定受試者在試題上的反應也是常態分配，只不過以人爲的方法， 將其分爲答對與答錯兩種情形。其相關法的公式爲:

$$r_{bi} = \left(\frac{\bar{X}_p - \bar{X}_q}{S_t}\right)\left(\frac{pq}{y}\right)$$

其中的 y 是常態分配下答對百分比所在位置之曲線的高度。根據表7.1，答對百分比爲 .5334，我們可以查閱常態分配表（參閱林清山書， pp. 558～560）得知相對的 y 值爲.3975，將數值代入公式，求得：

$$r_{bi} = \left(\frac{68.50 - 47.71}{21.72}\right) \cdot \left(\frac{(.5334)(.4667)}{.3975}\right)$$

$$= .599$$

考驗二系列相關係數是否達到顯著水準，需用下列公式

$$Z = \frac{r_{bi}}{\frac{1}{y}\sqrt{\frac{pq}{N}}}$$

故得知 Z 值爲

$$\frac{.599}{\frac{1}{.3975}\sqrt{\frac{(.5334)(.4667)}{15}}} = 1.85$$

查常態曲線分配表，得知 Z 值需大於 1.96 才達到.05的顯著水準；因此用二系列相關來考驗仍然未達到顯著水準。

(3) ϕ 相關 (Phi-Correlation)

此種相關統計法適用於兩個變數都是二分名義變數的情境，也就是說 X 變數的分配和 Y 變數的分配都是點分配 (Point Distribution) 的時候。

如果我們將表 1 的數學分數超過60分者列爲及格，而以 1 表示，未達 60 分者列爲不及格，以 0 表之。那麼我們可以 2×2 的 x^2 統計法列表如下，

```
          答錯    答對
        ┌──────┬──────┐
  及格  │  2   │  6   │ 8(A+B)
        │ (A)  │ (B)  │
        ├──────┼──────┤
 不及格 │  5   │  2   │ 7(C+D)
        │ (C)  │ (D)  │
        └──────┴──────┘
          7       8     N=15
        (A+C)  (B+D)
```

由 ϕ 相關的 x^2 公式

$$\phi = \frac{BC-AD}{\sqrt{(A+B)(C+D)(A+C)(B+D)}}$$

$$= \frac{6 \times 5 - 2 \times 2}{\sqrt{8 \cdot 7 \cdot 7 \cdot 8}}$$

$$= .464$$

另外我們亦可用 ϕ 相關係數的公式求 ϕ 值。

$$\phi = \frac{p_{XY}-p_X p_Y}{\sqrt{p_X q_X}\sqrt{p_Y q_Y}}$$

$$= \frac{0.4-(0.533)(0.533)}{\sqrt{(0.533)(0.467)}\ \ \sqrt{(0.533)(0.467)}} = 0.464$$

要考驗 ϕ 值是否達到顯著水準，要採用下述公式將其轉換成 x^2

$$x^2 = N\phi^2 = 15(.464)^2 = 3.229$$

　　然後查 x^2 分配的自由度與百分點（參閱林淸山書，p.571）。由自由度 $df=1$ 時，這個 x^2 值必須大於 3.841 才達到 .05 的顯著水準。因此本題的效度仍然值得懷疑。由上面三種相關的求法，我們可以藉著分析受試者對於試題的作答反應與某些參照標準之間的相關程度，並藉以判定個別試題的性能及其對整個測驗的貢獻和影響[23]。

　　2. 極端分組法

　　被使用最多的鑑別度計算方式，就是比較在測驗中高分組與低分

---

[23] 同註[9]，p. 452.

組，其通過每一題目比率之差異。因此鑑別度就是區分高成就者（高分組）與低成就者（低分組）之間，對試題題目反應的能力之差異❷❹。 鑑別度求法，其步驟如下：

（1）將學生得分，由高至低順序排列。

（2）確定高分組與低分組。

根據 Kelley 的說法，基於要使分組儘可能的達到最大及使分組中的個體儘可能不同的原則下，其認爲在常態分配下，最適當的比率是高低分組各佔27%❷❺。 當常態分配曲線的形狀較爲平坦時，則高低分組的比率應高於 27%，約趨近於 33%❷❻。 在一般教室的測驗只要介於 25～33%卽可。不過，如果是標準化測驗的話，習慣上仍採用27%❷❼。

（3）對高分組與低分組中的每一個人，其每一題的答案劃記成一張答案卡或統計卡，以便了解同一題目中有多少人答對。（參考圖 7.1）

（4）將高分組與低分組的人，統計其每一題有多少人答對。（參考圖 7.2）

（5）求每一題目，高分組與低分組答對該題的差。

（6）代入下列公式，求鑑別度指數(DI)。

$$DI = P_H - P_L = \frac{R_H - R_L}{N}$$

例如：在數學的成就測驗中，全班50個人，答對第 1 題的高分組有11個人，低分組有 4 個人，求該題的鑑別度指數？

（1）50人的27%，爲14人。

（2）高分組答對11人，低分組答對 4 人。

❷❹ 同註❺，p. 161.
❷❺ 轉引自 Ebel, Robert L., *Essentials of Educational Measurement*, Englewood Cliffs, New Jersey: Prentice-Hall Inc., 1979, Third Edition, pp. 260-261.
❷❻ 同註❶❹，p. 204.
❷❼ 同註❶❷，p. 309.

(3) 鑑別度＝11－4＝7

(4) 鑑別度指數＝$\frac{11}{14}-\frac{4}{14}=.50$

上述這種計算鑑別度的方法適用於是非題、選擇題、及配合題等認識型的題目。同時，有些時候組織型的試題也沿用這種方法。

3. 圖表法

Swanson 在 1965 年時也曾提出一種利用圖表的方式來估計試題的鑑別度。其步驟如下[28]:

1. 根據測驗總分，將全班學生分成上、中、下三羣，
   ・高分羣——較優的25%
   ・中間羣——中等的50%
   ・低分羣——較差的25%
2. 算出“高分羣”裏學生在某一題中答對的百分比。

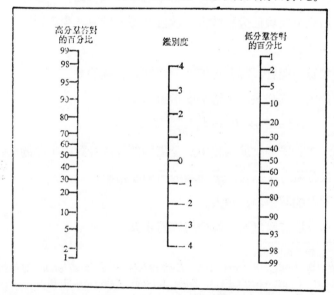

圖 7.4 決定鑑別度的列線圖

[28] Swanson, R. *Educational Statistics Workbook,* Menomonie: University of Wisconsin—Stout, 1965.

3. 根據這個百分比，在圖 7.4 上左邊的刻度表上找出相關的一點。

4. 用同樣的方式算出"低分羣"裏學生在這題答對的百分比。

5. 根據這個百分比，在圖 7.4 上右邊的刻度表上找出相關的一點。

6. 用直線將上述的兩點聯結起來，這條線與中間刻度表相交的點便是該題鑑別度的估計值。

鑑別度指數一般介於 +1.00 至 −1.00 之間。鑑別度指數的平均數愈高，代表測驗的信度愈高，如表 7.2 所示。

表 7.2 鑑別度與信度的關係

鑑別度指數	.1225	.16	.20	.30	.40	.50
信度	.00	.42	.63	.84	.915	.949

（轉引自，陳英豪、吳裕益，民國七十一年，p. 313）

鑑別度與難度也有關係，難度在 .50 時，鑑別度指數達到最大，如表 7.3 所示:

表 7.3 試題難度與最大鑑別度關係

通過的百分比（難度）	100	90	70	50	30	10	0
最大鑑別度指數	0	20	60	100	60	20	0

（取自 Anastasi, 1982, p. 208）

至於理想的鑑別度與試題的良窳，可由表 7.4 得知。

表 **7.4** 鑑別度與試題好壞的關係

鑑　別　度　指　數　（DI）	試　　題　　評　　鑑
.40以上	非常好的題目
.30～.39	良好，但如能改進更好
.20～.29	尚可，經常需要再改進
.19以下	劣題，必須淘汰或修正

(取自 Eble, 1970, p. 267)

二、效標參照 (Criterion-referenced) 測驗

到目前為止，效標參照測驗的試題分析尚未發展得很好。Crehan 倒是提供了兩種較容易為技職教師所使用的試題分析方法，以供改進效標參照測驗[29]，特別是目前技職學校中，已有不少教師們因推行能力本位教學而使用效標參照的測驗。

(一) 相異度指數 (Difference Index)

相異度指數主要在表示同一份試卷測試兩次的結果之間的差異情形——通常一次在教學前，一次在教學後；這點就不同於計算常模參照測驗的鑑別度指數——在於比較高分羣及低分羣。顯然地，我們可由題目的相異度指數看出那些題目具有測量學習成就的功能。Popham 指出，若前測及後測的相異度指數沒增加的話，試題的功能就值得懷疑了；同樣的，若在後測中答對的人數反而比前測中答對的人數少時，則不是題

---

[29] Crehan, K.D. "Item Analysis for Teacher-Made Mastery Tests." *Journal of Educational Measurement*, Vol. 2, No. 4, Win-ter 1974, pp. 255-262.

目本身錯誤的話，就是答題說明不清楚；才會造成這種情形[30]。

相異度指數的計算包含以下的幾個步驟[31]:

1. 先統計在前測中每一題答對的人數，(可使用答案紙來登錄)，用 C_1 表示。

2. 再統計在後測中每一題答對的人數，用 C_2 表示。

3. 將 C_1 除以參加前測的總人數 (N_1)，得 P_1

$$P_1 = \frac{C_1}{N_1}$$

4. 將 C_2 除以參加後測的總人數 (N_2)，得 P_2

$$P_2 = \frac{C_2}{N_2}$$

5. 將 P_2 減去 P_1，乘以 100，便得相異度指數了。所以，相異度指數的公式應是:

$$\text{DI (Difference Index)} = \left(\frac{C_2}{N_2} - \frac{C_1}{N_1} \right) \times 100$$

透過相異度指數的計算，可以很容易地找出那些不適宜的題目，加以修改。

(二) Brennan 指數

這個指數主要也是顯示學過及未學過的學生答題的差異情形，其公式是

$$B = \left(\frac{C_2}{N_2} \right) - \left(\frac{C_1}{N_1} \right)$$

[30] Popham, W. J. *Criterion Referenced Measurement*, Englewood Cliffs, N. J.: Educational Technology Publications, 1971.

[31] Cox, R. C., and Vargas, J. S. "A Comparison of Item Selection Techniques for Norm-Referenced and Criterion-Referenced Tests". Paper Read at the Annual Meeting of the National Council on Measurement in Education, Chicago, Ill. Feb., 1966.

　　$B=$Brennan 指數

　　$C_1=$未學過的學生答對的人數

　　$C_2=$學過的學生答對的人數

　　$N_1=$未學過的學生人數

　　$N_2=$學過的學生人數

這個指數可指出某些題目測驗學生成就的能力。

三、可通用的試題分析方式

　　除了上述所介紹的、可以用在常模參照測驗或用在效標參照測驗的試題分析方式之外， 還有一些可同時適 用於這兩種測 驗的試題分析方式。

　　其中有一種是根本不需使用任何統計的方式，它的作法是將每位學生答題的情形全部一一地列出，如圖 7.5 所示。

學生名＼主題/題號	I 1 2 3	II 4 5 6 7	III 8 9 10	IV 11　12　13
A	○○○	××○×	○×○	×　×　○
B	○○○	○×○○	○○×	×　○　○
C	○×○	××○○	×○○	○　×　×
D	○○○	××○○	○○○	×　○　×
E	○○○	○××○	××○	○　×　×
F	×××	××○○	○○○	○　○　×
G	○○○	○○○×	××○	×　○　×
H	○○○	○×○×	○○×	○　×　○

圖 7.5

　　圖7.5的例子是假設某次測驗包括了Ⅰ、Ⅱ、Ⅲ、及Ⅳ種主題，並且分別以十三道題目加以測試，每位學生的答題情形則以"○"代表答對，"×"代表答錯。在列出這樣的圖表時，有一點特別要注意的是，各道題還是依據主題的內容加以組合，例如圖中的 1 至 3 題屬於主題Ⅰ的， 4 至 7 題屬於主題Ⅱ的，……以此類推。

　　根據列好的如圖7.5的圖表，可有好幾個用途，首先，仔細觀察一下各學生答題的情形，若有那個題目答對的百分比低的話，教師顯然可以不必經過前述的難易度計算而約略地知道該題的難易情形。教師並且也可進一步地瞭解為什麼這題大家都答不好的原因，太難呢？或是教學上的問題？其次，該圖也可提供學生學習情形的資料，譬如說，*E*同學在主題*I*中的各測驗題全軍盡墨，而其他同學在這部份都考得不錯，這個現象，或可暗示*E*同學或許在學習上有所困難，教師便可針對他做進一步的補救教學。

　　另外一種不需做計算的試題分析方式，是利用本章前面介紹常模參照測驗的難度分析時，所建立的高分組及低分組同學的答題情形統計表（如圖7.1所示）。由這個圖中可以看看各選擇題的"誘答（Distractors）"到底是否適當，如果某個誘答在高分組的同學很少人選它，而低分組的

題號 前後測 學生	1		2		3		4		5	
	前	後	前	後	前	後	前	後	前	後
甲	×	○	×	○	×	○	○	○	×	○
乙	×	○	○	○	×	○	○	○	×	○
丙	×	○	×	○	×	×	○	○	×	○
丁	×	○	×	○	×	○	○	○	×	○
戊	×	○	×	○	×	○	○	○	×	○

圖 7.6　學生前測及後測作答情形統計表

同學則較多人選它時，我們可以判定該誘答是良好且適宜的。

還有一種作法是利用前、後測的結果加以判斷，像圖 7.6 中的第 3
題，有幾位同學在前測中答對，在後測中反而答錯了，這個題目的效能
就該存疑了。

四、如何利用試題分析的結果

試題分析的結果，主要的將提供給教師評估其所編製且被使用過的
試題之價值，以做爲未來編製更佳試題的參考；其次，由分析的資料，
也可以得知學生個人學習困難所在，或全班學習困難之處，做爲以後編
製補救教學材料時的依據。不過，我們在使用或解釋試題分析所獲得
的資料時，要注意下列各點❷:

（一）以測驗總分爲依據所求得的鑑別度未必能代表試題的效度。

在學校裏所使用的教師自編成就測驗，由於很難找到適當的外在效
標，因此常以內部一致性分析來評鑑試題的品質。事實上以測驗本身的
總分爲依據而計算出來的鑑別度，只表示試題與整個測驗的功能是否一
致而已，再加上教師自編測驗，僅限於某些特定的教學目標和課程內容，
因此據此而選擇的試題，並不能據以判斷具有外在的效度。當然，如果
整個測驗已被證實具有效度，則因爲各個試題的作用和全測驗相同，因
此個別試題也就具有效度了。

（二）鑑別度指數低的試題未必表示試題具有缺點。

那些鑑別度指數較低的試題，必須進一步檢驗是否具有模糊不清，
不當的線索，或其他編製技術上的缺點。如果沒有上述缺點，而此試題
也在測量一項重要的學習結果，那就應該保留下來，以備日後之用。任
何具有正鑑別度指數的試題，對於學生成就的測量均有貢獻，而鑑別度

---

❷ 同註⓬, pp. 317-319.

低並不一定是編製上的缺陷。

　　測驗的目的，是要了解各種不同類型（認知、技能、或情意）、不同層次（知識、理解、或應用……等）的學習結果。故在試題分析中，如果顯示部份試題的鑑別度是正值，但是偏低（如在 .20 以下），則不可馬上刪除，一定要詳細檢驗試題編製有無缺點，如果只是由於所測量的學習結果，在全部測驗所佔的比例較小，而使得鑑別度偏低，那就一定要保留下來，以免刪除後使全部測驗更為同質（如全部在測量知識層次的學習結果），必然會損害測驗的效度，因為刪除後的測驗已無法測量不同類型、不同層次的學習結果。

　　再者，當試題太容易或太難時，其鑑別度必然很小；但是，為了使測驗能充分代表所要測量的學習結果，和課程內容，有時候還是需要保留這些較容易或較難的試題的。

　　當然，各試題的鑑別度還是以正的為宜；Ebel 建議只保留鑑別度在＋0.40以上的試題，但低於＋0.40的試題則應改善，甚或刪除❸。至於前面所介紹的，用於效標參照測驗的相異度指數及 Brennan's 指數，主要在顯示試題區分 "會" 及 "不會" 的學生，而不在於區分高成就及低成就的學生，所以 Erickson 及 Wentling 建議，這兩種指數低於＋0.50的題目就應該加以修改或刪除❹。

　　（三）難度主要是表示答對某一試題學生的百分比。有許多測驗專家建議，這個指數能維持在＋0.50為最合適——可以提高試題的信度（內部的一致性）。事實上，教師們在編製測驗時，為了能引導學生能順利地作答，通常都在測驗的前面先放幾個容易的題目，藉以減低學生的焦慮；當然，這樣做可能會降低信度。所以 Payne 建議大部份試題的難

---

❸　同註❷。
❹　同註❹，p. 275.

度能維持在＋0.50左右，而有些能維持在＋0.30至＋0.70之間卽可❸。

（四）課堂測驗的試題分析資料，只是暫時性的，而非固定不變的。

由於不同能力水準、學歷、以及敎學型態等的羣體，均會影響試題分析的結果。例如，以升學班爲受試者所求得的難度，必然低於以就業班爲樣本所求得的難度。因此試題分析的資料都只是暫時性的，故在選擇試題時，不能僅以難度與鑑別度的大小作爲依據。一個具有高鑑別度的題目，則可算是「好題目」，但在眾多好題目中，我們選擇的依據是「試題所測量的是否爲重要的學習結果？」，而不是依據鑑別力高低。也就是說，在最後的分析時，試題之價值取決於邏輯的分析，而非統計的分析。

謹由 Anastasi 所提供的資料說明如下❸:

由表7.5得知第 2 題和第 7 題，太容易和太難了；而第4題則呈現低分組答對的人數反而高於高分組和中等組很多，且只有四位答錯而已；第5題則產生鑑別度爲零，亦卽高分組和低分組學生在此題目上的反應，沒有多大的差別。

由表7.6得知，第2題中高分組全部答對，而低分組也只有4人答錯，敎師此時跟學生討論，將可知道到底是題目太容易而沒有價值；還是題目編製不當而暗示了正確答案；也可能是試題本身是良題，再加上敎學成功所致。若是第一種情形，顯然該題應該放棄；若是第2種情形，則試題須加以修正；若爲第3種情形則應保留。相同的，第7題的情形也是一樣。在第4題中的第3個選項，高分組答錯的人數高出低分

❸ Payne, D. A. *The Specification and Measurement of Learning Outcomes*, Waltham, MA.: Blaisdell Publishing Company, 1968.

❸ 同註⑭, pp. 204-206.

表 7.5 每一題目答對人數的分析表

試 題	高 分 組 U（20人）	中 等 組 M（20人）	低 分 組 L（20人）	難 度 $U+M+L$	鑑 別 度 $U-L$
1	15	9	7	31	8
2	20	20	16	56*	4
3	19	18	9	46	10
4	10	11	16	37	−6*
5	11	13	11	35	0*
6	16	14	9	39	7
7 ⋮ 75	5	0	0	5*	5

*表示需要討論（取自 Anastasi 1982, p. 205）

表 7.6 每題目作答情況分析

題目	羣 組	選 項				
		1	2	3	4	5
2	高分組	0	0	0	20*	0
	低分組	2	0	1	16*	1
4	高分組	0	10*	9	0	1
	低分組	2	16*	2	0	0
5	高分組	2	3	2	11*	2
	低分組	1	3	3	11*	2
7	高分組	5*	3	5	4	3
	低分組	0*	5	8	3	4

*表示正確答案（取自 Anastasi, 1982, p. 206）

組很多 (9-2)，教師只要請這些學生解釋選答的原因，便可知道問題之所在。

第 5 題的主要缺點在於題幹與正確答案間的用字不當，因為答錯這一題的人，平均分佈在四個錯誤的選項之上。而第 7 題顯然太難了，因為有 $\frac{3}{4}$ 的高分組及全部低分組的人答錯，而其中第 3 選項明顯的具有相當的吸引力——尤其是對低分組者而言。

五、試題分析的限制

在進行試題分析時，往往會受到一些因素的影響及限制，現分別說明如下：

（一）學生人數太少

這點是學校教師常碰到的問題。 教師們所製作的試題通常都 只 由三、四十位學生應試，而不像標準化測驗使用的對象可以是上千、上萬的人數。以致於教師們所作試題分析的結果往往會因為一、兩位學生作答的變動而造成大的改變。因此，像這樣依據較少人數作答的情形所做的試題分析結果，應將之視為暫時性的、約略的估計。真正要判定試題之應否保留或修正仍需依賴其他的資料及教師個人的判斷。

（二）不適用於速度測驗 (Speed Tests)

由於速度測驗通常包含許多難度相似的試題，也因此沒有人能答完所有的試題；在這樣的情形下，對這些試題做試題分析是沒有意義的。

（三）對內容效度 (Content Validity) 的影響

在常模參照的測驗中， 試題分析的結果若發現有鑑別度低 的試 題時，通常都將之刪除或修改；這樣做往往會影響試題的內容效度。

（四）不適用於申論題

由於申論題的計分常受評分者主觀的影響，因此其評分結果之可靠

性並不高，也限制了試題分析的實用性。

叁、測驗工具的評鑑

前章前面所談的主要著眼於個別試題的分析與評鑑。有許多良好的試題是否就能組合而成一份良好的測驗工具呢？事實上是不盡然。就如許多製作極為精美的手錶零件，單是把它們隨便丟在一個盒子裏的話，是無法成為計時的工具的，要成為手錶則非得將它們按一定的方式裝配組合起來才行。

所以，試題分析只能算是測驗工具評鑑的必要條件而已，一份優良的測驗除了須考慮試題的難度與鑑別度之外，對整份測驗之評鑑亦是不可或缺的，這項評鑑主要包含信度 (Reliability) 及效度 (Validity) 的評估。

一、信度 (Reliability)

信度指的就是一個測驗所測得分數的穩定性 (Stability) 或可靠性 (Trustworthness)， 亦卽個人在同一測驗上數次測量結果的一致性 (Consistency) [37]。例如在技能競賽中， 選手使用分厘卡測量精製圓柱的外徑，前後二次所得到的數值如果完全相同， 則我們可以說，此分厘卡具有高信度，它將是個很好的測量工具。

測驗的信度係以測驗分數的變異理論為基礎。測驗分數之變異分為系統的變異 (Systematic Variation) 和非系統的變異 (Unsystematic Variation) 兩種，信度通常乃指後者而言。學習和成長使分數增加，疲

---

[37] 張春興、楊國樞著，"心理學"，臺北市: 三民書局，民國 69 年 3 月四版，p. 367.

勞和遺忘使分數減少，均屬系統的變異，其所造成的誤差稱爲常誤（Constant Error) 或偏誤 (Error of Bias); 而注意力的變動、心情的起伏、以及其他暫時性的外界因素等，對測驗分數之增減有不同的影響，產生非系統的變異，其所造成的誤差稱爲隨機誤差或測量誤差（Error of Measurement)❸。因此我們常以測量標準誤（Standard Error of Measurement) 來說明信度的大小；而以相關係數 (Correlation Co-efficient) 表示信度的高低。由於測驗分數的誤差變異的來源不同，故不同的信度係數，表示著不同的意義。

(一) 常模參照測驗的信度評估

1. 重測信度 (Test-Retest Reliability)

所謂重測信度是使用同一份試題，對同一羣受試者，在不同的時間實施兩次測驗，再根據受試者前後兩次測驗所得的分數，計算其相關係數，即得重測信度。這種信度表示前後兩次測驗結果有無變動，故又稱爲穩定係數 (Coefficient of Stability)，以反映測驗分數的穩定程度。

重測信度可說是一種簡單的信度計算方法，同時它提供了有關測驗結果是否隨時間而變異的資料，以作爲預測受試者將來行爲表現的依據❸。但是要解釋重測信度所得到的係數之穩定性程度，我們須考慮兩次測驗時間的間隔，如果時間相隔太短（如二、三天），則學生記憶猶新，往往會增進第二次測驗的成績；如果相隔的時間太長（如 1 年以上），則身心特質的發展與學習經驗的累積等因素均會影響測驗分數的意義，因而降低其相關係數。至於測驗時間的間隔應以多少爲恰當，端視測驗的目的和性質而異，多者六個月甚至一、二年之久，少則兩週，

❸ 簡茂發撰，"信度與效度"，載於楊國樞等合編，"社會及行爲科學研究法"，（上冊），臺北市：東華書局，民國73年 6 月七版，p. 326.
❸ 同註❸，p. 328.

三個禮拜等。因此在實施測驗時，要詳閱測驗使用手册中的說明及時間
規定。

　2. 複本信度 (Equivalent-forms Reliability)

　　複本信度指的是兩份平行的試卷（parallel forms）測量相同學習
結果的能力。複本信度是以相等的複本交替使用，根據一羣受試者接受
兩種複本測驗的得分計算其相關係數。所謂複本是指一種測驗具有相同
的題數、型式、內容、難度及鑑別度等均一致，但不同題目的兩份測
驗。受試者經由這兩份測驗的實施後，所得分數的相關係數若高，則表
示這兩份測驗試題的取樣內容是一致的；相關係數若低，則表示二者的
取樣內容不一致。所以複本信度高時，可以斷定兩份測驗是測驗相同的
學習結果。

　　複本信度依其測驗實施的時間，可分爲兩種。如果兩份測驗係同時
（或稱連續）實施，這樣求得的相關係數稱爲等值係數(Coefficient of
Equivalence)，可指出兩個測驗能測到相同的行爲層面之程度；如果實
施的時間，前後有一段時間，這樣求得的相關係數稱爲穩定和等值係數
(Coefficient of Stability and Equivalence)，可說明由於內容和時間
變異所造成的誤差情形。舉凡測驗程序的穩定性，所測量學生行爲特質
之恆久性，及試題取樣之代表性均在考慮之內。因此，這是估計信度的
最佳方法⑩。

　3. 折半信度 (Split-half Reliability)

　　折半信度和後面介紹的庫李信度一樣，都是屬於內部一致性 (In-
ternal Consistency) 係數的計算。所謂內部一致性係數指的是一份測驗
中某個或某部份試題，與同一份測驗中的其他試題之間的一致或同質的
程度。

---

⑩　同註⑫, p. 405.

折半信度是在測驗實施之後，將測驗試題分成兩半（例如按題目的單雙數分成兩半）來計分，於是有了兩個分數，再根據個人在這兩半測驗上的分數，計算其相關係數，即為折半信度。所以嚴格地說，這只是半個測驗的信度而已。在其他條件相等的情況下，測驗愈長愈可靠[41]；故必須使用斯布公式（Spearman-Brown Formula）加以校正，藉以估計整個測驗的信度，其公式如下：

$$r_{tt} = \frac{2r_{hh}}{1 + r_{hh}}$$

式中：r_{tt} 表示估計的信度係數。

　　　　r_{hh} 表示求得的相關係數。

但由於斯布公式是建立在兩半測驗分數的離中差異是相等的假設上，而事實上，即使兩半的分數很相近，其離中差異也不可能完全相等。故應用古特曼公式（Guttman's Formula）則可避免這種假定，而且可以省去計算相關的麻煩[42]。其公式如下：

$$r_{tt} = 2\left(1 - \frac{\sigma_a{}^2 + \sigma_b{}^2}{\sigma_t{}^2}\right)$$

式中 r_{tt} 為全測驗之信度。

　　　$\sigma_t{}^2$ 為全測驗的標準差的乘方

　　　$\sigma_a{}^2$ 及 $\sigma_b{}^2$ 為兩半測驗標準差的乘方

另一種求折半信度係數的方法是盧氏公式（Rulon Formula）[43]。其公式如下：

$$r_{tt} = 1 - \frac{SD_d{}^2}{SD_x{}^2}$$

[41]　同註[12]，p. 406

[42]　路君約編著，"心理測驗與輔導"，臺北市：教育部中等教育司印行，民國52年10月出版，p. 45.

[43]　同註[14]，p. 114.

式中　$SD_d{}^2$ 表示在二個半測驗中，個人分數之差的變異量。

　　$SD_x{}^2$ 表示全測驗總分的變異量。

此公式定義了誤差變異量 (Error Variance)。在二次半測驗裏個人分數之差，稱爲機會誤差(Change Error)，而以此機會誤差的變異量，除以全測驗分數的變異量所得到的比值$\left(\dfrac{SD_d{}^2}{SD_x{}^2}\right)$，稱爲分數上的誤差變異量，由1.00減去此誤差變異量所得到的值稱爲「眞正」變異量 (True Variance)，其值正好等於信度係數。

　　4. 庫李信度 (Kuder-Richardson Reliability)[44]

　　G. F. Kuder 和 M. W. Richardson 在 1937 年設計一種分析項目間一致性 (interitem consistency) 以估計信度的方法，最常用的是庫李二十號公式 (Kuder-Richardson formula 20):

$$r_{KB20}=\left(\frac{k}{k-1}\right)\left(1-\frac{\sum pq}{S^2}\right)$$

式中 k 表示整個測驗的題數，$\sum pq$ 表示整個測驗中每題答對與答錯百分比乘積之總和，S^2 爲測驗總分的變異量。

　　另有庫李二十一號公式 (Kuder-Richardson formula 21)，適用於各試題難度相近的情況下，計算過程比較簡易，惟其求得的庫李信度 (Kuder-Richardson reliability) 有低估的傾向，尤以各試題難度相差懸殊時爲甚。其公式如下：

$$r_{KB21}=\left(\frac{k}{k-1}\right)\left(1-\frac{\sum \bar{p}\bar{q}}{S^2}\right)=\frac{kS^2-\bar{X}(k-\bar{X})}{(k-1)S^2}$$

式中 k 表示整個測驗的題數，$\bar{p}$ 表示試題平均難度，$\bar{q}$ 爲 $1-\bar{p}$，S^2 爲測驗總分的變異量，$\bar{X}$爲測驗總分的平均數。

　　上述兩個公式祇適用於答對一題得一分、答錯無分的一般標準化測

---

[44]　同註[38]，pp. 350-351.

表 7.7 估計信度的方法

信度種類	程序	信度係數	測驗份數	測驗次數	誤差變異量	須考慮的問題	隨機誤差的來源
重測信度	原測驗在不同時間覆測	穩定係數	1	2	時間取樣	(a)記憶 (b)練習 (c)新學習(或遺忘)	(a)非精確性 (b)潛在性的因素
複本信度（同時）	以複份測驗在同時間覆測	等值係數	2	1	內容取樣	(a)疲倦 (b)練習	(a)非精確性 (b)非等值
複本信度（延後）	複份測驗在不同時間覆測	穩定和等值係數	2	2	時間取樣 內容取樣	(a)新學習(或遺忘) (b)練習	(a)非精確性 (b)非等值 (c)潛在性因素
折半信度	在一次的測驗將試題分成等值的兩半	內部一致性係數	1	1	內容取樣	(a)疲倦 (b)時間限制	(a)非精確性 (b)非等值的半測驗
庫李信度	實施一次測驗，計算每個題目的難度及每位受試者的得分，然後代入庫李公式	內部一致性係數	1	1	內容取樣 內容同質性	(a)時間限制	(a)非精確性 (b)試題測量差異

驗，不適用於多重記分的測驗工具，如評定量表、態度量表等。針對此一需要，L. J. Cronbach 另創 α 係數，其公式如下:

$$\alpha = \frac{I}{I-1}\left(1 - \frac{\sum S_1^2}{S^2}\right)$$

式中 I 為測驗所包括的項目數，S_1^2 為每一項目分數的變異量，S^2 為測驗總分的變異量。

此外，C. Hoyt 另創一種衡鑑測驗或量表的內部一致性之方法，以變異量分析 (analysis of variance) 求得所需的統計量，代入下列公式即可求得信度係數:

$$r_H = 1 - \frac{MS_{errors}}{MS_{individuals}}$$

以庫李公式等方法求得的信度係數，通常比折半信度為低，兩者之差，可作為測驗項目異質性 (heterogeneity) 的指標，據以判斷測驗內容的同質性 (homogeneity)。

綜上而論，我們可以將信度的種類和考驗方法歸納成表 7.7 所示。

（二）效標參照測驗的信度評估

就效標參照測驗而言，信度的評估尚在起步的階段。當然，那一種方法較適當？目前也很難說。以下幾種方法，只能做為教師們在估計自己所設計的效標參照測驗時的參考。

1. BC 信度

由於效標參照測驗主要在於決定學生的學習成就，是否達到既定的標準，達到的稱為精通了，否則不精通。Berger 及 Carver 便用 BC 信度來表示學生在前測及後測中精通情形的一致性；若那些在前測中表現精通的學生，在後測中同樣的也達到精通的水準，則其 BC 信度將很高。

BC 信度是計算公式是[45][46]:

$$BC \ 信度 = \frac{A+B}{N}$$

其中: A = 於前測及後測都達精通水準的學生總數。

B = 於前測及後測都未達精通水準的學生總數。

N = 全體學生數。

2. Marshall 區分指數

這個指數是由 Marshall 於1973年提出，他以學生分爲精通組及非精通組爲假設前題，計算的公式是[47]:

$$區分指數 \ (Index \ of \ Separation) = 1 - \left(\frac{4}{nN}\right) \sum_{i=1}^{n} \frac{(X_i - X_i{}^2)}{n}$$

其中: n = 總測驗題數

N = 學生數

X_i = 個人總分

二、效度（Validity）

效度卽是正確性，指測驗或其他測量工具能正確地測量它所欲測量的特質或功能的程度。所以效度是特定的，一種測驗對某一特殊目的具有效度，但對另一不相關的目的卻不見得有效度。例如我們用鉗工測驗

---

[45]　Berger, R.J. "A Measure of Reliability for Criterion-Referenced Tests." Paper Presented at the Annual Meeting of the National Council on Measurement in Education, Minneapolis, 1970.

[46]　Carver, R.P. "Special Problems in Measuring Change with Psychometric Devices," In *Evaluative Research: Strategies and Methods*, Pittsburgh: American Institute for Research, 1970.

[47]　Marshall, J.L. "Reliability Indices for Criterion-Referenced Tests: A Study Based on Simulated Data," Paper Presented at the Annual Meeting of the National Council for Measurement in Education, New Orleans, Feb. 1973.

來測量學生使用手工具的能力是具有高效度，但若用來測量車床車削能力的高低，則其效率就很低。測驗的效率僅有程度上的不同而非全有或全無的差別，故測驗的效率是相對的而非絕對的⑱。

由此我們知道效度指的是正確性、獨特性及相對性。因此我們對效度當可獲得以下三點認識⑲：

1. 任一測量工具的效度，只有在對於某種特殊變數的測量時才有意義。因此，效度的意義是特殊的，而非普遍的。

2. 卽使合於上述第一種情形時，效度也只是相對的，而非絕對的，效度只是程度上的不同，而非全有或全無。

3. 效度決定於兩個（或兩組）量數間的關係，一個是測量得到的量數，另一個是供作參照標準用的量數。後一個量數卽稱爲效度標準 (Validity Criterion) 或簡稱效標。

所以效度不是由實際測量而得，而是從已有的證據去推論而得⑳。

下面四種效度是由美國心理學會 (American Psychological Association)、美國教育研究學會 (American Educational Reserch Association) 舉行的聯合會議和教育測驗全國委員會 (National Council on Measurement in Education) 所提出的。這四種效度是 (1) 內容效度 (Content Validity)，(2) 預測效度 (Predictive Validity)，(3) 同時效度 (Concurrent Validity)，及(4)建構效度 (Construct Validity)㉑。

（一）內容效度 (Content Validity)

內容效度指的是一個測驗的內容與教學目標之間的相關程度。它是

⑱ 同註㊳，p. 334.
⑲ 同註㊲，p. 336.
⑳ 同註⑫，p. 336.
㉑ Karmel, Louis J., Karmel, Marylin O., *Measurement and Evaluation in the Schools*, N.Y.: Mac Millan Publishing Co., Inc., 1978, Second Edition, p. 99.

有系統的檢查測驗內容的適切性，考量測驗是否包括足夠的行為樣本，且有適當的比例分配㊼。成就測驗的主要目的是要瞭解學生在某一學科教學活動中的學習結果，故決定一個測驗的內容效度時，必須同時考慮「教材內容」和「教學目標」兩個層面。因此「內容效度是指一個測驗能否測量具有代表性的教材內容和所預期的行為改變。」㊽ 在技職教育的測驗裏，其內容效度主要強調，此測驗是否能提供有關知識及技能方面，精確且綜合性的測量㊾。

內容效度的決定是不須使用任何統計手段的，這點是與其他三種效度很不相同的地方。如前所述，它重視試題與教學目標及內容之間的相關，所以很明顯的內容效度非常適用於成就測驗 —— 無論是認知、情意、或技能方面的。不過，在技職教育的課程裏，要把每個教學目標或每項教學內容都一一地加以測量往往是不可能的，因此，命題者就得就所有的目標或內容裏加以選樣，而決定內容效度的主要重點，便在於決定這些選出來樣本的代表性。

通常，決定一個測驗的內容效度的步驟如下：

1. 瞭解教學內容。這可瀏覽一下教學大綱或教案而得知。

2. 確定所期望學生達到的行為目標，及各目標所屬之學習領域及層次。

3. 建立測驗雙向細目表或規劃表。這個表在本書之第三章中已介紹過，若本來就有的話，前三個步驟便可略去。

4. 根據表中的行為目標或內容，決定各主題的重要程度或百分比。

㊼ 同註㊳, p. 335.
㊽ 同註⑫, p. 337.
㊾ 同註④, p. 27.

5. 請一位對所測驗的內容極爲飽學的專家審視各試題，並將各題按前述之雙向表中所列的不同主題歸類，計算出各主題所含試題數的百分比。

6. 比較步驟 (4) 及 (5) 所算出的百分比，便可判斷出測驗的內容效度了。

(二) 預測效度 (Predictive Validity)

預測效度與同時效度都是屬於效標關聯效度 (Criterion-Related Validity)，也稱爲實徵效度 (Empirical Validation)，是指個人的測驗分數與一個測量上的實際表現的效標之比較過程而言[55]。而用來預測未來的行爲表現，或估計目前在其他測驗上的表現，故效標應具有高效度，以顯示測驗所欲測量或預測的特質。

所謂預測效度，是指測驗分數與將來的效標資料之間的相關；詳言之卽是「在一個特別測驗工具上個人的分數，能被用來預測未來在一些特定領域中努力而獲致成功的程度。」在職業教育課程中，此一效度被設計來回答下面問題：「用這工具所獲得的分數，是否可用在預測未來工作上的表現？」[56]。在此所運用的效標資料，包括專業訓練的成績與實際工作的成果等。

預測效度的決定通常都是經由計算同一羣學生在先前一次的測驗得分，與往後一次的測驗成績之間的相關係數而得。而最常用於計算預測效度的相關係數是順序相關係數 (rank-order correlation, rho)。以下是求出某一測驗預測效度的步驟：

1. 將該測驗對一羣學生施測。

2. 根據測驗成績，將學生由高而低排列，並賦予名次，如表 7.8

[55]　同註[6]，p. 60.

[56]　同註[4]，p. 22.

中第 1 、 2 欄所示。

　　3. 過了一段時間，待這些學生或者再進修，或者已就業，再給他們做另一次測驗，以測量其下階段的學習成就或工作表現。

　　4. 將每位學生的成績及名次分別填入表 7.8 之第 3 及 4 欄中。

　　5. 求出每位學生在前後兩次測驗中所得名次的差（將第 2 欄的名次減去第 4 欄的），並列於表 7.8 之第 5 欄中。

　　6. 將第 5 欄的名次差平方，並將得數列於第 6 欄中。

　　7. 將各生之名次差的平方和，代入求順序相關係數 rho 的公式中

$$\rho(\text{rho}) = 1 - \frac{6 \times \sum D^2}{N(N^2 - 1)}$$

　　其中： $D=$ 名次差

　　　　　 $N=$ 全體學生數

表 7.8　學生在兩次測驗的順序相關

學生	1 測驗成績	2 測驗名次	3 工作表現	4 工作名次	5 名次差(D)	6 D^2
A	100	1	92	3	－2	4
B	98	2	91	4	－2	4
C	95	3	89	5	－2	4
D	94	4	85	7	－3	9
E	91	5	95	1	4	16
F	88	6	82	8	－2	4
G	85	7	80	9	－2	4
H	81	8	94	2	6	36
I	80	9	87	6	3	9
J	78	10	72	13	－3	9
K	75	11	70	14	－3	9
L	72	12	79	10	2	4
M	70	13	75	12	1	1
N	68	14	77	11	3	9

$$\sum D^2 = 122$$

$$\rho = 1 - \frac{6 \times \sum D^2}{N(N^2-1)} = 1 - \frac{6 \times 122}{14(14^2-1)} = 0.73$$

由本例的相關係數(0.73)可見，測驗分數與將來的效標資料（這例子中是工作表現）之間的相關極高，相關愈高,則預測成就的能力愈好。

由於這種效度易受時間的限制， 故其評鑑是採追踪方法 (Follow-up Study)， 對受試者作追踪性的繼續觀察、 考核和記錄， 然後將累計所得的資料,與當時所獲得的測驗分數求其相關,據以考驗當年所用的測驗之預測價值， 並決定測驗是否有效或應加以修訂。其中追踪的時間或一年、二年、十年、廿年， 甚至更久， 故若時間的延續過長， 有時則非個人終其一生所能完成，因此實施此類長期性的預測效度時， 常需要與學術機構或成一工作羣組 (team)， 經年不斷的研究， 才能得到結果。

（三）同時效度 (Concurrent Validity)

同時效度主要是指出某一測驗測量另一測驗所能測出的行為內容的能力； 所以同時效度與預測效度非常相似， 並且計算的方法也是相同的。

譬如說，某位技職教師覺得某項技能測驗太費時了， 而想利用另一個紙與筆的測驗來取代它，這時候， 這位老師就必須知道後者是否具備如前者一樣的功能，其所採取的作法便是求出兩種測驗分數的相關係數——亦卽同時效度。 決定同時效度的步驟包含:

1. 先使用原有的測驗對學生們施測。

2. 隨後立卽使用新發展出來的測驗對同一羣學生施測。

3. 接著可用前述的順序相關係數 (rho)， 或皮爾森積差相關係數的計算方法， 求出兩組測驗結果的相關係數。

4. 根據此係數的高低，以決定是否採用新測驗。

由這幾個步驟可看出其方式與決定預測效度是一樣的； 但是無論如何，對技職教師而言，利用同時效度以決定是否使用新測驗的機會並不常見。

(四) 建構效度 (Construct Validity)

　　前述的效標關聯效度和內容效度都是利用個體外顯的行為來解釋測驗分數，但有時候我們希望用個體一些內蘊的心理特質來解釋測驗的分數。這種利用心理學的理論觀點來說明測驗分數的意義者，即稱為建構效度 (Construct Validity)。

　　心理學上所謂「建構」(Construct) 是一種思念 (Idea) 的建立或視為一種工作資訊，科學想像的構念 (Construction)，也就是建立一種理論思念 (theoretical idea)，以解釋或組織現有知識的觀點 (Aspects)❺⑦。舉凡智力、推理能力、性向、憂慮、動機、自尊心等心理特質，皆屬於建構；這些假設性的概念、特質或變項，皆是抽象而無法觸摸到的。

　　由上述分析，我們可以知道建構效度是利用分析和實徵的內省 (introspection) 的方法，利用工具所測量得到的行為分數來說明、分析行為表現的意義，即稱為建構效度；也就是依據心理學的建構，來說明分析測驗分數所代表的意義，即為建構效度。職業教育課程下的建構效度，是用來說明「在此測量工具下測得的學生的分數真正意義是什麼？而他所能被解釋的人類行為或心理建構是那一類型？」❺⑧

　　人格測驗的編製，特別重視建構效度。依賴建構效度編製測驗時，最重要的是對作為測驗基礎的理論，加以清晰的界說，編製者必須說明他將怎樣解釋受測者的行為，並證明他的解釋何以是適當的，以及支持他這個概念的證據和理由。所以決定建構效度，比其他各種效度考驗過程更為複雜❺⑨。

　　綜上而論，內容效度是指測驗的內容是否符合教學目標，試題取樣

---

❺⑦　同註❼，p. 151.

❺⑧　同註❹，p. 29.

❺⑨　黃元齡編著，"心理及教育測驗的理論與方法"，臺北市： 大中國圖書公司，民國65年8月再版，p. 81.

是否具有代表性; 同時效度是指某一測驗所得的分數, 是否能如另一測驗一樣正確的估計現在的行為能力;預測效度是指測驗所得之分數,是否正確的預測將來在某方面的成就;而建構效度則是利用心理學的概念, 加以分析說明測驗所得的分數的意義。

為便利比較與了解, 僅將此四種效度的特性列表如下:

表 7.9 各種效度的比較

測量結果的參照時間	效度問題	效度意義	效度種類	如何顯現	測驗種類
過去	測驗是否提供了知識和技能精確的測量,及對已學習過的教材內容了解的程度。	一個測驗能否測量出具有代表性的教材內容和預期的行為改變。	內容效度	比照測驗內容與教科書,教材大綱或教案。	成就測驗
現在	由此工具所獲得的分數是否反應學生目前的行為能力。	指測驗分數與當前的效標資料之間的相關。也就是測驗分數能否確實估計受測者現在的作業程度。	同時效度	比照測驗分數與其他行為的測驗。	智力測驗 能力測驗
現在	在此測驗下所得的學生分數真正意義? 及它所能被解釋的是人類行為或心理建構中的那一類型?	利用心理學的理論觀點來說明測驗分數的意義。	建構效度	根據人類行為理論比較測驗分數是否與其相符合。	人格測驗
未來	此測驗下所得的分數是否可用在預測未來工作上的表現。	在一個特別測驗工具上個人的分數能被用來預測未來在一些特定領域中努力而獲致成功的程度。	預測效度	比照測驗分數與其他行為的測驗。	性向測驗 人格測驗

三、信度與效度的關係

測驗的信度只是表示測量結果一致性的高低而已，但它卻常使人產生誤會，認爲信度是指測驗的可信度，可信賴或有高度可靠的價值，因而只要是信度高，便可無疑問的使用之。其實，信度只是指使用這個測驗，每次所測量的結果的一致性或符合程度，並不能說明它測量到的，是否確實爲我們所預期得到的一些特質或需要。例如以一個製圖成就測驗測量某生，每次結果都是九十分，這可說該測驗的信度很高，但這九十分可能代表某生的智慧水準，也可能代表某生製圖成就水準，因此一個測驗有很高的信度，並不一定能保證測量出它所要測量的東西，故還應該注意效度的證據。因此信度僅是效度的一個基本條件。

效度應以教學目標爲根據，信度應以客觀的態度爲基礎，二者都是優良測量工具所必備的主要條件。從心理計量學的觀點而言，信度僅指測量結果是否一致的可靠程度，不涉及測量所得是否正確的問題；效度則針對測量的目的，考查測驗能否發揮其測量功能，而以其確能測出所欲測量之特質的有效程度表示之。效度是測驗的首要條件，而信度是效度不可缺少的輔助品。信度是效度的必要條件 (necessary condition) 而非充分條件 (sufficient condition)。卽一個測驗沒有信度，便無效度；但有信度，未必卽有效度。換言之，有效的測驗必須是可信的測驗，但可信的測驗未必是有效的測驗。⑩

---

⑩ 同註㊳, p. 341.

第八章　標準化測驗

在技職教育裏，標準化測驗（Standardized Instrument）遠不如教師自製的測驗使用得普遍，因為建立標準化測驗所需的時間、金錢較多，所以除非是對極大的團體施測，否則是不採用標準化測驗的。到目前為止，技職教師多半在下列兩種情形之下才使用標準化測驗：（1）進行生計輔導時；（2）測量大羣學生的學習成就時。

就測量學生之學習成就而言，使用於普通教育學科（如國、英、數）的標準化測驗，要比用於技職教育方面學科的要來得多，這是由於普通學科的學生，較技職學科的學生多的緣故，為前者製作標準化測驗將較合算；再者，技職教育的各學科，必須因科技的變化而改變，目前這項變化委實太快了，換句話說，技職教育各學科的課程須不斷地修改，在這種情形之下，為其製作費時且費錢的標準化測驗，往往是不經濟的。也因此，目前較常使用技職教育方面標準化測驗的單位，主要是軍方及進行技能檢定的單位（如內政部）。

即使因經濟上的種種因素，限制了標準化測驗在技職教育中的運用，但是無論如何，仍有許多標準化的測驗，適用於各職業學校或職訓中心。倒是須提醒技職教師的是，使用別人發展出來的標準化測驗時，

應注意及瞭解這些測驗的 (1) 特性，(2) 如何被發展出來的，(3) 選用時的方式及標準，(4) 用過的人士對它的評價，及 (5) 如何運用測驗的結果❶。 若要充分發揮標準化測驗的優點，事先瞭解以上這幾個事項是絕對必要的。為了協助從事技職教育的教師、輔導人員、及行政人員能妥善地選用標準化測驗，本章將就上述的四個要點詳細討論如下。

壹、標準化測驗的特性

一、定義

根據定義，標準化測驗通常具有下列幾項共同的特性:

（一）它具有特定的施測方式或施測的步驟。

（二）它具有特定的評分方式。

（三）已建立常模。

（四）經過適當估計的效度及信度。

總而言之，標準化測驗是針對某些特殊目的而設計，且經過仔細發展，及高度修改過的測量過程或技巧，通常它都得在預先設想好的狀況下施測。此外，標準化測驗的另一個特徵，就是它大都由商業機構發展出來的。

二、使用時的限制

在使用標準化測驗時，常需考慮一些相關的限制。對技職教育人員（教師或行政人員）而言，若要確保測驗本身的完整性，以及適切地施測和解釋測驗的結果，那麼預先瞭解這些限制事項是極其必要的。譬如

---

❶ Erickson, Richard C. and Wentling, Tim L. *Measuring Student Growth*, Boston, MA: Allyn and Bacon, 1976, p. 298.

說，我們常用的智力測驗，就必須由受過專業訓練的人員進行施測；這樣的限制，一則是這些人員知道整個過程及應注意的事項，同時，也可避免試題的外流，因爲若受試者事前已看過甚至於練習過試題的話，那麼這類的測驗便一點意義也沒有了。爲了避免誤導測驗或誤用了測驗的結果，技職教師除非受過這方面的專業訓練，否則最好還是請這方面的專家到校實施這類的測驗。

也由於各種不同的標準化的測驗，各有其不同的限制，爲了這些測驗能確實地保持完整性，以及適當地被使用起見，美國心理學會 (American Psychological Association) 於1953年根據標準化測驗的特性，將之區分爲三級:

【A級】

A級 (Level A) 的測驗，指的是只要利用測驗手册或經過簡單的講習，便可實施的測驗。例如一般技職教育中標準化的成就測驗都屬於這類；也因此，這類的測驗常可由技職教育人員進行施測。

【B級】

B級 (Level B) 的測驗，指的是主試者必須具備在統計、個別差異、心理學、及輔導方面的專業知識，同時，也須對測驗本身的內容、結構有所瞭解才行。一般智力測驗、特殊的性向測驗、及興趣測驗都屬於這類。顯然的，使用這種測驗的人員都必須經過適當地訓練。

【C級】

C級 (Level C) 的測驗就必須由深入瞭解測驗本身，以及精通心理學方面的人員使用了，人格測驗就是屬於這一類的測驗。根據美國心理學會的規定，使用這類測驗的人員，必須具備心理學的碩士學位，以及至少一年的在職訓練的經驗才行。

貳、如何發展標準化測驗

基本上，發展技職教育中所用的標準化測驗時，並無一定的規則可循；這裏所要介紹的步驟，只是一個可供參考的例子，相信大部份的標準化測驗，都可依這個步驟發展而成:

（一）確定目的

發展標準化測驗的第一步是先確定該測驗的目的——也就是做甚麼用的，譬如說:「用以評估學生在汽車工這門課的學習成就」便是一個明顯的例子。

（二）列出內容細目表

第二步就是把應包含在本測驗的內容一一列出，以偵測學生汽車工裏的學習成就為例，就包含這方面的知識及技能了，如:引擎部份、傳動系統、煞車系統、及電路系統。列出這些內容的主要目的，乃在於進一步的可以檢討這些內容，是否適於納入測驗中；同時，也可藉著該細目表，看看是否有那些該列入而被遺漏的內容。最後，還可由該表決定各不同的主題裏應包含多少題目。

（三）建立測驗規劃表

一旦內容決定後，下一步就可把測驗規劃表或雙向表建立起來。如同本書前面曾經介紹過的，測驗規劃表亦即是製作測驗的計劃藍圖，它通常包含(1)測驗所應涵蓋的主題內容，以及(2)測量各主題內不同層次的認知、情意、及技能成就的測驗題目數。至於如何建立測驗規劃表或雙向表，本書之第三章已有詳細介紹，可供參考。

（四）寫出個別的試題

在測驗規劃表完成了之後，便可著手個別試題的撰寫了；很明顯

的，各個試題的內容及形式，都將根據規劃表中所擬定的知識、態度、或技能行為的內容及層次而決定。在題目擬定了之後，接著就應把各題目依測驗的格式組織起來（例如依題的類別、難易順序為原則），並附上必要的答題須知或說明；至此，初稿便算完成了。

（五）初稿之審查

通常在測驗完成初稿之後，都需經過再三的審查及試用之後才能定稿。審查及試用的人員，可分別邀請在該測驗內容方面的專家，以及完全不懂該內容的人員來進行這項工作。譬如，以前面的例子——製作汽車工的學習成就測驗而言，就可同時請汽車方面的專家，以及完全不懂汽車的人來進行試測；根據這兩類人員的測驗結果，往往可發現該測驗中語意不清或沒有意義的題目，進而可加以修改或換以更適當的題目。像這樣的試測可以重覆的進行，直到令人滿意為止。

（六）確定其效度、信度、及常模

在測驗定稿之後，接下來便是確定該測驗的效度、信度、及常模了；最常被採用的作法就是，對一大羣具有代表性的個人施測，這裏所謂的代表性，也就是所選試測的人的特性，與日後使用該測驗的羣體性質相似。拿前面的例子來說，取樣的對象就可以高工及專科汽車科的學生為主。根據施測的結果，便可估計出該測驗的預測效度（Predictive Validity）、同時效度（Concurrent Validity）、以及信度了，這些效度及信度的計算方法請參考本書之第七章。

（七）撰寫使用手冊

發展標準化測驗的最後一步，便是為它撰寫使用手冊。對即將採用某種標準化測驗的人而言，使用手冊通常能提供一些必要的資料，以便他們判斷該測驗是否適用，同時也可協助他們進行測驗，和利用測驗的結果。

至於使用手冊應包含那些內容呢？ 美國心理學會 （American Psychological Association) 在 1966 年對使用手冊的內容提出如下的建議: ❷

(1) 施測及計分時應注意事項。

(2) 它是如何被發展出來的。

(3) 它的效度及信度。

(4) 它的常模。

(5) 詮釋 (interpret) 得分的方式。

(6) 最適於使用該測驗的狀況。

叁、如何選用適當的標準化測驗

在技職教育的領域中使用標準化測驗時，應考慮下列兩個問題:

1. 針對不同的目的，選用這類測驗時應採用那些標準 (criteria)?

2. 其在技職教育的測量中，能擔負那些功能?

一、參考標準 (Criteria)

首先，讓我們看看第一個問題。標準化測驗也和平常教師們自己製作的測驗一樣，要考慮它的效度 （Validity) 及信度 (Reliability)，而除了這兩項之外， 標準化測驗還需考慮以下三點: (1) 測驗結果的詮釋 (Interpretability)、 (2) 施測及評分的方便程度 (Efficiency)、 及 (3) 費用。現將各項必須考慮的因素分別討論如下:

(一) 效度 (Validity)

---

❷ French, J.W., and Michael, W.B., *Standards for Educational and Psychological Tests and Manuals*, Washington, D.C.: American Psychological Association, 1966.

在談標準化測驗之前，大家應有個共識——那就是，幾乎沒有一個標準化測驗是具備完美的效度的；　換句話說，　極少這類的測驗能完美地、不偏不倚地測量我們想測的內容。在技職教育的領域裏所用到的各種測驗，　其可接受的效度相距極大，　完全是看甚麼狀況之下測甚麼而定；譬如說，許多測量技能的測驗，其效度可達到很高而近於完美，反之，許多測量「誠實」、「忠誠」、「對工作的態度」等人格的測驗，其效度通常是很差的了。

所以，若是問「這是不是個有效度的測驗？」這樣的問題，可說是很不實際的，技職教師們在選用標準化測驗時，應該考慮：「針對甚麼對象及目的，這個測驗是有適當效度的（valid)？」至於要有多大的效度才算適當呢？其唯一的答案就是愈大愈好，或許有人認為這個答案跟沒說差不多，可是事實上確是如此。

在尋求具有高效度的標準化測驗的過程中，　也應考慮下列這個問題：要花多少的時間、金錢、體力、及心力，才能得到具有理想效度的測驗？當然，若手邊就有極高效度的測驗、或可不考慮上述各項因素的限制，相信可以為不同的測量目的製作出高效度的測驗；但往往會礙於上述各種因素，而使得技職教師們必須在這些因素與效度之間作一取捨。

另外一個該注意的是：同一個測驗的效度會因使用的狀況不同而有所不同；譬如說，某位木工教師在期末拿一份標準化測驗來測量他的學生，並且發現該測驗有極高的效度，這並不表示這份測驗交由另一學校的老師使用也會得到相同的結果。事實上，下列的每一個因素的改變都將影響某一標準化測驗的效度，如：課程目標、學生的程度、實際的教學內容、以及民眾對教育的看法等。就某一標準化的測驗而言，都必須針對不同的狀況而預估其效度，其用以建立常模的樣本愈大，則使用者也將對其預估的效度具有愈高的信心。

本書前面曾對測驗工具之各種不同的效度做過詳盡的描述，同時也強調不同目的的測驗，也將著眼於不同之效度的要求，現再一次地將和標準化測驗有關的效度簡單說明如下：

1. 內容效度 (Content Validity)——每當測量技職教育學生的學習成就時，應特別注意所用的測量工具之內容效度或表面效度 (Face Validity)。如同前面提過的，測量工具的內容效度，可由該測驗的內容與技職教育課程的教學目標及內容相比而得；兩者的內容愈一致，則其內容效度愈高。所以，在選用標準化測驗時，應仔細地比較一下測驗所涵蓋的內容。

2. 預測效度 (Predictive Validity)——欲測量學生的興趣或性向時，應特別注意測驗本身的預測效度，因為這個時候技職教師所在乎的是，能根據該測驗的結果預測學生將來在技職教育中的學習是否成功。通常測驗的預測效度，都是由測驗的結果與某些特殊的成就指標，求其相關係數而得，這個相關係數愈大，則可說該標準測驗於預測學生在某些技術職業教育領域裏的成就時，具有極高的效度。

3. 同時效度 (Concurrent Validity)——

若想快速而且精確地描述學生的一般心智能力 (mental ability) 或人格特質的話，那麼所用測量工具的同時效度就值得注意了。同時效度所代表的是，某一測驗工具所測出的結果，與另一已知效度的測驗所量出結果，二者間的相關程度；換句話說，某一未知效度的標準化測驗，所測出的心智能力或人格特質，與另一具有效度的標準化測驗，所測出的結果彼此有高相關的話，則可說前者具有高的同時效度，而可以做為後者的代用品。

4. 內在效度 (Internal Validity)

本書前面曾提過，在考驗某個測驗的內在效度時，主要是用學生在

本測驗得到的總分為效標，而不是用其它外在的表現（如雇主的滿意程度）為效標的。我們知道，若不用外在的數據做為效度的指標，是很難精確地指出該測驗到底在測量甚麼；French 及 Michael 兩位先生就指出：「各子題的得分與總分的相關係數（內在效度），不應呈現在測驗手冊上作為該測驗的參考效度，……因為這個相關係數只代表該測驗的內在一致性（internal consistency），而非效度，」❸所以，運用任何在標準化測驗的手冊上所列的內在效度時，都應採懷疑且小心的態度，特別是手冊上沒提到用外在的指標時更要注意。

以上介紹了在挑選標準化測驗時，所應注意的幾種效度；但是無論如何，在許多情況下，即使具有適當的各種效度，也並不保證能選到最合用的測驗；換句話說，在選測驗時，除了效度之外，還得考慮其它的因素，譬如，某一測驗對某一職種及某一類的對象而言，其測驗結果可做為非常好的生計決策（career decision）的依據；而對另一個職種或另一類的對象來說，可能一點價值也沒有，因此之故，技職教師在選用標準化測驗時，決不能只考慮該測驗的效度而已。教師們應時時把下面這個問題放在心中：「針對我要施測的對象、目的、及處理測驗結果的方式而言，該測驗的效度如何？」

（二）信度（Reliability）

通常，除了效度之外，標準化測驗的使用手冊裏，也會把該測驗的信度列出。當然，使用者在選用標準式的測驗時，一定得同時對效度及信度有所瞭解才行。

前文曾經提過，測驗工具的效度是會隨著信度而變的。由統計上的觀點來看，某個測驗工具的效度，通常不會大於其信度的平方根，其關係可由下面這個式子表示：

---

❸　同註❷。

$$效度 \leq \sqrt{信度}$$

由這個式子可看出：信度不高的測驗工具，其效度也不會高的。

顯然，測驗工具的信度通常是有助於作出有關其效度的判斷。例如，若有一個高信度的測驗工具，卻發現其效度非常地低，這時候我們可以斷言，這個測驗工具雖然能够量出一致的（consistent）結果，但卻不能達到測量的目的——測不出我們想測的東西，就像國二的數學試題是測不出高三的數學能力的；再者，若某個測驗工具的信度很低，那麼它將不僅得不到一致的結果，而且也測不出施測者所想測的東西。

至於，一個標準化測驗的信度要有多高才算是好呢？對這個問題的答案是——「愈高愈好」，事實上，用在技職教育中的各式測驗中，極少可稱得上是有令人滿意的信度的。

在估計標準化測驗（或所有的測驗）的信度時，都必須考慮受試羣的特質及組成，這些特質當中，最值得注意的，便是受試羣中個人能力的差距。

受試羣中個人能力差距的改變，往往會影響測驗工具的信度及效度；通常能力差距小的受試羣，會使測驗的信度偏低，反之，能力差距大的受試羣，則使測驗的信度變高。表 8.1 中所列是15位學生在某兩次考試裏所得的分數及名次。

由表 8.1 中的數據可發現：受測者在兩次測驗中的名次非常地相似，若計算其級差相關係數（rank-difference correlation coefficient）可得約0.97，顯然地，兩次測驗的名次改變並不多，所以這個係數相當高。但若是只取前面五位學生（能力的差距減少）為例子，再算一次的話，這個係數就跌至 0.50 了。為甚麼會這樣呢？其原因是能力差距大時，名次稍微的變動，造成的影響並不明顯；可是，能力差距小時，名次的變動便被強化了。以表 8.1 中的例子來說，學生 E 的名次在測驗一

表 8.1　兩次不同測驗的成績及名次

學　　生	測　驗　一		測　驗　二	
	得　　分	名　　次	得　　分	名　　次
A	60	1	59	2
B	59	2	61	1
C	57	3	51	5
D	55	4	55	4
E	52	5	57	3
F	51	6	50	6
G	50	7	48	8
H	48	8	49	7
I	46	9	45	9
J	45	10	44	10
K	42	11	39	13
L	41	12	43	11
M	40	13	40	12
N	38	14	38	14
O	37	15	37	15

中是第五名，而在測驗二中是第三名；就全體15人而言，改變的程度只是15級中的兩級(12.5％)，可是就 5 人的小羣體而言，這個改變可就佔五級中的兩級(40％)。

在這裏有一點必須強調的是，測驗的信度是因受試羣中各人能力的差距而改變，並不是因受試羣的人數而改變，以上面的例子來說，若取學生 A, F, K, M, O, 等 5 人來計算的話，其級差相關係數也可達0.98——幾乎和原來15人時所算出的數目相近，也因此我們更證明了測驗的

信度，是受受試羣中學生程度的差距影響的。所以在建立標準化測驗的信度時，應取能力差距大的受試羣才好。

當然，在使用標準化測驗時，其施測的學生羣的特質，應儘可能地與上面提到的建立該測驗信度的受試羣的特質，愈相似愈好，唯有如此，其信度才有意義。

(三) 常模數據 (Normative Data)

單是某位學生在標準化測驗上的成績，並無任何絕對的意義，而是必須和其它一羣人在該測驗的成績相比較之後，才能顯出該成績所代表的意義。所以，要使標準化測驗能真正發揮其功能，則必須在發展測驗的同時， 也應建立一組可資比較的成績標準 —— 亦即我們所稱的常模 (norm)，以便轉換或詮釋 (interpret) 受試者在該測驗的表現。

用在技職教育中的各式標準化測驗，其測驗結果的參考標準都是由一羣具有代表性（亦即其特性與將來該測驗欲使用的對象相同）的個體所建立的； 而後再根據這羣人的測驗結果建立一套常模。 為了使用上的需要， 通常在標準化測驗的使用手冊上， 除了常模數據之外，都會將建立常模的參照羣 (reference group) 的特性（如年齡、性別、地區、社經背景等）同時列出。為了使所建立的常模數據，將來能有效地詮釋受試者的成績，在建立常模時所選用的參照羣的特性，應與將來施測的對象相似；這兩者的相似程度愈高，則手冊中所呈現的常模數據愈有意義。

在建立標準化測驗的常模時，還應注意以下三點:

1. 地區性常模 (local norms) 在使用時往往要比手冊上所列的常模 (published norms) 方便得多，所以在標準化測驗的手冊中，也應詳細地說明地區性常模，及其計算的方法。

2. 在將測驗公諸於大眾的同時， 就應將常模與使用手冊一起發

表。

3. 常模應用標準分數 (standard scores) 或百分等級 (percentile ranks) 呈現，　以便顯示用以建立該常模的參考羣中各人分數的分配情形❹。

由前面的討論可以瞭解，不適當的常模（例如參照羣與受測羣的性質不同），對技職教師而言是沒有多大用處的，基於此，當手册上的常模不適用時，技職教師常因應其實際的需要，而以自己學生做爲參照羣來建立所謂地區性常模 (local norms)。

（四）施測及評分

自己是否有能力進行測驗及評分呢？這點是老師們在選用標準化測驗時應考慮的另一項因素。目前國內國中及高中爲了配合學生職業試探及陶冶的實施，輔導室的老師常請校外的專家（通常來自大學心理系、輔導系，或地方上的國民就業輔導中心），到學校給學生做各種性向、興趣測驗；當然，能由外面的人來幫忙是不錯的，若這點做不到的話，那也只有在測驗使用手册上加強了。

通常在手册中，　都會將建立測驗常模的過程及狀況描寫得非常清楚，以便教師按排一樣的情境及施測過程；同樣的，手册也會詳細地說明評分的方法，以避免評分的誤差。

（五）花費

有許多標準化測驗是由私人機構所發展出來的，也因此這些測驗是有版權，在使用時也得按份數購買。站在使用者──教師的立場，就不能不考慮其費用了。

考慮費用的原則是，若有兩種性質相近的測驗，其中一種較便宜，這時當然選用較便宜者；若是碰到一種信度及效度較高但較貴，而另一

❹　同註❷。

種是信度、效度較低但較便宜的情形時，那最好還是選擇前者，因爲信度、效度的高低要遠比費用的多寡重要得多了。

(六) 選用標準化測驗時應注意的事項

技職教師們常碰到的難題是：怎樣從一大堆不同的標準化測驗中選用最適當的測驗呢？爲了協助教師們解決這個難題，Erickson 及 Wentling 把選用標準化測驗時應注意的事項，一一列在下表中❺：

表 8.2　選用標準化測驗應注意事項

一、該測驗的主要內容、重點。

二、在各地不同的狀況下，使用該測驗時會碰到的困難、限制。

三、該測驗的一般性資料：

    1. 作者

    2. 名稱

    3. 測驗的種類

    4. 出版者

    5. 出版日期

四、可詮釋性 (Interpretability)

    1. 常模的適當性

    2. 美國心理學會 (APA) 的分類等級

    3. 試題的類型

    4. 試題的內容

五、效度

    1. 所列的效度種類

    2. 各類效度的效標 (criterion)

    3. 常模羣的人數 (size)

---

❺　同註❶ p. 323.

　　4. 結果

　　5. 重要的說明

六、信度

　　1. 所列的信度種類

　　2. 常模羣的人數（size）

　　3. 結果

　　4. 重要的說明

七、使用時的相關事項

　　1. 所需時間

　　2. 評分過程及方式

　　3. 羣體或個別測驗

　　4. 各類相關表格的提供

　　5. 使用說明是否詳細

　　6. 可能被學生接受的程度

八、費用

　　1. 測驗本身

　　2. 答案紙

　　3. 評分服務

　　4. 特殊器材

九、專家的評語

　　1. 優點

　　2. 缺點

十、在一般情形中的適用性（general suitability）

　　表 8.2 中的第一、二項強調的是教師在選用標準化測驗之前，一定要弄清楚使用該測驗的目的。其次要考慮的是使用某種測驗時可能碰到的困難及限制，這些限制包括時間、費用、及教師的能力等等。

　　第三項該注意的是測驗名稱及種類、作者、出版者、及出版日期等

等，這其中以出版日期需要特別留意。許多標準化測驗的內容及常模數據會因時間的改變而改變，特別是以技職教育的內容，常因科技的變化而日新月異，其他像興趣及性向方面的測驗，也會因社會、文化、及科技的轉移，而改變其作為參考的常模數據，所以測驗的出版日期是該詳加注意的。

第四項強調的是測驗結果的可詮釋性（Interpretability），與這點有關的主要考慮事項有：（1）該測驗是否備有適用的常模，其適用與否就要注意其參照羣的特性、大小，以及建立常模的時間。（2）教師是否有能力解釋測驗的結果？需不需要專家來解釋？根據美國心理學會（APA）的分類，C 級以上的測驗就需要專門人員才有能力解釋其測驗結果了，這點是教師們在選用測驗時應及早考慮的，（3）試題的類型及內容，這裏要注意的卽是測驗的類型及內容，是否符合測驗的目的，教師們可以利用前面提過的規劃表（Table of Specification）來進行這項分析，若發現大部份的題目皆能配合測驗的目的，則可考慮選用該測驗；反之，則不予考慮。

第五項該注意的是測驗的效度，手冊中所列的各項效度（預測、同時、或建構效度）是多少？各基於多大的取樣人數？甚麼樣的效標？此外，也可參考手冊上所列的一些專家或評論者的意見及說明，（如：效度的研究已過時，所選用的樣本人數太少）。第六項強調的是測驗的信度，這些資料包括：信度的種類、求出信度的方式、取樣的大小等等，當然也會有一些專家所評論的意見，可供教師在選用時的參考。

除了上述者之外，在第七項裏所列的一些相關事項也應列入考慮：施測所需的時間、能否羣體施測或是一定得個別施測、測驗須知是否敍述清楚等等。第八項中所提的是費用——主要包含測驗卷、答案紙、閱卷服務等費用。第九項要注意的是專家或評論者對該測驗的評語——含

優點及缺點，這些都可供教師在選用測驗時的參考。第十項列的是使用者的看法，也包括正面及負面的意見。

以上所列的主要十大項注意事項是，技職教師在選用標準化測驗時所必須一一考慮的，相信在考慮這些事項之後，教師們應可選出最適用的標準化測驗。

二、相關資料來源

今天，從事技職教育的教師最感到困擾的就是，需要用到標準化測驗時，不知到那裏去找；另一種相似的問題是，不知道有那些標準化測驗可資利用。以下這節將介紹一些國內這方面資料的來源，或可對教師們選取適當的標準化測驗時有所助益。

（一）性向測驗

1. 測驗名稱：中學綜合性向測驗

   編製或修訂者：宗亮東、徐正穩

   出版單位：教育部中等教育司

   出版日期：50年4月

   測驗目的及內容：內容共分語文閱讀與字彙測驗、數字能力測驗、空間關係測驗、語文推理測驗、抽象推理測驗、機械推理測驗、文書速度和確度測驗、科學性向測驗等八種。

   適用範圍：初中、高中各年級學生

   測驗時間：5～6小時　　　方　　式：團體

   信　　度：重測信度0.59～0.86

   效　　度：與學業成績之相關為0.11～0.78

   記分及常模：使用「打孔記分卡」求得每種分測驗之原始分數而後換成標準分數，再據此繪出個人性向側面圖。臺北市、臺灣省與臺灣地區初一至高一各年級男、女學生之平均數和標準差已分別統計出，並製成

「原始分數與標準分數換算表」以備解釋測驗結果時之參考。

購求地點: 國立臺灣師範大學教育心理學系

2. 測驗名數: 普通性向測驗 (一般性向測驗)

編製或修訂者: 臺灣省北區國民就業輔導中心

出版單位: 臺灣省北區國民就業輔導中心

出版日期: 53年3月

測驗目的及內容: 包含八個紙筆測驗、四個操作測驗, 合計十二個分測驗, 可測量九種能力: 普通推理能力、語文性向、數目性向、空間性向、形式知覺、文書知覺、動作協調、手指的靈巧、手的靈巧。

適用範圍: 國中三年級以上, 成人

測驗時間: 約三小時

方　　式: 團體、個別

記分及常模: 已建立八種紙筆測驗的一般常模, 職業性向組型六種

購求地點: 臺灣省北區國民就業輔導中心

3. 測驗名稱: 多元性向測驗

編製或修訂者: 胡秉正

出版單位: 中國行為科學社

出版日期: 61年8月

測驗目的及內容: 目的在提供綜合的區別性向資料, 藉以幫助受試者了解他們自己的性向, 進而對於職業、學業及專業機會能作最明智的抉擇。內容包括字義、段落意義、語文、文書、數字理解、算術計算、應用科學和機械、空間關係 (平面)、空間關係 (立體) 九個測驗, 構成四個因素。

適用範圍: 國中一年級至大學一年級 (目前僅適用於國中一、二、三各年級)

測驗時間: 130分鐘　　　　　　方式: 團　　體

信　　度: 1. 再測驗信度.60～.84　2. 折半測驗信度.69～.95

　　　　3. Kuder-Richardson method .78～.95

效　　度: 與其他性向測驗之相關.24～.78

記分及常模: 百分位數常模

　　計算每人答對題數、答錯題數和未答題數，然後將答對題數減去答錯

　　題數三分之一，即得個人的原始分數。

購求地點: 中國行爲科學社

4. 測驗名稱: 區分性向測驗

　　編製或修訂者: 程法泌、路君約、盧欽銘

　　出版單位: 中國行爲科學社

　　出版日期: 61年3月　出版

　　修訂日期: 66年3月　增訂

　　測驗目的及內容: 在提供一種統整的、科學的、標準的程序，以便從事敎

　　　　育及職業的輔導，內容包括語文推理、數的能力、抽象推理、文書速

　　　　度與確度、機械推理、空間關係、語文運用Ⅰ（錯字）、語文運用Ⅱ

　　　　（文法）八個分測驗，可得九個分數，作爲升學選科系、高二選自然

　　　　或社會組、轉職業學校等之依據。

　　適用範圍: 國中二年級至大專，一般成人

　　測驗時間: 205分鐘　　　　　方　　式: 團體

信　　度: 各分測驗穩定係數.39～.92

效　　度: 各分測驗與國、英、數成就測驗同時效度－.23至.55

記分及常模: 原建有國中百分位數常模，於六十五、六十六年重建與增建

　　　　全省性國中二年級至大學男女常模十二個，以及大學科系常模十一種

　　　　（臺大外文、數學、商學、醫學、電機，師大英語、化學及敎心系，

　　　　政大法律、新聞及統計系），與專科及高職科別常模二十餘種（如北

　　　　商專銀行、保險、會統科等等）。

購求地點: 中國行爲科學社

5. 測驗名稱: 羅氏職業性向測驗

編製或修訂者: 胡秉正

出版單位: 中國行為科學社

出版日期: 60年5月

測驗目的及內容: 本測驗可以幫助輔導者瞭解青年學生之性向，並可根據測驗結果，提供各種相關職業作青年擇業之參考，學校教師亦可幫助中學生及大學學生選擇學校及選讀科系的依據，同時可供工商業機構雇主選擇人員以及安排，調整工作時參考，內容共有六個分測驗: 人事處理性向測驗、機械性向測驗、推銷性向測驗、文書性向測驗、計算性向測驗、科學性向測驗。

適用範圍: 初三至高三學生及社會青年

測驗時間: 107分鐘　　　　方　　式: 團體

信　　度: 0.58~0.71　　　　效　　度: 0.31~0.59

記分及常模: 計算每人答對題數、答錯題數和未答題數，然後將答對題數減去答錯題數三分之一，即得個人的原始分數，依原始分數查百分位數常模表以決定百分等級。

購求地點: 中國行為科學社

6. 測驗名稱: 佛氏性向測驗

　編製或修訂者: 孫敬婉

　出版單位: 經濟部公營事業企業化委員會人事管理研究組

　出版日期: 56年　　月　　日

　測驗目的及內容: 本測驗目的在於測量個人現時所能做的及其程度如何，用來作為他將來可能達到的成就的推論根據。包括①檢驗②代號③記憶④精確性⑤裝配⑥座標⑦協調能力⑧判斷和理解能力⑨算術⑩圖樣仿繪能力⑪組成⑫表格閱讀能力⑬機械⑭表達能力等十四種分測驗，以不同的分測驗組合以測量不同的職業範圍。

　適用範圍: 高中程度以上人員

　測驗時間: 四小時（包括解釋說明收發試卷等時間在內）

方　　式: 筆試、團體或分別

信　　度: 最低者.38最高者.978均達.01顯著水準

效　　度: 最低者.236最高者.471均達.01及.05顯著水準

記分及常模: 常模採用標準九分 (stanine scale)，參加測驗者為男生 1,339 人女生 1,074 人，共 2,413 人。另各公營事業機構參加受測者 為 1,755 人，分別以男、女性別及職業類別表列原始分數及標準九分 對照表。

7. 測驗名稱: 國民中學工藝性向測驗

編製者: 黃國彥、林邦傑、簡茂發、康自立、李良哲。

發行者: 正昇教育科學社

再版日期: 民國71年 7 月

測驗目的及內容: 本測驗可用以甄別國中學生的工藝性向；其內容包括數 字測驗、數學理解測驗、空間關係測驗、工藝工具使用測驗、機械推 理測驗、及電機理解測驗。

適用範圍: 國中一、二年級學生

測驗時間: 72分鐘　　　　　方　　式: 團體

信　　度: 折半信度: 0.67～0.95達.01顯著水準。

　　　　　Kuder-Richardson Method: 0.65～0.94達.01顯著水準。

效　　度: 內部相關係數0.11～0.58

　　　　　與工藝成績相關係數-0.11～0.46

記分及常模: 按照城市、鄉村、及一、二年級分四組，並使用百分位數及 T分數常模。

購求地點: 正昇教育科學社 (臺北市木柵區永安街四號三樓)

8. 測驗名稱: 機械能力測驗

編製或修訂者: 師大教育研究所

出版單位: 師大教育研究所

出版日期: 59年 4 月

修訂日期： 年 月

測驗目的及內容：包括：工具常識、製圖計算、目測能力、空間關係等

適用範圍：國中一年級至三年級

測驗時間：30分鐘

方　　式：團體

信　　度：折半法0.85～0.86

效　　度：0.16～0.58

記分及常模：百分位數常模

購求地點：師大教育研究所

9. 測驗名稱：動作能力測驗

編製或修訂者：師大教育研究所

出版單位：師大教育研究所

出版日期：58年6月

修訂日期： 年 月

測驗目的及內容：紙筆式測驗，內容包括符號與圖形之描繪，雙線圖形中
之畫線。

適用範圍：國中一年級至三年級

測驗時間：25分鐘

方　　式：團體

信　　度：折半0.22～0.53

效　　度：

記分及常模：百分位數常模

購求地點：師大教育研究所

10. 測驗名稱：視覺動作統整測驗

編製或修訂者：劉鴻香

出版單位：臺北師專

出版日期：67年1月

修訂日期：　　年　　月

測驗目的及內容：包括22個圖畫

適用範圍：　2歲半至16歲

測驗時間：　無限制

方　　式：　個別或團體

信　　度：　0.80～0.99

效　　度：　0.90

記分及常模：百分位數常模

購求地點：臺北師專

（二）興趣測驗

1. 測驗名稱：職業興趣測驗（國民中學適用）

　　編製或修訂者：師大教育研究所

　　出版單位：師大教育研究所

　　出版日期：61年　　月

　　測驗目的及內容：包括自由業、商業、個人服務、科學、機械、藝術及農

　　　　業等七類，共150題。

　　適用範圍：國中三年級

　　測驗時間：

　　方　　式：團體

　　信　　度：折半信度係數0.67～0.88

　　效　　度：未報告

　　記分及常模：百分位數及T分數常模

　　購求地點：師大教育研究所

2. 測驗名稱：修訂白氏職業興趣量表

　　編製或修訂者：程法泌

　　出版單位：中國行為科學社

　　出版日期：63年3月

測驗目的及內容: 本量表在測驗個人之職業興趣，內容分爲七個範圍，每
範圍各包括四項興趣，每一興趣項各有五個問題，共有 140 個問題。

適用範圍: 初二至高三學生及成人

測驗時間: 無限制，約30分鐘

方　　式: 團體測驗

信　　度: 再測法: 中學生0.58～0.73　大學生0.63～0.82

　　　　　折半法: 中學生0.75～0.91　大學生0.72～0.92

效　　度: 各範圍分數的內部相關0.04～0.66，接觸係數0.47。

記分及常模: 百分位數常模，標準分數常模

購求地點: 中國行爲科學社

3. 測驗名稱: 東海大學職業興趣量表

編製或修訂者: 唐守謙

出版單位: 中國行爲科學社

出版日期: 60年 2 月

測驗目的及內容: 本量表分男生及女生用兩種，每種有七百個項目分別歸
納於十個基本職業類型中，每一類型又列舉了各種有關的職業名稱、
科目、工作及個人特質等，以探討個人表面的直接興趣及內在的間接
興趣。

適用範圍: 初中、高中、大專學生及社會青年

測驗時間: 不受限制、約40～50分鐘

方　　式: 個別、團體

信　　度: 奇偶數項目間的相關係數均在0.800至0.900之間

記分及常模: 百分位數常模

購求地點: 中國行爲科學社

4. 測驗名稱: 史氏職業興趣調查表 (SVIB)

編製或修訂者: 國立臺灣大學心理學系 (張肖松、路君約)

出版單位: 國立臺灣大學心理學系

出版日期: 58年3月

測驗目的及內容: 男用有399題,女用有400題,在我國男性建立有醫生、律師、工程師三種量表,女性為數理教師、護士及女秘書三種量表。

適用範圍: 大學及成人

測驗時間: 40分鐘

方　　式: 團體

效　　度: 量表均係依據效標組而選定者

記分及常模: 依據各量表計分標準,計算每題的正負分,然後相加為總分,建立有男女與趣量表共六種。

購求地點: 國立臺灣大學心理學系

5. 測驗名稱: 修訂庫德職業興趣量表

編製或修訂者: 黃堅厚、路君約

出版單位: 國立臺灣師範大學教育心理學系 中等教育輔導委員會

出版日期: 62年4月

測驗目的及內容: 由五〇四種不同活動所組合而成,每三種活動組合成一組,共有一六八組。受試者對每組中三種活動,選出最喜歡與最不喜歡者各一種。本量表包括十項興趣範圍: 戶外、機械、計算、科學、說服、藝術、文學、音樂、社會服務、文書等興趣。鐵鴻業於五十年九月曾譯為中文,作初步之研究。

適用範圍: 國中三年級以上學生、一般成人

測驗時間: 中學生約需一小時　成人約需30~40分鐘

方　　式: 團體、個別

信　　度: 古雷法信度0.90; 長程穩定係數0.50以上

效　　度: 重視內容效度,各量表間相關低於0.30

記分及常模: 國中三年級與高中一、二年級男、女學生百分位數常模

購求地點: 師大教育心理學系

6. 測驗名稱: 蓋氏圖畫式興趣量表（男用）

　　編製或修訂者: 路君約

　　出版單位: 中國行為科學社

　　出版日期: 67年12月

　　測驗目的及內容: 用圖畫情境測量男性十一種興趣範圍，又宜於測量語文
　　　　有困難的受試者。每組三種圖畫情境，共有44組，共計132種情境，
　　　　有113種活動以及與活動相聯的19種東西。十一種興趣範圍為: 說
　　　　服、文書、機械、音樂、科學、戶外、文學、計算、美術、社會服
　　　　務及戲劇。

　　適用範圍: 國中一年級至高中

　　測驗時間: 20分鐘　　　　　　　方　　式: 團體

　　信　　度: 穩定係數為.56～.82（國中一年級至高中一年級）

　　效　　度: 與庫德興趣測驗及學科測驗、智力測驗之效標關聯係數達 484
　　　　個（一.54至.66）

　　記分及常模: 依標準答案可計出十一個分數。建立有北、中、南區及全國
　　　　常模 T 分數換算表國中一年級至高中一年級共十六個。

　　購求地點: 中國行為科學社

7. 測驗名稱: 蓋氏圖畫式興趣量表（女用）

　　編製或修訂者: 盧欽銘

　　出版單位: 中國行為科學社

　　出版日期: 67年12月

　　測驗目的及內容: 用圖畫情境測量女性十二項興趣範圍，共有27組，每組
　　　　包括三個圖畫情境。與男用者不同，乃多了一個「個人服務」的興趣
　　　　範圍

　　適用範圍: 國中一年級至高中

　　測驗時間: 20分鐘

　　方　　式: 團體

信　　度: 穩定係數爲.41～.87

效　　度: **構想效度及效標效度**

記分及常模: **T分數常模**

購求地點: 中國行爲科學社

(三) 智力測驗

1. 測驗名稱: 國民中學智力測驗

　　編製或修訂者: 程法泌、路君約、盧欽銘

　　出版單位: 中國行爲科學社

　　出版日期: 59年12月

　　修訂日期: 62年12月增編第二種

　　測驗目的及內容: 有第一、二兩種, 內容分爲語文、數學兩部分, 前者包括語文類推及語文歸納兩個分測驗; 後者包括算術計算及算術推理兩個分測驗。

　　適用範圍: 國中學生

　　測驗時間: 37分鐘

　　方　　式: 團體

　　信　　度: 內部一致性係數: 分測驗0.54～0.89總分0.92～0.93

　　效　　度: 與學業成績之相關爲0.03～0.58

　　記分及常模: 答對一題者得一分, 語文、數學兩部分合計爲總分, 卽原始分數, 依原始分數換算百分位數對照表, 換算成百分位數。

　　購求地點: 中國行爲科學社

2. 測驗名稱: 修訂加州心理成熟測驗 (第二種)

　　編製或修訂者: 馬傳鎭、路君約

　　出版單位: 中國行爲科學社

　　出版日期: 60年11月

　　測驗目的及內容: 內容包括空間關係、相似、類推、數系、算術推理、語文理解、延宕回憶七個分測驗, **構成四因素、二部分、及一總分。**

適用範圍: 國民小學四、五、六年級學生

測驗時間: 39分鐘　　　　　　方　　式: 團體

信　　度: 再測法: 七個分測驗之相關 0.717, 四因素兩部分與總分之相關 0.842。折半法: 七個分測驗相關 0.816, 四因素兩部分與總分相關0.903。

效　　度: 與學業成績之相關 0.547～0.682, 與教師智力評判成果相關 0.689～0.715, 與國民智慧測驗相關0.700～0.754。

記分及常模: 記分: 每題一分, 先算出七個分測驗的原始分數, 再求總分。已建立國小四、五、六年級之百分位數常模、標準分數常模、差數智商常模。

購求地點: 中國行為科學社

3. 測驗名稱: 修訂加州心理成熟測驗（第五種）

編製或修訂者: 國立臺灣大學心理系

出版單位: 中國行為科學社

出版日期: 60年2月

測驗目的及內容: 本測驗包括相對、歸納、類推、算術推理、數系、語文理解、延宕回憶七個分測驗, 構成四因素, 三部分教師或教育行政人員可運用來調查各班級、學校能力的一般水準, 了解受試者接受各科教育的學習能力, 並可作為人員選擇及安置之依據。

適用範圍: 初中三年級至成人

測驗時間: 39分鐘　　　　　　方　　式: 團體及個別

信　　度: 折半法: 相對 0.52, 歸納 0.32, 類推 0.66, 算推 0.80, 數系 0.44, 語文理解0.54, 延宕回憶0.68

效　　度: 構想效度

記分及常模: 語言、非語言及總分三種標準分數。百分位數, 男女分開, 但不分年齡。

購求地點: 中國行為科學社

第九章　測驗結果的呈現與詮釋

測驗在教師教學的歷程中，一向扮演著極為重要的角色；因為它能夠刺激並引導學生的學習，以使學生與教師兩者皆能了解學習及教學的成果。但是，如果教師僅憑著原始的測驗分數，而用以作為解釋教學成效的依據，則未免缺乏有效的說服性與客觀性；因此我們須要應用一些較為具體的步驟——統計方法，來將測驗的結果分析，歸納，整合，使學生的學習成就及同儕之間的差異能夠「數化」或「量化」。以便於教師用來作為改進教學方法、步驟，及選擇適當教學內容之參考；並可用以評估學生的特質，了解個別差異，以便實施輔導。亦能在不同的階段中，發揮診斷的功能，以解決學生學習的困難。還可以根據學生的表現，來預測未來的發展。在學校行政人員方面，則可作為決定獎賞或評定升級與否之依據。此外尚能用以告之家長其子弟在學校學習的情形。由此可見，測驗結果的呈現與詮釋是何等的重要！這也就是本章所要探討的主題。以下就從測驗結果的呈現、詮釋及應用三個方向來討論之。

壹、測驗結果的呈現

一、常模參照測驗 (Norm-Referenced Test)

依照郭生玉先生的說法，所謂常模參照測驗，就是指測驗的結果是根據個人在團體中的相對位置而加以解釋者❶。孫邦正先生則認為常模所代表的是某種年齡學生或年級學生的平均程度，而非應達到的標準❷。總而言之，此種測驗的主要目的在區分學生之間的成就水準，使教師了解某位學生的成績與其他同學比較時相對地位如何。

（一）原始分數（Raw Scores）和次數分配（Frequency Distribution）

當教師將學生測驗後所得的成績登記在記錄單上時，我們稱這個分數為原始分數，如在表9.1所示。通常技職教師在每次測驗之後，都期望能從學生的測驗結果中瞭解每個人的學習情形；當然，要達到這個目的的最有效辦法，則莫過於詳細地分析一下每位學生在每個題目的作答情形。可是，教師們卻往往由於班上人數太多而無法這麼做，這個時候，最常被教師所採用的就是「原始分數」了——原始分數最能直接地指出學生在某一測驗上的表現。

使用原始分數的優點是它很容易得到，每當施測之後，完成評分之時，每位學生的原始分數便出來了。而教師們通常都可藉著這個分數，瞭解學生整個學習的情形；譬如說，某次測驗總分是一百，而甲生考得九十分、乙生考得三十分，這時可以說甲生成績不錯，乙生就表現得不好。但是無論如何，原始分數並不能精確地呈現學生的實際表現，甚至於有些情形下，很難就原始分數加以合理的解釋。例如，某位學生在某次測驗中考零分，是不是就表示他對該測驗所涵蓋的教學內容一無所知呢？還是碰巧因為教師選了他不會作答的題目所造成的結果？

❶ 郭生玉，"心理與教育研究法"，臺北：大世紀書局，民國70年10月，p. 55.

❷ 孫邦正，"教育測驗及統計"，臺北：商務書局，民國53年7月，p. 325.

表 9.1 某高職機工科應用力學測驗分數

71	70	68	55	63	78	71	54	68	58	63	66
80	88	74	80	78	69	68	65	78	80	74	92
97	50	49	46	44	93	80	80	61	63	58	55
71	68	73	63	55	68	76	71	69	68	65	

總分＝3234
平均＝68.8

表 9.2 次數分配表

組　　別	劃　　記	次數（f）	累次（cf）	組中點	cum%（累積百分比）
95～99	一	1	47	97	100
90～94	丅	2	46	92	96.6
85～89	丅	1	44	87	92.4
80～84	正	5	43	82	90.3
75～79	正	4	38	77	79.8
70～74	正下	8	34	72	71.4
65～69	正正	11	26	67	54.6
60～64	正	5	15	62	31.5
55～59	正	5	10	57	21
50～54	丅	2	5	52	10.5
45～49	丅	2	3	47	6.3
40～44	一	1	1	42	2.1
			N＝47		

　　另外一種情形是，甲生考90分，乙生考60分，而丙生考30分，這時候能否說他們三人學習結果的差距是相等的呢？很可能甲、乙兩生多得的分數是靠答對了較難的題目而來，這時即使三人得分之差距相等，可

是學習結果的差距卻不是如此了。

「次數分配」就是處理原始分數的第一步驟，經由「次數分配」教師可由分配圖上看出最高分和最低分，以及其差距，約略估計學生的學習情形；並可指出每個分數出現的次數及在團體中的位置，有助於教師將學生適當的分組以利教學，如表 9.2。其方法是：

（a）找出最高分和最低分（97 和 44）

（b）決定全距（range）（97−44＝53）

（c）決定適當組距組數，假設以 5 為組距（interval）（53÷5＝10…）則可得到10個組數（一般組數以10至20之間為佳）❸

（d）決定組距的界限並依序排列

（e）劃記次數（tally）

（f）計算每一組的次數

（g）核對總數（total）

（二）集中量數（Measure of Central Tendency）

所謂集中量數就是將一組分數簡捷的分配，以便了解分數集中的情形。也就是描述分數集中情形的最佳代表值，或敍述一個團體中心位置的一個數值❹。一般較常見的集中量數有下列三種：平均數（Mean）、中數（Median）、和眾數（Mode）。

1. 平均數、中數、及眾數

(1) 平均數（Mean）

所謂平均數就是團體總分除以總人數所得到的數值。一般以大寫的英文字母 Mn 代表之，其公式如下：

---

❸ Benamin, Harold, *Measurement Educational Achievement*, New York: McGraw-Hill Book Company, 1950, p. 426.

❹ 林清山，"心理與教育統計學"，臺北：東華書局，民國73年 7 月，p. 30.

$$Mn = \frac{\sum fX}{N}$$

【例 9.1】現有 5 位學生，其電工原理月考分數分別爲 75 、 80 、

91、83、76，欲求其平均分數？

要解答此問題的方法就是將5個分數相加，再除以5卽可

$$Mn = \frac{75 + 91 + 83 + 80 + 76}{5}$$

$$= 81$$

則81就是此 5 位學生的電工原理平均數。

(2) 中數（Median）

所謂中數，就是在數列中，依照數值的大小順序排列後，居於中間的量數；換句話說，就是將團體中的每個分數依序排列後，最中間的那一個分數[5]。一般以 Mdn 或 Md 表示之，其公式如下：

$$Md = \frac{N+1}{2} \quad （N爲奇數時）$$

$$Md = \frac{N}{2} + 1 \quad （N爲偶數時）$$

以上面 5 名學生的分數爲例，在91、83、80、76、75的分數中可明顯看出80分的這個分數居中。用以表示分數的集中情形。

(3) 眾數（Mode）

所謂眾數，就是在團體中出現頻率最多的分數，也就是次數最多的分數，或最多人得到的分數[6]，一般以 Mo 表示之。

【例 9.2】假設有一組學生，其月考分數如下：

75、60、83、87、83、75、72、75、70、80，其中出現最多的分數75，所以75分是眾數。

---

[5]　侯璠，"教育測驗及統計"，臺北：正中書局，民國46年12月，p. 204.

[6]　同註[4]，p. 40.

2. 集中量數之應用

(1) 平均數的使用時機與特性:

一般在需用較穩定性數質來表示集中情形時,最適宜用之,且在實際的應用中,因計算容易,界定明確,易於演算,故最爲廣泛使用。「此外在作進一步的統計時(如標準差、相關係數)等皆須以平均數爲先決條件。另在決定等級(grades)時,亦多用平均數爲參考點(reference point)」**❼**。教師及學生都很容易以高於或低於全班平均數來詮釋學生的成績。

(2) 中數的使用時機與特性

當教師欲呈現一個測驗的大略平均分數時,最便捷的方法就是求其中數,但中數往往很不穩定,因此中數最好只在必須表示分配之中點時使用**❽**。此外,在某些特殊情況下,例如團體中部份學生未能在規定時間內做完題目而分數已閱畢;或平均分數明顯偏高,會影響平均數;或有幾位學生的分數與別人相差很大(極高分或極低分)時;中數是找出中點的最好方法**❾**。

(3) 眾數的使用時機與特性

在分數的統計時,眾數的計算不必依賴所有的分數或次序,只考慮次數,因此當我們欲知最常發生的事情的數值時,就可使用中數來表示。且眾數也是一種測量分數大約集中情形時的較快速方法。

(三) 擴散性變異量數 (Measure of Variability)

假設某校機工科分 A, B 二組,當月考成績公布後,在比較二組的分數時,可能會發現二組的平均相同,但這並不表示它們的分數分配(

❼ Lien, Arnold J. *Measurement and Evaluation of Learning*, Dubuque, Iowa: Wm. C. Brown Company Publishers, 1980, p. 198.

❽ 同註❹, p. 46.

❾ 同註❼, p. 199.

或散佈）的情形相同，可能一組分數大部份散佈在60至80分之間，另一組則散佈40至90分之間，此時教師對這兩組的學生就須採取不同的教學方式。由上例可知，欲了解一個團體的性質，光知道集中情形是不够的，尚需明瞭其分散的情形。在某些情況下，知道分數分散的情形遠比知道平均分數來得重要！常用的變異量數有全距(Range)、四分差(Quartile Deviation)、四分距 (The Range by Quartiles) 及標準差 (Standard Deviation) 等，分述如下：

1. 全距 (Range)

全距的意義，簡而言之就是團體中得分的最大值和最小值的差，全距的功能在於它指出團體分數中二個極端分數的差異。此外一段大的全距可能代表測量中的一個異質羣體 (heterogeneous group)，而一段小的全距可能代表的卻是同質的羣體 (homogeneous group)[10]。由於全距只考慮最大數和最小數，易受極端分數影響，所以並非十分可靠，故全距可說是一種粗略的變異量數。通常以大寫字母 "R" 代表之，其公式如下：

$$R = H - L$$

其中H代表羣體中得分的最大值，L代表最小值。

2. 四分差 (Quartile Deviation)

四分差主要在解釋位於受試者中間50％之分數的分佈情形，是代表一個團體中各份子分散情形的量數[11]。簡而言之，四分差乃是指一個羣體中，中間50％的人的全距之一半。因此四分差不是一個點而是一段距離。因爲四分差不易受極端量數的影響，所以在兩端開放的分配，或組距不全的分配中，四分差是最佳的變異量數。如果我們將一組測驗分

[10]　同註[7]，p. 200.
[11]　謝廣全，"最新實用心理與教育統計學"，高雄：復文書局，民國71年7月。

數依序排列，則可將受試者的分數四等分，第$\frac{1}{4}n$個人的分數稱爲「第一四分位數」(First Quartile) 以 "Q_1" 表示之，同理，第$\frac{3}{4}n$個人的分數就以 "Q_3" 表示之。四分差是指從Q_1至 Q_3 這一段分數差距的一半，此公式如下：

$$Q = \frac{Q_3 - Q_1}{2}$$

【例 9.3】假設有12位學生參加技能競賽，經評定結果，分數依序是62、65、67、69、73、75、77、81、82、83、84、88，則四分差應爲 Q_3（83分）減去 Q_1（67分）的一半，則：

$$Q = \frac{83 - 67}{2} = 8 \text{ 分}$$

8 分代表的是參加比賽者中間$\frac{1}{2}$差距的變異情形。

3. 四分距 (The Range by Quartiles)

四分距是在團體中找出前$\frac{1}{4}$的羣組 (upper quarter)，後$\frac{1}{4}$的羣組 (lowest quarter)和中間50％的羣組；四分距(The Range by Quartiles)與四分差 (Quartile Deviation) 是不同的變異量數。其主要功能有(1) 找出團體中分散 (distribution) 的變異情形，(2) 將學生分成三個小的教學羣體，(3) 說明學生在團體中的配置 (placement) 情形，(4) 配合評等第的需要。以表9.2爲例：共有47人，所以 Q_3 在75～79這一組，而 Q_1 在 60～64 這一組，我們以組中點作代表，所以

上$\frac{1}{4}$羣組 (upper quarter)

$$Q_3 = \frac{3}{4} n \qquad 組中點77$$

此組分數介於97～77之間，差距（range）是20分。

> 下$\frac{1}{4}$羣組（lowest quarter）

$$Q_1 = \frac{1}{4} n \qquad 組中點57$$

此組分數介於57～42之間，差距（range）是15分。

> 中間50%羣組（range of the middle 50%）

中間羣組是介於「前$\frac{1}{4}$羣組」和「後$\frac{1}{4}$羣組」之間，由表9.2可看出其範圍在72～62之間，差距是10分。

由四分距可看出團體中各羣體的差異情形，假設有兩班的學生，在同一次測驗中，一班的 "上$\frac{1}{4}$羣組"（upper quarter）佔15分，而另一班的 "上$\frac{1}{4}$羣組" 佔 30 分，則可明顯看出後一組的差異是前一組的二倍，則教師在教學過程及教材的準備，皆須有所改變爲宜[12]！

　4. 標準差（Standard Deviation）

　標準差，簡稱 "SD" 或 "σ" 是一種顯示有關平均數之變異情形的量數。雖然其往往將極端量數加重計算，易受極端量數之影響，且在組距分配不完全的情形下無法計算；但因它受抽樣變動的影響較小，且較平均差、全距、及四分差穩定，因此在正常的分配情況下，標準差是最好的變異量數[13]！ 此外我們需了解標準差是一種距離單位（unit of

---

[12]　同註[7]，p. 203.
[13]　同註[11]，p. 86.

distance)，「如果標準差很小，則代表變異少，如果標準差大，則分數會極為廣泛的散佈在平均數 (mean) 的上下， 標準差可用於比較二組分數以明瞭其彼此間變異的情形。」❹其計算方法是以各分數與平均數的差的平方和除以總人數，再開平方。其公式如下：

$$SD = \sqrt{\frac{\sum x^2}{N}}$$

$x =$ 每一個分數與平均數的差

$N =$ 總人數

上述的這個公式通常用在未分組的情況中；若原始分數已整理成次數分配表而成分組的情形時，則可用下述的公式來求其標準差：

$$SD = \sqrt{\frac{\sum fd^2}{N}}$$

其中： $N =$ 總人數

$f =$ 次數

$d =$ 每一組中點與平均數的差

以表 9.2 所用的例子來看，其標準差則為：

$$SD = \sqrt{\frac{6621.2}{47}} = \sqrt{140.88} = 11.87$$

至此，我們知道平均數可說是次數分配曲線上的一點，是最常用的一種集中量數，而標準差是分配曲線上的一段距離，是一種常用的擴散性變異量數。若學生在某次測驗裏的得分是呈常態曲線分配的話，那由平均數往上或往下一個標準差的距離內，其曲線下方所涵蓋的面積將各有全部的34.13%，以表9.2為例的話，則如圖9.1所示。 由圖中可看

---

❹ Bartz, Albert E., *Elementary Statistical Method for Educational Measurement*, Minneapolis: Burgess Publish Company, 1963, p. 31.

出 $Mn \pm 1\sigma$ 間涵蓋的面積共佔68.26%，亦卽分數在57到80.6之間的學生佔全體的68.26%。

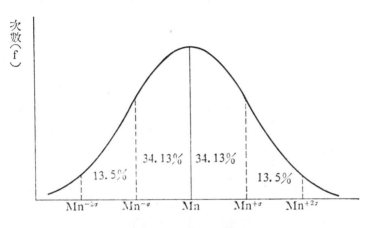

圖 9.1　常態曲線下的面積

（四）相對地位量數 （Measures of Relative Position）

　　教師們除了呈現學生的原始分數之外，有時候也把學生的得分由高而低地排下來，　並給予名次或等級 (rank)，　由這個等級也可讓人瞭解每個學生在班上的學習情形，　這種排名次或等級的方式可由表 9.3 看出：最高分的得第一，次高分的得第二，以此類推；若有二人以上同分，則以這幾個人的名次的平均數爲其名次。當然，在使用這種名次或等級時，一定要同時考慮全體學生的人數，否則10個學生中的第 10 名與100個學生中的第10名意義是極不相同的；爲了能同時兼顧等級及全體學生人數，以下所介紹的幾種相對地位量數就最爲適用了。

　　所謂相對量數，乃是一種用以指出高於或低於某一特定值的分數或人數之比例的統計量數。用來說明一個受試者所得分數，在團體中居於何等位置的統計指標❶。　現就從百分等級、四分位數、及十分位數等三

---

❶　同註❶，p. 57.

表 9.3 根據原始分數給予等級

原　始　分　數	次　　　數	等　　　　　　級
81	1	1
80	1	2
79	3	$4 = (3 + 4 + 5) \div 3$
78	0	
77	4	$7.5 = (6 + 7 + 8 + 9) \div 4$
76	7	13
75	9	21
74	5	28
73	2	31.5
72	0	
71	1	33
70	2	34.5
69	0	
68	1	36
		$N = 36$

方面來討論之。

1. 百分等級 (Percentile Rank) 及百分位數 (Percentile)

百分等級是以次數分配中低於某分數的百分比來表示該分數在百分量表上所佔的位置。 計算百分等級是從分數來找出低於該分數的 百 分比，與百分位數中用百分比來找出分數的方法正好相反[16]。 通常以 *PR* 表示，計算某一原始分數的百分等級之公式如下：

___
[16] 同註[11]，p. 62.

$$PR = \frac{N_b + \frac{1}{2}N_p}{N} \times 100$$

N＝學生總數

N_b＝成績低於該原始分數的學生數

N_p＝成績與該原始分數同分的學生數

例如，表9.3中，原始分數爲73的百分等級爲：

$$PR = \frac{4+1}{36} \times 100 = 13.89 \fallingdotseq 14$$

當然，原始分數爲79的百分等級勢必高於14：

$$PR = \frac{31+1.5}{36} \times 100 = 90.28 \fallingdotseq 90$$

若是在分組的情況下，其百分等級的求法是：

$$PR = \frac{100}{N} \left[\frac{(X-l)f_p}{h} + N_b \right]$$

其中X＝任意原始分數

l＝該原始分數所在組的眞正下限

f_p＝該原始分數所在組的學生數

N_b＝l 以下的累積學生數

h＝組距

以表9.2爲例，欲求分數爲74的人之百分等級，則依公式可得

$$PR = \frac{100}{47} \left[\frac{(74-69.5)8}{5} + 26 \right]$$

$$= 70.63 \fallingdotseq 71$$

根據運算出之結果可知，得74分者其百分等級是71。

另方面，所謂百分位數就是一個分數，在此分數以下有百分之多少

的人或分數，通常以整數表示[17]。 換言之，百分位數是指一百個人中第 p 個人所得的分數，此人以下的次數佔 $p\%$， 即有 $p\%$ 的人不如他[18]。 百分位數通常以 "P_p" 表示之。例如 $P_{90}=79$，是指某位學生的原始分數是79，而他在班上的百分等級是90——亦即班上有90%的人考得比他差; 反過來說， $PR=90$ 的人， 其百分位數或得分是79。 可見百分等級指的是等第，而百分位數是指得分。

所以求百分位數的方式恰好與求百分等級的方式相反， 其 公 式 如 下:

$$P_p = l + \left(\frac{\frac{P}{100}N - N_b}{f_p} \right) h$$

2. 四分位數 (Quartiles)

所謂四分位數就是將整個分數分成四等分， 每一等分各佔25%的人數; 所以第一四分位數(Q_1)是指這分數以下有25%的人數， 以此類推。 四分位數與百分位數只是在等分上不同， 二者之間的關係如下:

$$Q_1 = P_{25} \qquad Q_2 = P_{50} \qquad Q_3 = P_{75} \qquad Q_4 = P_{100}$$

因此， 四分位數的計算公式亦可延用前述的公式，只是求第一四分位數 (Q_1) 時， 使用 P_{25} 的數據代入; 求第二四分位數 (Q_2) 時， 使用 P_{50} 的數據代入， 以此類推。

3. 十分位數 (Deciles)

十分位數基本上和前面所討論的百分位數與四分位數完全一樣， 唯一不同的只是它將整個分數分成十等分， 每一份各佔10%的人數; 所以第一十分位數 (D_1) 是指這分數以下有10%的人數， 以此類推。 其與百分位數之間的關係如下:

---

[17] 同註[11], p. 58.
[18] 同註[4], p. 73.

$$D_1 = P_{10} \quad D_2 = P_{20} \quad D_3 = P_{30} \quad D_4 = P_{40} \quad D_5 = P_{50}$$

$$D_6 = P_{60} \quad D_7 = P_{70} \quad D_8 = P_{80} \quad D_9 = P_{90} \quad D_{10} = P_{100}$$

可見求十分位數的公式，亦與計算百分位數的相同。

以上所提到的都是有關相對位置量數的算法，除此之外，我們亦需了解這些位置量數都是用來表示受試者在某種測驗上的分數或等級，在團體中所佔的相對位置；使受試者及教師了解在團體中有多少人比他好或較其差，以作為本身檢討或教師教學輔導教學的參考。

（五）標準分數

當我們想要表示一個人的得分在一個團體中的相對地位時，除了用百分等級、百分位數以外，還可以用標準分數來顯示之。在很多情形下，兩個量數如果單位不相同，就不能直接相互比較，也就是說，兩種不同測驗的原始分數不可以直接相比較，必須先分別化為標準分數後才能相比較，此即為標準分數的功用。以下即就 " z 分數（z-score）"，"T 分數（T-score）"、及 "標準九分（Stanines）" 等幾種標準分數分別說明之。

1. z 分數 （z-score）

z 分數（z-score）是一種最典型的標準分數， 主要是用來表示某一分數經直線轉換（linear transformation）後的變異情形， 其公式如下：

$$z = \frac{X - \bar{X}}{SD}$$

其中 $X =$ 原始分數

$\bar{X} =$ 平均分數

$SD =$ 標準差

此外，我們須了解，將原始分數用直線轉換變為 z 分數時，團體中

個人之間的相互關係仍保持原狀，並無改變，只是變成平均數等於 0，標準差等於 1 而已⑲。但因爲 z 分數本身在轉換後常會出現小數點或負值，所以常再加以直線轉換，使小數點及負號消失。其公式如下：

$$Z = az + b \quad (a \text{ 爲新的標準差, } b \text{ 爲新的平均數})$$

例如，在一次機械工作法測驗中全班平均爲80分，標準差爲10，某生得70分；如轉換爲平均數100，標準差15，則該生應得多少分？

$$Z = az + b = 15\left(\frac{70-80}{10}\right) + b$$

$$= -15 + 100$$

$$= 85$$

上述二個分數70及85，分數雖不同，但在團體中的地位卻是一樣的。接下來討論的是 T 分數 （T-score） 及標準九分 （Stanines）。這兩種分數是依照常態分配的模式，加以轉換而成爲各種標準常態分數。

2. T 分數 （T-score）

T 分數是經常態化的一種標準分數，在一般標準化的心理測驗中，常被用來建立常模，⑲ 其公式如下：

$$T = 10z + 50$$

其平均數轉換爲50，標準差轉換爲10。

例如，某次英文月考，某班平均分數 60 、標準差爲 6，某生得 73 分，則其 T 分數爲：

$$T = 10\left(\frac{73-60}{6}\right) + 50$$

$$= 2.166 + 50$$

$$= 71.66$$

---

⑲ 同註❹, p. 81.

÷72

（註：T 分數一般均以整數表示，若計算出之分數帶有小數時，該進位。）

3. 標準九分 (Stanine scores)

標準九分是 T 分數的一種縮型，稱爲 Stanine，是由 Standard nines 縮寫而來，它是將常態曲線下的橫軸分成九等分，以 1 分爲最低，9 分爲最高。其平均數爲 5，標準差爲 2。其公式如下：

$$STN = 2z + 5$$

例如：某機械測驗平均65分，標準差爲 5，某生得70分其 "標準九分" 爲：

$$STN = 2\left(\frac{70-65}{5}\right) + 5$$

$$= 7$$

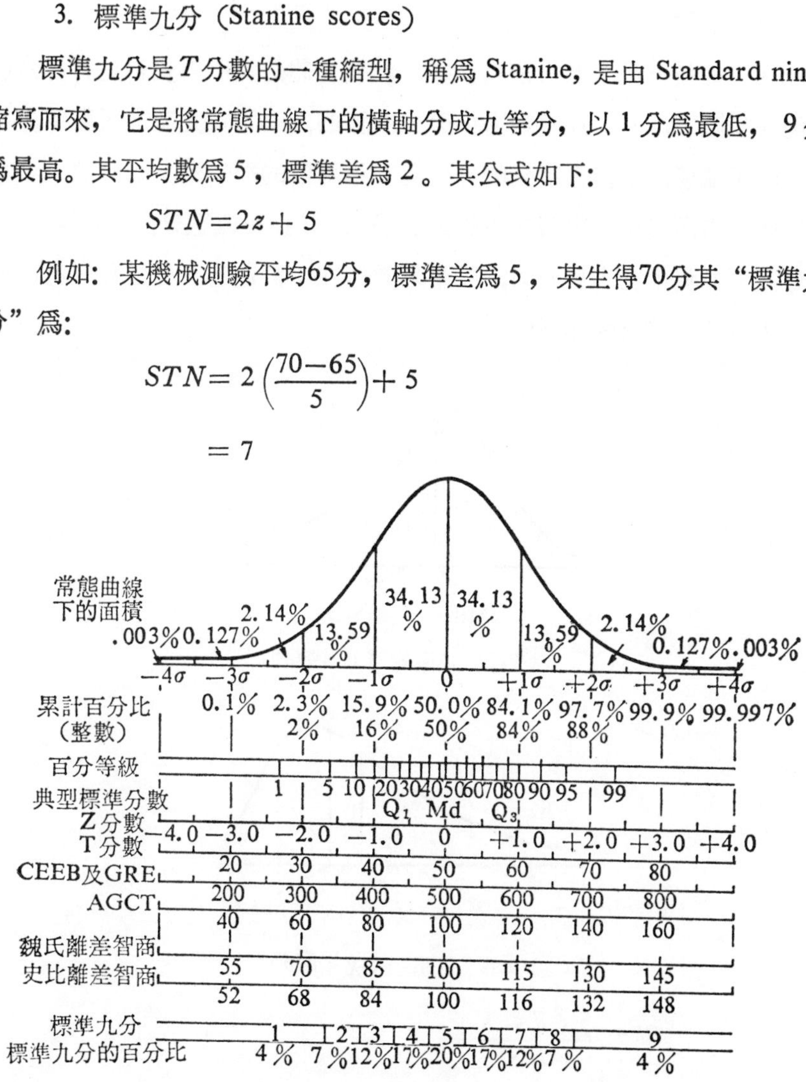

圖 9.2　常態曲線下的面積及各種標準常態分數

（改自 Test Service Bulletin No. 48, The Psychological Corporation.）

則該生 "標準九分" 爲 7，其分配情形請見圖 9.2。

(六) 偏態 (skewness) 與峯度 (kurtosis)

1. 偏態

在一般統計的次數分配模式下，我們若想知道所得資料是否爲常態分配 (如圖 9.2)，通常就需從分配曲線的偏態與峯度二方面著手。

所謂偏態，是指大部分的分數落在平均數的那一邊。如分數大多集中在低分方面或平均數落在中數的右邊者，是爲正偏態分配，如圖 9.3。若分數大多集中在高分方面，或平均數落在中數左邊者是爲負偏態，如圖 9.4 所示。其公式如下：

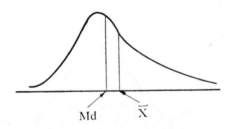

圖 9.3 正偏態 ($\overline{X} > Md$)

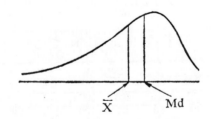

圖 9.4 負偏態 ($\overline{X} < Md$)

$$Sk = \frac{\sum (X - \bar{X})^3}{NS^3}$$

$$= \frac{\sum z^3}{N}$$

所得結果如爲正值則爲正偏態，如爲負值則爲負偏態。

2. 峯度

所謂峯度是指一次數分配曲線與常態曲線相比較時，次數分配較常態曲線爲平坦者，稱爲低濶峯（platykurtic）分配。若較常態曲線陡峻，但二極端分數較多者稱爲高狹峯（leptokurtic）分配，如圖9.5所示。

$$Ku = \frac{\sum z^4}{N}$$

若 $Ku = 0$ 時曲線爲常態分配。$Ku > 0$ 時，是爲高狹峯。$Ku < 0$ 時是爲低濶峯[20]。

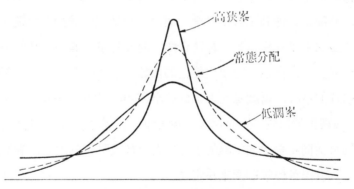

圖 9.5　高狹峯與低濶峯的比較

二、效標參照測驗（Criterion-Referenced Test）

所謂效標參照測驗，依克拉瑟（Claser）的說法是：「一種依照特別目的編製的測驗，可以依據特定的作業標準來直接解釋測量的結果」

[20]　McCollough, C. and Atta, L. V., *Statistical Concept, A Program for Self-instruction*, New York: McGraw-Hill 1963.

❷。依其說法，就是根據學生操作的工作內容來訂定操作標準，並將其組合而成測驗；再將每位學生的成績與原先訂定的標準相比較，以決定其學習的成效。

與傳統的常模參照測驗相比較，可看出，效標參照測驗所關心的是「個人是否具備某種能力」，而常模參照測試則是「注重團體中學習者之間相互的比較」，由此可以了解效標參照測驗強調的是學生表現某一（些）行為的程度；其行為是與某種須先建立的效標相比較，而不是與其他學生的行為相較。教師根據效標參照測驗所知道的是學生究竟具有那些能力，能做那些事情，而不是學生之間的相對位置。

（一）精通標準 (Levels of Mastery)

在任何的教學中，教師所關切的問題應是學生是否得到教師所傳授的知能，亦即是否達到了教學目標。而以效標參照測驗的立場觀之，教師首先須使學生了解學習是一種 "合作" 而非競爭。其次，教師應建立「精通標準」，來作為評定學生等級的依據，並對學習不良或特優的學生給與額外的指導，這就是能力本位教學(Competency-Based Instruction) 中強調精通學習 (mastery learning) 的基礎。至於精通標準的建立，則可從同年級或同年齡的平均學習成績及科目的內容，教師的教學經驗，及教學目標等因素來決定之。

（二）等級的評定

在傳統的教學裏，學生的學習成就多半是常態曲線分配；但是在精通學習中，我們所期望的學習成就是負偏態的形狀，也就是朝右集中（如圖9.6所示）。因此在效標參照標準中使用的是"pass-fail system"，

---

❷　Glaser, R. "Instructional Technology and the measurement of Learning Outcomes: Some Questions," *American Psychologists*. 1963, pp. 519-521.

A-傳統的分配（Traditional）
B-大致精通的分配（Moderate Mastery）
C-徹底精通的分配（Thorough Mastery）

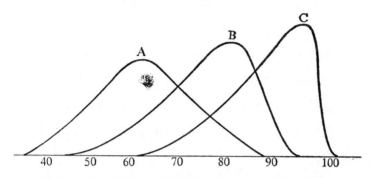

圖 9.6　傳統教學和精通學習的假設成就測驗分數分配圖

學習的結果只有通過與不通過二種。此種評等方式的優點，一方面是明確訂出學習的最低標準，使學生有正確的學習導向，另一方面是鼓勵學生試探不同的學習領域，不必擔心分數的高低。此種評等允許、並鼓勵學生不斷的嘗試以達到預定的標準。因此在效標參照測驗中，沒有失敗「failure」這個字；學生將不斷的學習，直到完成預定的滿意標準（satisfactory level）為止。

　　由上述的常模參照測驗與效標參照測驗二者來看，兩者皆有其優點與缺點，常模參照測驗較偏重於選拔的功能，而效標參照測驗關心的是個人應具備的能力，教師經由常模參照測驗可看出學生相對位置，以進行輔導，效標參照測驗則以一既定的標準來提昇學生的平均程度，對個別化教學做更精確的評量；事實上二者皆各有優缺點，所以應相輔相成而非相斥，它們之間的差異並不在測驗本身，而是在於「分數的詮釋方式」，這是我們必須了解的。

貳、測驗結果的詮釋

當教師將學生的考試成績或實習操作或指定作業評畢後，就得到了許多的分數。 得到原始分數後接下來的工作就須將分數作進一步的處理，以作爲評鑑 (evaluation) 的參考， 再作爲改進教學的依據。因此可看出分數的詮釋 (interpretation) 在整個評鑑中佔了一個極重要的地位，那麼須用那些方式來詮釋呢？我們將從三個方面來探討，分別爲等級的評定 (Grading)、學生檔案 (Student profile) 及預期表 (Expectancy Table)。

一、等級的評定 (Grading)

不論是在效標參照測驗或常模參照測驗，評定名次或區分等級的工作皆較原始的評分來得有價值，因爲從評定的等級中可看出學生是否通過了測驗的標準， 或在團體中的位置[22]。 評定等級的方式一般而 言 有 (1) 排列名次式 (rank)、(2) 百分比式 (percent)、(3) 符號式(symbols)、(4) 百分等級 (percentile rank)、及 (5) 標準分數 (standard scores)。 其中百分等級及標準分數在前面已介紹過， 現就前三者分別敍述如下：

1. 排列名次式

就是依據分數的高低從第一名排至最後一名，這是國內最常見的方式，如同前面提過的，此種方式的缺點是從名次上不易看出學生學習的眞正差異，而只有一羣相關的數字。

---

[22] Lien, Arnold J. *Measurement and Evaluation of Learning*, Iowa: Wm. C. Brown Company Publishers, 1980, p. 326.

2. 百分比式

百分比式評等法與第 (3) 項的符號式有時會有重覆之處，其一般的區分法如下：

> 100～93＝極優秀或 A
>
> 92～85＝優秀或 B
>
> 84～78＝良好或 C
>
> 77～70＝欠佳或 D
>
> 低於70＝失敗或 F

3. 符號式

一般符號式評等法是以 5 個字母來分配等級 A－F，另外一種很常用的符號是「H－S－U」，H 代表高分 (high) 或榮譽 (honor)，S 代表滿意 (satisfactory)，U 代表不滿意 (unsatisfactory)。此外也有「S－U」法，就是「滿意」及「不滿意」兩種符號，或是 P (pass) 通過，或是 F (fail) 不通過兩種——這是在能力本位教學中最常用的。

至於在一羣學生中，等級應如何分配呢？ 通常可根據下列幾種方式：(1) 正常分段 (by normal breaks in distribution)，(2) 常態分配 (by "normal curve" of distribution)，(3) 平均數及標準差 (mean and standard deviation)。

(1) 正常分段

這種等級分配的方式是使每個等級的人數都相同。其作法是由教師先決定要將全體學生分成幾個等級，而後根據學生人數平均分配至每個等級。因此，這麼做時，教師是假設每一等級的學生都是同質的，以致於其成績都分佈在某一特定的分數附近。如表 9.4 便是個例子。

(2) 常態分配

常態分配時，中間等級的人數最多（例如 "C"），而後其上下等級

表 9.4 不同等級分配方式所得的結果

分數	正常分段	常態分配	平均數及標準差
95		A （2）	A （2）
93			
92	A （6）		
89			
87		B （8）	B （8）
86	B （6）		
83			
82			
81	C （6）		
79		C （10）	C （8）
78			
77	D （6）		
75		D （8）	D （12）
73			
72	F （6）	F （2）	
	$N=30$	$N=30$	$N=30$

（如 "B" 及 "D"）的人數略少、且相等，在這兩個等級之外的"A"及"F"等的人數也是相等，但更少。 通常的作法是由教師先訂個百分比，像表9.4中的例子，"A"及"F"等佔7％ "B"及"D"等佔24％，而"C"等佔38％。所以，這麼做的老師都相信一羣學生的成績都是呈常態分佈的。

(3) 平均數及標準差

　　這是一種比較特殊且較科學的方法，在評等時需使用平均數及標準差，其作法是以一個固定點（也就是平均數）爲基礎，學生再依據此點來排列在此點之上或下。平均數可說是一個中點，而標準差則是由中點往上或往下的計量單位，教師便根據學生成績位於平均值之上或之下的距離，賦予等第，常用的公式如下：

$$A = Mn + 1.5SD \text{ 以上}$$
$$B = Mn + .5SD \text{ 至 } 1.5SD$$
$$C = \pm .5SD \text{ 之間}$$
$$D = Mn - .5SD \text{ 至 } -1.5SD$$
$$F = Mn - 1.5SD \text{ 以下}$$

表 9.4 中的例子便是就一個30人的班級某次考試的成績，用不同的等級分配方式所得的結果。

　　以上所敍述的就是常用的評等方法，此外教師在評定等級時須注意(1) 不同科目應使用不同的測量法，例如國文科係以測驗及作文來作爲評等的依據，而技能科則是以實驗的操作來測量；(2) 單一的等級並不能顯示學生各方面的學習成果，因此在成績旁應加上適當的註解，例如一個學生「工業材料」這一科目得到「B」，則 B 代表的是這一科的平均學習成就，裏面包括「學生努力程度」、「學生的學習成就」、「上課時的態度（學習精神）」等；(3) 科目內的主要學習項目可以加重計分，例如測驗的成績可佔較高之百分比，其他作業的成績則可佔較少的比重。

二、學生檔案（Student Profile）

　　學生檔案是一種區分學生學習結果之強弱以作爲教師促進適當教學的方法，　一般是以圖形或表格的方式用以描述學生或學生羣的學習結

STANFORD Achievement Test
1973 Edition

INDIVIDUAL RECORD
for Brown Charlie

Teacher MISS L. JONES   Date of Testing 10/73
School SOUTH ELEMENTARY   Grade 3
System WESTERNER

SCORE DETAIL				TESTS	NATIONAL STANINE PROFILE								
Number Right/Possible	Scaled Scores	Percentile Rank Local/NAT'L	Grade Equiv.		1 Below Average	2	3	4	5 Average	6	7	8	9 Above Average
26/37	133	50	3.2	Vocabulary					-5-				
43/45	148	80	4.2	Reading-Port A							-7-		
44/48	151	84	4.4	Reading-Port B							-7-		
87/93	148	84	4.4	Reading Comprehension							-7-		
43/65	121	40	2.5	Word Study Skills					-5-				
32/35	155	92	5.0	Math Concepts								-8-	
28/37	141	72	3.5	Math Computation						-6-			
21/28	142	68	3.7	Math Applications						-6-			
40/43	158	92	5.3	Spelling								-8-	
				Language									
15/27	118	16	2.1	Social Science			-3-						
20/27	130	54	3.3	Science					-5-				
43/50	151	90	4.9	Listening Comprehension								-8-	
				AREA TOTALS									
130/158	138	60	3.5	Total Reading						-6-			
81/100	143	82	4.0	Total Mathematics							-7-		
69/87	139	74	4.0	Total Auditory						-6-			
				BATTERY TOTAL									
355/442	139	72	3.8	COMPLETE BATTERY						-6-			

SCORE DETAIL						OTIS-LENNON MENTAL ABILITY TEST	1	2	3	4	5	6	7	8	9
Mental Age yrs./mos.	Row Score	Grade Norms PR S	Age Norms Percentile Rank Local/NAT'L	Dev IQ			Below Average				Average			Above Average	
08 10	52	46 5	57	103		AGE NORM STANING......					-5-				

OTHER PUPIL DATA: TEACHER NOTES

Age 08 yrs. 10 mos.
Other Imformation
Pupil Number

TEST INFORMATION

	Level	Form	Norms Used
Stanford	PRIMARY 2	A	GRADE 3.2
Otis-Lennon	ELEMENT 1	J	GR 3 BEG
Local Norms based on	pupil		

Process No. 000-0000-000

圖 9.6 學生檔案（個人）

資料來源: *Standford Achievement Test*, Harcourt Brace Jovanovich, Inc., 1972.

STANINE	Vocabulary	Reading (Parts A+B)	Word Study Skills	Mathematics Concepts	Mathematics Computation	Mathematics Applications	Spelling	Social Science	Science	Listening Comp.	STANINE	OLMRT IQ*
9		12			9,⑩,18	23	4	12,22	23		9	23
8	12				9,⑩,18,23	4,6		18	11,18,21,23		8	9,10
7		23	18	2,25	23	2,4,8,15,18	⑩		8,20,25	11,12,15	2,9,20	4
6	2,4,19	4,18,20,22	4,⑩,⑯,20,22,23	4,6,15,20,22	2,20,22	7,9,⑩,25	2,9,22	7,9,⑩,19	2,8,22,26	18,22	6	2,6,11,12,18,22
5	9,⑩,18,22,23	1,6,9,⑩,⑯,24,26	1,6,7,9,12,19,24		12,15,⑯	5,11,20,21	③,12,⑯,19,20,21,23	2	1,6,8,9,14,17,19,21,25	7,8,15,21,26	5	1,7,8,13,15,20,21,25
4	7,20,21	2,③,7,19,21,25	25,26	1,7,8,12,⑯	1,5,8,14,25	6,12,14,19,22,24	1,5,6,7,15,24	1,5,14,15,⑯,24	③,5,⑯,24	5,6,⑩,11,14,19,24,25	4	5,14,16,19,24
3	1,5,6,8,24,25,26	5,8	2,③,5,8,15,21	5,14,17,19,21,26	③,19	1,⑯	8,17,25,26	17	⑯,20	4,⑩,17	3	17,26
2	14,⑯	14,15,17	17		7,17,21,26	③,17,26	11,14	③,6,26	7	1	2	3
1	③,15,17		14	③						③	1	

No. of Pupils in Stanine 7-9	1	2	1	6	6	6	3	No. of Pupils in Stanine 9	4	4	7-9	4
4-6	11	17	15	10	11	14	16	11	17	15	4-6	19
1-3	12	5	8	7	6	5	6	4	3	5	1-3	3

圖 9.7　學生檔案（團體）

資料來源：*Standford Achievement Test*, Harcourt Brace Jovanovich, Inc., 1972.

果，此種檔案多用於綜合成就測驗 (achievement test)，態度測驗 (ap-
titude battery)，或職業興趣測驗 (interest inventory for various
occupation) 等，雖然學生檔案並未提供比前述的「分數」、「常模」、
或「統計結果」更多的有關學生成績的資料，但它可用圖案的方式協助
測驗結果之說明與比較；或用表格的方式將個體的成績呈現，作為教師
設計教學方案，及選擇教材教法之依據。如圖 9.6, 9.7 所示就是二個
學生檔案的例子。

圖 9.6 顯示某位學生在史坦佛成就測驗中答對的題數、分數、百分
等級。而圖 9.7 則使用標準九分 (stanine) 來作學生個人與全體學生各
項成績的比較分析；表格的上方顯示學生的成績，而下方顯示班上其他
同學得分等於平均值、高於平均值、及低於平均值的人數。很明顯的，
當學生過多時，使用如圖 9.7 的分析方式會使圖形變得紛亂不清，失去
原有的功能。

三、預期表 (Expectancy Table)

預期表的用途是描述預估分數 (predictor scores) 和測量效標
(criterion measure) 兩者間的關係[23]。亦卽由這個表可以由某位學生
的測驗成績預測其達到某個效標的可能性。

假設某個預期表上所用的效標是某個課程所得的等級，而其預估分
數是某次測驗的成績（如表 9.5 所示）。並且表中的這些預估分數也以
10分為間距，分別列出各間距的次數、百分比、及累積百分比，這樣我
們就可以依據這個表來預測學生在該課程中的表現了。例如某甲的測驗

---

[23] Anderson, S. B.; Ball, S., and Murphy, R. T. *Encyclopedia of Educational Evaluation*, Sanfvancisco: Jossey-Bass Publishers. 1977, p. 152.

成績是25分的話（在20～29的間距中），那麼他有百分之七十九的機率在該課程中得 C 或比 C 好的成績; 但是他只有百分之一的機率得到 A⁻。

由這個表可看出，當學生的預估分數提高時，其成功或高成就的百分比亦相對地提高; 同時，我們也可發現，這種表可以很明顯地顯示兩種變數（Variables）之間的相關程度。因此，技職教師們可利用預期表來呈現學生在校內的學習成就，與將來工作成功情形之間的關係; 另方面，輔導人員也可利用這種表格來表示學生的興趣、性向成績，與就讀某類職業科目的成功率之間的關係。總之，預期表可說是解釋學生測

表 9.5 測驗預期表

所測得量等效級（標）	預估 分 數 (Predictor Scores)									30～39
	0～9			10～19			20～29			
	次數(f)	百分比(%)	累積百分比	次數(f)	百分比(%)	累積百分比	次數(f)	百分比(%)	累積百分比	
A⁺										
A										
A⁻							1	(1)	(1)	
B⁺				1	(2)	(2)	7	(7)	(8)	
B	1	(2)	(2)	2	(4)	(6)	13	(13)	(21)	
B⁻	2	(5)	(7)	7	(14)	(20)	18	(18)	(39)	
C⁺	6	(15)	(22)	9	(18)	(38)	22	(22)	(61)	
C	7	(18)	(40)	12	(24)	(62)	18	(18)	(79)	
C⁻	8	(20)	(60)	9	(18)	(80)	13	(13)	(92)	
D⁺	7	(18)	(78)	7	(14)	(94)	7	(7)	(99)	
D	6	(15)	(93)	2	(4)	(98)	1	(1)	(100)	
D⁻	2	(5)	(98)	1	(2)	(100)				
F	1	(2)	(100)							

驗成績的另一種有效而實用的工具。

以上所介紹的是幾種詮釋測驗結果的方式，但是無論如何，技職教師們在闡釋測驗結果時，應注意下列幾點：

1. 對測驗的本身應有澈底的認識，特別是測驗的目的。
2. 對評分的方式的認識。
3. 對建立該測驗常模的常模羣（norm group）的認識。
4. 對受測者各方面特質的認識。
5. 瞭解測驗結果所代表的意義。

叁、測驗結果的應用

我們知道，教學的目的乃在於使學生產生行爲上的改變；因此對於教學的整個過程——從目標的確認、方法的使用、教學的內容及學後的考評，每一個項目都須重視，如此才能使學生獲得有效的學習。而測驗的價值也就在於提供有關學習的資料，以促進整個教學的改進。其功能可以由下列幾個方面來說明：

一、增進學生學習的動機

學生會視測驗的結果爲學習的目標，希望能獲得高分，因而努力學習。如果教師能強調測驗的意義，使學生明瞭本身學得的知識較分數更爲重要，則將更能激勵學生努力的學習，而避免學生一味的求取高分，以致於忽略了測驗原有的功能。

二、引導學生朝適合其潛能的方面發展

以生計輔導的觀點言之，測驗能使學生明瞭其那些科目較強，那些

科目較弱，並藉著教師及輔導人員的協助，使學生能有自我概念 (self-concept)，更能了解自己，追尋適合本身能力的目標，並能有效的達成。

三、促進學校與家庭的溝通

經由測驗可使家長了解學校的教學目標，指出學生學習的長處與短處 (strengths and weaknesses)。使家長能據以引導或鼓勵學生學習。並與學校的教師合作，共同幫助學生學習，並不斷的支持學校的教學措施與活動。

四、提供教師有關學生學習的訊息

藉著測驗的幫助，促使教師能深切的明瞭學生學習的情況，設計或使用適當的教學方式，選擇或編排恰當的教學內容，使學習的癥結獲得舒解而不致惡化；以免到學習結束時才讓學生留級或轉學，此種方式並不能解決問題，且效果也欠佳[24]。

五、作為輔導與諮商的參考

教師及輔導人員可以使用各種不同的測驗結果，來作為幫助學生解決學習困擾、個人期望、人際關係……等問題。例如，學生期望目標與個人能力相差太遠，亦即，抱負水準不切實際時，教師可使用智力及性向測驗結果，再根據其在校學科成績，與學生討論，使學生能面對現實，重新調整適合其發展的學習目標或職業目標。此外關於生活適應及

---

[24] Noll, V.H.; Scannell, D.P.; and Craig, R.C., *Introduction to Educational Measurement*, Dollas: Houghton Mifflin Company 1979, pp. 436-445.

人格方面的問題，輔導人員及教師亦可使用測驗來協助學生了解自己的情況，改善與別人的關係，促進健全的人格發展㉕。

六、學校行政方面

測驗的結果可用以安置學生於適當的等（班）級，使學生的潛能獲致最大的發展。不論是資賦優異或是有學習障礙的學生，都可藉由各種綜合成就測驗，學業成就測驗及智力測驗，來安置學生於適當的環境，使學生的教育發展及心智的發展可以同時兼顧，針對學生的個別差異，提供行政上的配合，使學校能對學生的升學及就業提供有效的支援與幫助。

教育是一種行為改變的歷程，而行為改變的程度，則須運用測驗來作有效的評定；各種教育的成果均須倚賴測驗來決定，由此可見其重要性。但若只是使用測驗，得到分數，再將其登記成册就算了事的話，並不能對教學的改進有任何的幫助，原始的測驗分數並不具有任何的意義，唯有經過呈現與詮釋的分數，才能用以作為修正教學目標，教學方法及內容的依據。

目前在學校的教學過程中，有一個很明顯的問題存在，那就是「忽略了測驗結果的詮釋與應用」，使得教師的教學因為無法獲得回饋而停滯不前，學校的行政措施缺乏可靠的指標來改革、修正。此種只問耕耘，而不問收穫的現象，的確值得探討。此外，從社會學的觀點而言，學校對於社會應負擔其「選擇」的功能，也就是依據學生的資質及社會需要，來促使學生成為有用的公民。而關於學生這一部份，皆有賴測驗來客觀地評鑑其成就。由以上所提到的觀點，我們應能深切體會「測驗結果的詮釋及應用」的重要性，希望有關的教育從業者皆能體認並身體力行，如此一來，有關教學活動的改進，將是指日可待的事情了。

㉕　張春興，"教育心理學"，臺北：東華書局，民國70年，p. 403.

第十章 技術職業教育評鑑的理論與實施

　　近年來，我國的經濟結構已由勞力密集工業，轉型爲技術密集及知識密集的工業；在這個升級的過程中，毫無疑問的，高素質的人力培育，將是個極重要的關鍵因素，而我國之基層技術人力，主要是由高級職業學校負責培育。有鑑於此，政府在過去的數年裏對高級職業教育的推展極爲重視，除了兼顧量與質的要求之外，也期能同時滿足社會與個人的需求。這些可由早期的強調職校學生與普通中學學生的七與三之比，到近年所推動的一、二期工職教育改進計畫看出，政府除了在技術人力「量」的調整之外，也重視了「質」的提昇；此外，由十年前成立國立臺灣技術學院而完成我國技職教育體系，到去年（七十三年）正式實施的「延長以職業教育爲主的國民教育」政策，也印證了政府在計畫職業教育的發展時，除了注意國家需要之外，也同時考慮了國民個人的需求與發展。

　　由以上所提及的這些措施，我們不難體會出政府對職業教育所投注的心力與財力，也因此，所有從事職業教育或關心職業教育的人士總免不了要問道：「我們職業教育的成效到底如何？」，要回答這個問題，最具體而實際的辦法則莫過於利用評鑑的手段了。就目前的狀況而言，對高級職業學校的評鑑工作，主要是由臺灣省教育廳、及臺北和高雄兩

市的教育局主其事；而專科的評鑑，則由教育部負責，其實施的方式、及內容則互有異同，爲了能進一步地探討我國技術職業教育的評鑑應有的作法，使之更能發揮評鑑的功能，本文擬就 (1) 我國實施技術職業教育評鑑的現況、(2) 技職教育評鑑理論與方式的探討、以及 (3) 對未來進行評鑑工作時應有的作法等三個主題，分別討論如下。

壹、技職教育評鑑的現況

由於行政劃分的緣故，除專科教育由教育部統籌評鑑外，高職教育則分別由臺灣省政府教育廳、臺北市政府教育局、及高雄市政府教育局負責計畫及執行。就大體而言，各單位在評鑑的方式上皆大同小異，惟因幅員、及經費等條件的不同，而在評鑑的次數及評鑑的內容上，有或多或少的相異。

一、評鑑方式

根據過去幾年的技職教育評鑑來看，所採的方式爲自我評鑑與訪問評鑑併行。所謂的自我評鑑，亦即由主辦單位將事先設計好的評鑑表格預先寄至各技職學校，而後由各校根據表格上所列之評鑑項目給自己評鑑，各校除逐項填寫具體的優劣事實之外，有時也評定自我的等級。在完成自我評鑑之後，主辦單位接著便請相關的專家及學者擔任評鑑委員到各校進行訪問評鑑，通常訪問評鑑主要是由評鑑委員根據各校自我評鑑的資料到校做更進一步的瞭解，並與校方行政人員與教師座談、溝通意見；有時候評鑑委員也利用訪問評鑑時對學生實施技能抽測，藉以瞭解實際之教學成效。

至於評鑑的頻率，高職方面，臺北及高雄兩市幾乎是每年都舉行，

而且受評的科也較普及；臺灣省由於幅員廣大，加上人員、財力、及時間等因素的限制，各科受評的時間也間隔得較長，譬如說在七十學年度僅評鑑了機械類科（含機工、鑄工、機械製圖、板金、機械木模、模具、及礦冶等科）；接著在七十一學年度實施了電機類科（含電子設備修護、電工、電訊、及電器冷凍修護等四科)的評鑑；七十二學年度則做了動力機械類科（含汽車修護、重機械修護、飛機修護、及輪機等科)的評鑑。由此可見，臺灣省的做法是連續三年裏逐年逐科進行評鑑的；可是無論如何，這些科的上一次接受評鑑的時間，則要推回六十五學年的時候了，所以就各科而言，兩次接受評鑑的間隔都至少相距五年了。

至於專科方面，由於校數多、類別又雜，故教育部亦採分類評鑑方式，分三年評完。工業類專科學校分別在六十四、六十七、及七十年接受過三次評鑑；商業及醫事護理類則分別於六十五、六十八、及七十一年接受評鑑。

二、評鑑內容

七十二學年度臺北市的職業教育評鑑乃是以 「革新教學方法」 為主，除了對往年的評鑑結果辦理追踪之外，其重點包括❶:

1. 教學部份
   (1) 教學計畫──含計畫、目標、及活動設計與準備等三項。
   (2) 教學實施──含有適應個別差異、教學進度、理論與實作配合、及校外教學。
   (3) 教學評量──含評量計畫、評量的實施、及評量結果等三項。

---

❶ 臺北市教育局，臺北市七十二學年度公私立高級中等學校工科評鑑總報告，民國73年7月。

(4) 教學研究——含研究組織、及資料收集與著作。

(5) 教學媒體——含設計、製作與蒐集，使用、維護與管理，及其他配合事項。

(6) 教學設備之運用——含與現行設備比較、與平均使用人數之比較、及與教學之配合等項。

(7) 教學設備之保養與維護——含有關規則之訂定、及實施狀況。

(8) 安全與衛生——含環境衛生、工場佈置與管理、安全教育、及其他安全措施。

2. 輔導部份

——本部份包含：輔導目標與計畫、輔導組織與人員、輔導資源、生活輔導、職業輔導、及輔導工作檢討等六項。

至於行政支援等方面的要求，則很明顯的都併入以上這些項目之中了。臺北市七十三學年度職業教育評鑑的內容，仍以上述之各重點為主。

至於臺灣省在七十、七十一、及七十二學年所進行的機械類、電機類、及動力機械類的評鑑內容，則包括了「師資」、「教學」、「設備」、「維護與管理」、「技能抽測」、及「特點加分」等六大項❷。茲將各大項的內容要點，簡略地摘要說明如下：

1. 師資：本項主要在瞭解各校專業教師之學歷、工廠工作經驗、教學經歷、近五年之進修及著作情形。

2. 設備：重點在於實習工場的面積、採光與通風、動力配置、及實習設備的數量，是否合於部訂標準。

3. 維護及管理：包含工場建築之安全、環境整潔、機器及工作枱

---

❷ 臺灣省教育廳，七十一學年度臺灣省公私立高級中等學校工科（電機類）評鑑總報告，民國73年5月。

的佈置、意外的防護、設備之利用與管理、學生人事組織之運用、及材料之存放及管理等項。

4. 教學: 含能力本位教學之策劃與執行、教學資源、課程計畫、及教學實習等。

5. 技能抽測: 含理論及技能的操作兩項。

6. 特點加分: 主要有行政支援、發展計畫之訂定與執行情形、畢業生之追踪與輔導、以及對學生提供之各項服務（如獎助學金、餐廳、交通車等）。

其他如農科、商科職校的評鑑，亦以上述各項重點為主。

至於高雄市在過去幾年的職業教育評鑑中所採的內容，則與臺灣省所用的極為相近──也包含師資、教學、設備、維護與管理等各項。專科學校的評鑑，主要包含師資、課程與教學、設備、及行政四項❸。綜合前述各項技職教育評鑑內容，可見: 雖然在細節上互有些微的差異，但就整體來看，都極重視師資的品質、教學活動（含方法、教材、教學媒體等）、以及相關的行政支援等幾個大項。

正由於有如上的評鑑內容，所以被邀請擔任評鑑的委員也主要有一般教育委員及專業委員兩類，前者負責一般行政支援、輔導、及學校設施的部份，而後者則擔任專業科目教學、工場設備及佈置、管理的評鑑。

多年來臺灣地區的工業職業教育，經過政府的不斷規劃、投資、與評鑑，已相當的上軌道，特別是工職教育評鑑的工作，在這個蛻變的過程中更是發揮了極大的引導及激勵的功能；但是無論如何，在這國家亟需更高品質技術人力的時候，要怎樣再提昇我們的技術職業教育呢？

---

❸ 王國隆，"專科學校評鑑實施現況、成果、及檢討"。研考月刊，8卷12期，民國73年12月。pp. 32-37.

除了積極地由改善師資培育、改進教材教法、及添購新穎的設備著手之外，是否也該檢討一下我們對職業教育評鑑的內容與方式，使之更有效地發揮其應有的回饋的功能呢？在擬定今後技職教育評鑑應有的作法之前，以下首先就技術職業教育評鑑的理論及方式討論如下。

貳、技術職業教育評鑑的理論與方式

在目前這個講求績效的時代裏，所有從事職業教育的人士都覺得建立一套有系統的評鑑制度，是日益重要的。大家都得經常面對如下的一些問題：應為那些人提供職業教育？在設計或修訂職業教育時，應考慮這些人的那些特質？所提供的各項教學或相關措施是否良好？成本及效益如何？是否達成了先前所訂下的職業教育目標？

要找出以上這些問題的答案，我們除了期望當今職業教育，能結合大家的智慧及經驗以反應社會的需要外，並也應將這個期望做為引導我們設計及實施職業教育的指標；在這個前題之下，一套有系統的評鑑制度將有助於我們：

(1) 建立正確而獨到的觀點；

(2) 尋求上述問題的答案；

(3) 得到確實而合時效的依據以便做出適當的決策；

(4) 對社會大眾呈現教育的績效❹。

一、評鑑的主要意義

追溯過去評鑑的發展歷程，Guba 及 Stufflebeam 兩位先生認為

❹ Stufflebeam, Daniel L., "Evaluation as a Community Education Process", *Community Education Journal*, March/April, 1975, pp. 7-19.

較早的時候評鑑 (Evaluation) 及測量 (Measurement) 是相同的，他們認為評鑑是「收集數據及利用統計的方法處理這些數據，並藉之以做成判斷的過程。」❺ 這個評鑑的觀念後來又被 Thiede 描述成「確定學生的學習結果與教學目標相符合的程度的過程。」❻ 而我國的李聰明先生也在民國六十一年對教育評鑑做了定義，他認為「教育評鑑乃是利用所有可行的評價技術，評量教育所期的一切效果。」❼ 由以上的幾個定義看來，顯然都強調 "教學結果" 的評鑑，而非 "教學過程"。

　　後來，Harold Matteson 將評鑑定義成：「根據某些特定的標準或目標，以決定某些事物的價值、效果、合意度、或適用性的系統化過程。」❽ 同時，Stufflebeam 也將之定義為：「考驗及評定某些事物的價值、品質、重要性、數量、程度、或狀況的行為。」❾ 由上述這兩位先生的定義可發現大部份的評鑑都含有三項重要的因素——證據（evidence）、標準（criteria）、及評判（judgement）。

　　有許多教育評鑑方面的專家都強調了利用目標（objectives）作為評鑑依據的必要性。在為職業教育設訂目標時應同時考慮其內容（content）及處置這些內容的手段或方式（form）；Payne就說過：「目標在

❺　Guba, Egon G. and Daniel L. Stufflebeam, *Evaluation: The Process of Stimulating Aiding, and Abetting Insightful Action,* Indiana University, 1970, p.9.

❻　Thiede, Wilson, "Evaluation and Adult Education", *Adult Education: Outline of an Emerging Field of University Study,* Adult Education Association, 1964, p. 291.

❼　李聰明，"教育評價的理論與方法"，幼獅文化事業公司，民國61年10月，頁3。

❽　Matteson, Harold R., "A Process for Evaluating Vocational Education Programs in Agriculture", *The Agricultural Education Magazine,* August, 1972, pp. 30-31.

❾　Stufflebeam, Daniel L., "Evaluation as a Community Education Process", *Community College Journal,* March/April 1975, pp. 7-19.

做為評鑑的依據時，不僅該注意對象因素（即 content），而且也該關心這些因素是如何地被處理、按排、及教授的❿。」在職業教育裏，其對象因素包括：學生的學習成就、就業的情形、及工作之滿意程度等；至於處理、按排導致上述因素的方式指的是達成教學目標的過程，而職業教育的成效正是上述過程的直接結果。討論至此，很顯然的，評鑑技術職業教育時，應同時強調「過程」及「成效」的評鑑。

二、評鑑的目的

眾所周知的，教育評鑑應是一項週期性及連續性的工作，張植珊先生在「教育評鑑的實施與展望」一文中就曾提過：「教育評鑑乃是一專門學問，它是一種無靜止的活動過程的中途點，既是前一步的檢討，也是下一步的計畫⓫。」在美國甚至於在其職業教育法案中（如：1968年的修正案）便明文規定各州一定要執行定期的評鑑。

職業教育最主要的目的，是賦予人們謀生的技能以進入工作世界（The world of work），並能在其中繼續不斷地發展；而工作世界是機動的，不斷改變的。所以，為了使我們的職業教育隨時都能適當地協助人們進入或再進入工作世界，則必須確定它能隨時反應國家社會及個人的需求。

我們的職業教育到底辦得多好呢？這個問題的答案可由下列各項資料尋得：

——學生在畢業後能找到工作嗎？

---

❿ Payne, David A., *The Specification and Measurement of Learning Outcomes*, Waltham, Mass.: Blaisdell Publishing Company, 1968, p. 21.

⓫ 張植珊，"教育評鑑的實施與展望"，昨日、今日與明日的教育，臺灣開明書店，民國67年7月，頁 699。

——工作或升學後滿意的程度如何?

——職業教育課程是否可滿足社會及個人的需要?

——其投資報酬率如何?

我們職業教育是否達到上述這些要求呢? 若沒有! 又是為甚麼呢? 使得職業教育符合績效要求的最好辦法,便是實施定期的評鑑,Jay McCracken 曾說過這是改進職業教育最好的辦法⑫。 記得臺北市政府教育局第一科前科長龔文廣先生也提到過: 臺北市歷年來舉行的職業教育評鑑,已使得職業學校在各方面的措施有極顯著的進步。 總之, 職業教育評鑑的目的是非常簡單且清楚的——卽是改進並提昇整個職業教育。

三、評鑑的內容

評鑑應是一種擴散性的觀念, 它必須應用到一件事物的各個角度,或一個機構的各個部份上; 技職教育評鑑的目的, 並不在於檢討學生或老師個人, 也不是用之以為決定誰應受到獎勵、 或人事聘用與否的參考。 長久以來, 評鑑的意義都被侷限在評估學生的成就、教師的成就、或某些專案或計畫的成效, 其實對技術職業教育而言, 評鑑的意義比之要廣泛得多了。

McKenzie 就指出, 技術職業教育中有四種因素必須涵蓋在評鑑的範圍中: 基礎性因素(Foundation Variables)、前提性因素(Antecedent Variables)、 工具性因素 (Instrumental Variables)、 及結果性因素(Consequential Variables)⑬。 這四種因素所含的內容如圖 10.1 所示:

⑫ McCracken, Jay, "Evaluation, A Step Toward Developing A Successful Vocational Agriculture Department", *The Agricultural Education Magazine*, August 1972, pp. 29-40.

⑬ McKenzie, Leon, "Evaluation, Program Variables," *International Journal of Instructional Media*, Summer 1974, pp. 365-375.

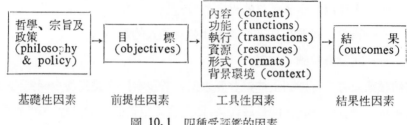

圖 10.1 四種受評鑑的因素

（一）基礎性因素 —— 指的是支撐技術職業教育的基礎， 例如哲學、原理、及相關的假設。

（二）前提性因素——指的是技術職業教育的目標，包含一般目標及特殊目標； 這些目標的敍述方式可以是整個教育計畫（program）所預期的目標，也可寫成學生在完成整個學習過程之後所預期的行爲目標（behavioral objectives）。前者常用在傳統的教學裏用以引導教學的實施；而後者則常用在近日我國所推行的能力本位教學裏，以爲教學及評鑑的依據。

（三）工具性因素——指的是藉之以完成教育目標的各項因素； 換句話說，這些因素是達到教育目標的 "手段" 或 "工具"。它們包括:

1. 內容（content）: 指的是某一特定的教育計畫所傳授的知識、觀念、態度、及技能， 在國內最具代表性的可說是我們所用的課程標準。

2. 功能（functions）: 指的是要安排理想的教學情境所需完成的措施或任務。

3. 執行（transactions）: 指的是行政人員、 教師、及學生等人際之間的溝通情形。

4. 資源（resources）: 指的是教學所用的各種材料，如書籍、儀器、工具、及設備等。

5. 形式 (formats)：指的是用在敎與學過程中的各種方法或技巧，例如講解、示範、小組討論、操作練習、角色扮演等。

6. 背景環境 (context)：指的是物質的環境，以及與整個敎學有關的氣氛。

(四) 結果性因素——指的是敎育計畫 (program) 所達到的效果或成果，通常這些結果有部份是可預期到的，而有部份卻無法預期；不可諱言的，這項因素通常在評鑑的過程當中佔有極重要的地位。

除了上述 McKenzie 所提的技術職業敎育評鑑應涵蓋的內容之外，Stufflebeam 也指出了一些技職敎育可評鑑的因素如：目標因素 (goal-related variables)、過程因素 (process-related variables)、及成果因素 (product variables)[14]。這幾項因素和 Stufflebeam 及 Guba 兩人所提的 CIPP 評鑑模式中所強調的評鑑內容非常相近。CIPP 模式的主要重點在於背景環境 (context)、輸入 (input)、過程 (process)、及成果 (product) 四方面的評鑑[15]。茲將這四個重點簡單敍述如下：

1. 背景環境（C）——主要在爲技術職業敎育訂定理論基礎、確定學生的需要、描述問題、及形成目標。

2. 輸入（I）——利用現有的資料並尋求各種可資完成敎育目標的策略。

3. 過程（P）——指的是敎育計畫在實施過程中所做的評鑑，用以確定計畫本身以及執行上碰到的問題。

4. 成果（P）——評估計畫實施後的成果（通常是拿它與前所訂

[14] Stufflebeam, Daniel L., "Evaluation as a Community Education Process", *Community Education Journal*, March/April, 1975, pp. 7-19.

[15] Stufflebeam, Daniel L., *Educational Evaluation and Decision Making*, Phi Delta Kappa National Study Committee on Evaluation, Itasca, Ill: P.E. Peacock, 1974, p. 40.

定的目標相比較）。

由以上幾位學者所提出的評鑑內容相比較之後，可以發現彼此非常相近，都強調教育計畫的執行及成果的評鑑；唯一比較不同的是 Stuf-flebeam 還認爲評鑑工作的本身也應評鑑。

由於技術職業教育是爲協助人們進入工作世界而設計的，所以我們應爲職業教育備有較特殊的哲學觀、教育目標、課程、教材、以及設備；同時，這些都應經常地加以評鑑，以確定職業教育能隨時配合快速的科技變化、社會及個人需要的變遷。

四、評鑑的時機

每當我們推動技術職業教育時，通常都經過下面的幾個步驟：

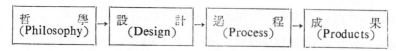

哲　　學→設　　計→過　　程→成　　果
(Philosophy)　(Design)　(Process)　(Products)

上面這個模式 Santellanes 把它叫做「過程回饋系統（Process Feedback System）」[16] 這與前述 Stufflebeam 的CIPP 模式亦極爲類似。從事技職教育的人士通常都先爲技職教育確立哲學觀及目標，這哲學觀及目標將是進行後面幾個步驟的準則或依據；根據所列的哲學觀及目標，下一步將是決定課程內容、教學法、教學環境、乃至於教學媒體等，而後在教育行政及政策等各項因素的支援下，得以獲致教育的成果，我們可以由圖 10.2 得到更清楚的說明：

評鑑工作可在上述整個過程中的任何階段實施，例如：一旦目標設立之後，就可用較批判性的眼光對其進行檢討，這個工作可評估教育計

---

[16] Santellanes, David A., "Process Evaluation in Community Education", *Community Education Journal*, March/April 1975, pp. 20-23.

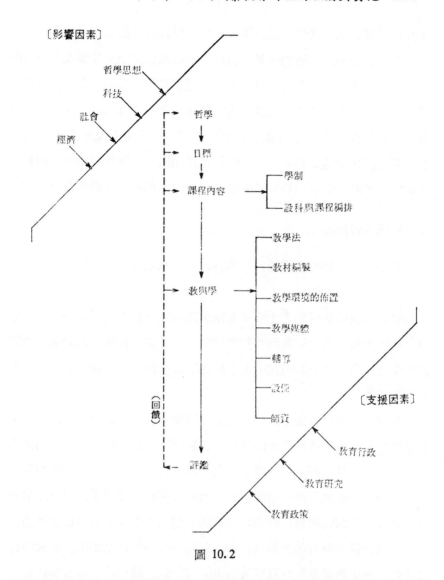

圖 10.2

畫是否充份地考慮了社會及個人的需求；同時，決定課程內容的過程及
結果也應評鑑，看其是否能充份地反應先前所訂的目標。相同地，實施
教與學的場所、方式、及各種資料也應評鑑，而這些評鑑的結果都可回

饋至哲學觀及其之後的各項決策，並據之以做必要的修正或加強。

不可否認的，教學的成果，例如學生的成就、學生就業及升學後的滿意程度、甚至於僱主的滿意程度，都應該列入評鑑的對象裏，由於這幾項皆是職業教育的主要目標，通常技職教育人士都利用這些發現來改進現有的教育計畫。為了配合這個科技變化快速的時代之要求，技職教育不但應經常地由外界輸入新的觀念及知識（如圖10.2中所示的影響因素），同時，也應由經常不斷的評鑑中由內部獲致回饋的資料。

五、如何進行評鑑

要完成某一教育評鑑時，最值得注意的事項有三:

（一）資料來源

當從事技職教育的人士嘗試著確立技術職業教育的哲學觀及目標時，主要的也就是決定要建立甚麼樣的教育計畫；在進行這個階段的評鑑工作時，所需的資料可用分層取樣的方式，徵求來自社會裏各主要階層的意見❶。

在設計教育計畫的階段中，技職教育從事者可以由同事之間，及下列相關的人員處獲得批判性的意見: (1)各職校的校長們，(2)工商業界人士，(3) 大學教授，(4) 政府官員及民意代表，及 (5) 各職業類科的專家；由於技術職業教育與其所屬的社會有極密切的關係，所以在這個擬訂教育計畫的階段裏，能由社會裏的各類人士徵求意見是極重要的。

在技術職業教育的實施過程中，這時評鑑的資料主要來自於教職員及學生——他們都是最身歷其境的人；當然，前段所述的各類社會人

---

❶ Wright, Williams J. and Beverly L. Anderson, "Approach to Evaluation Community Education," *Community Education Journal*, March/April 1975, pp. 37-39.

士，在這時候還是需要他們的意見的。整個流程的最後一個階段就是成果的評鑑了，這方面的資料除了可由學生在校時的成績獲得外，主要還有畢業生的就業情形及就業之後對其工作的滿意程度（satisfaction）；此外，也需要瞭解僱主對畢業生的看法——優點及缺點。

　　獲得上述資料的方法有很多，除了學生的成就可用各種測驗的手段得到之外，其他的可透過面談、觀察、電話訪問、郵寄問卷等方式得到。在本書第十一章中將對這點有較深入的探討。

　　（二）標準（criteria）

　　如同前面提過的，預先訂下的標準，不但可做為設計教學的依據，同時也可用之以評鑑教育計畫。至於有那些標準可用來評鑑職業教育呢？根據美國職業教育法的建議，應包含下列數項⑱:

　　（a）計畫及執行過程

　　　　1. 教學的內容及品質

　　　　2. 輔導、諮商、就業安置及追踪輔導等服務

　　　　3. 學校的各項設施及設備的數量及狀況

　　　　4. 僱主參與建教合作的情形

　　　　5. 教師及學生的比例

　　　　6. 教師的品質

　　（b）學生的學習成就

　　　　1. 標準化的能力測驗

　　　　2. 效標參照測驗

　　　　3. 其他與順利就業有關的技能、知識、態度的測驗。

　　（c）就業的情形

---

⑱　U.S. Office of Education, *Federal Register*, Dept. of H. E. W., Oct. 3, 1977, p. 53842.

1. 就業率及失業率

2. 待遇

3. 流動率

4. 僱主對畢業生的表現的滿意程度

由以上的這些標準可看出，教學的本身、輔導的工作、學生學習的結果，以及就業的情形都被用來評鑑職業教育；相比之下，我們做評鑑時較不重視的就是第 (c) 項——就業的情形了。

(三) 評鑑的程序

評鑑是一種有所為而為的活動，通常它包含三個部份——資料蒐集、資料分析、及作決策[19]。Lutterodt 將之稱為 T-I-P (Technique-Information-Purpose) 系統；因為在整個評鑑的過程中，評鑑者得運用某些技巧 (technique) 以獲得所需的數據，而後將這些數據轉換或解釋成有用的資料，最後教育行政人員或其它決策者便據之以下判斷或作出決策。此外，還有一個系統叫做 SPAM (Systematic Program Assessment Model)，是由 Nicoletti 所發展出來的，這個系統的主要目的，在於提供教育人員一種發展、診斷、及評估教育計畫的手段[20]。根據 Nicoletti 的說法，評鑑者在教育計畫實施之後，才進行各種測量，而後根據這些測量得到的數據進行分析，最後再以分析的結果做為修正教育計畫的依據，這幾個過程將不斷地反覆循環。

這裏介紹的兩種評鑑程序顯然的有許多類似的地方，都是強調蒐集資料、分析資料、並據以修改教育計畫的整個流程，當然身為教育評鑑

[19] Lutterodt, S. A. "A Systematic Approach to Curriculum Evaluation", *Journal of Curriculum Studies*, Nov. 1975, pp. 135-150.

[20] Nicoletti, Donald J. "Spam: Systematic Program Assessment Model," *International Journal of Instructional Media*, 1975-1976, pp. 47-52.

者也應清楚評鑑的目的是甚麼，而後才能進行蒐集、分析、研判、及作決策的步驟。

叁、未來技術職業教育評鑑應有的作法

在比較了我們目前所做的技術職業教育評鑑及前述的教育評鑑的理論之後，可發現我們的評鑑工作有下列幾項特點：

（1）重視評鑑工作，並藉著評鑑提高職業教育的水準。

（2）能定期地對各科實施，並且透過自我評鑑的方式讓學校各級人員直接參與。

（3）評鑑的內容涵蓋了教與學、以及相關的各種行政措施；前者如教學、師資、設備及媒體等，後者如行政支援、維護管理等；換句話說評鑑的內容較側重於教學過程的評鑑。

（4）將各項評鑑結果儘可能地數化、量化，以求其客觀，同時也要求評鑑委員寫下具體的意見。

（5）評鑑結果不做校際的比較，但要求各校能將前次評鑑所發現的缺點加以改進，亦即期望各校在與自己的過去比較中，不斷地進步。

根據這些特性，我們在未來實施技職教育評鑑時或可朝下面幾個方向加強：

第一，就評鑑的內容而言，除了與教學有關之各事項之外，也應重視技術職業教育哲學、宗旨、及目標的評鑑。就如本文前面提過的，實施教育計畫或訓練計畫，皆源自於一些基本的教育哲學思想及宗旨，並依之以訂定教育目標，唯這些思想及宗旨卻常因國內外教育思想的演變、科技的提昇、社會人力結構的調整而變化；所以，為了能及時有效地修正設立職業教育的宗旨及目標，以配合社會、科技等的改變，經常地對

這部份進行評鑑是極爲必要的。舉個例子來說，近幾年來，加速我國工業升級一直是政府的目標，在這個狀況下就得注意，工業升級之後，我國人力結構將發生甚麼樣的變化，就培育人力的技職教育而言，各級學校應做如何的分工——亦卽教育目標應如何調整。大家都知道，沒有正確的目標，卽使有很好的師資、設備、教學法都是徒然，因爲培育出來的人力極可能在質與量上，與社會實際的需求相左。

其次是，國內過去幾年所做的評鑑，非常強調師資、設備、環境、及教學等事項；不可否認的，有了優良的師資及設備才能培養出優秀的基層技術人員；但是無論如何，這些僅是必要條件，而非充份條件。由前面介紹過的 Santellanes 的過程回饋系統及 Stufflebeam 的 CIPP 模式可以看出，技職教育的成果——「學生」是整個實施流程或回饋系統中的一個重要因素；藉著對學生素質的評估，一則可以對職業教育計畫的成效予以肯定，同時也可根據評估的結果，作爲進一步推展時的參考。

Wentling 也認爲整個流程上的每個階段都應評估，因爲若只評估前幾項的話，卽使評估的結果很好，也不能確保最後的成果——學生素質一定良好；相反地，若只評估學生的素質，則不論其發現是好或壞，都無法解釋之所以造成這種情形的原因[21]。因此，對學生的學習結果進行評鑑也是需要的。Wentling 建議，在技術職業教育的評鑑中，可用的技巧包括：學生的成就測量、畢業生的追踪調查、僱主的調查、由專家組成小組到校的實地評鑑、對教師的評鑑、以及成本效益分析[22]。顯然的，這幾種評鑑技巧中，前三種都是以學生的學習成效爲對象的；其

---

[21] Wentling, Tim L. *Evaluation Occupational Education and Training Programs*, Urbana, Ill: Griffon Press, 1980, p. 35.

[22] 同註[21]，p. 38.

中學生的成就，指的是學生在認知、情意、及技能等方面的學習結果，畢業生的追踪調查，則著重於就業率（升學率）、及就業（升學）後的滿意程度，至於僱主的調查，則探討他們對畢業生在工作上表現滿意的程度。Wentling 認爲，能把這三種資料合併參考的話；則更能明確地分析出技術職業教育的優點及缺點了❷。就學生學習成果的評鑑而言，除了其平日的在校成績之外，只有臺灣省在評鑑時也做了技能抽測，而對畢業生畢業後之就業或工作的情形卻極少瞭解，嚴格地說，技職教育的主要目標，便是培育社會所需人力及滿足個人就業的需求，若不能在這點上提出有力的數據的話，是很難呈現技職教育的成果的，更無從據之以檢討技職教育的目標、課程內容、及其後的各項教學措施了。

第三、在評鑑的方式上，首先應加強各校平日的自我評鑑。目前各校之自我評鑑都把它當做訪問評鑑的前奏工作，倒忽略了平日的、校內進行的自我評鑑；限於人力、時間等因素，正式的訪問評鑑並無法經常實施，因此各校之自我評鑑應隨時不斷地進行，才足以確保技術職業教育之正確發展。此外，每次評鑑之後的追踪工作也應加強，事實上，唯有有效地利用評鑑的結果，做爲支持或修改技術職業教育的各項措施，才是評鑑的眞正目的。

第四、也應對評鑑工作的本身實施評鑑；雖然，目前國內的技職教育的評鑑工作，多半皆委託學術機構協助進行，但在每次實施之後都應針對評鑑的目的，使用的蒐集數據的工具（問卷、量表）、解釋數據的方式、及運用評鑑結果的情形等進行檢討或評估，以求評鑑的實效性與客觀性。

最後，我們或可用 Guba 及 Stufflebeam 兩位先生說過的一句話做爲本章的結論——「評鑑的目的不在於證明（prove）甚麼，而是用

---

❷ 同註❷ p. 39.

之以改進 （improve）甚麼」**㉔**。由於技術職業教育經常面對著這麼許多的變數——科技、社會、及個人，所以不論是花多少時間、多少金錢，幾乎沒有那一次的評鑑可以找出所有問題的答案的；但是，我們可以確信的是做了總比不做的好，也唯有透過不斷的評鑑，才能使技術職業教育日益更新，隨時提供國家社會所需之技術人力。

㉔ 同註**❹**。

第十一章　追踪調查

技職教育的主旨就在於培養學生的就業能力，亦可說是培養企業界所需的人才；因此，對畢業生及其僱主的追踪調查亦是評鑑技職教育成效的一種方式。近幾年來，國內所實施之技職教育評鑑，也都要求各校進行這類的追踪調查，本章將對如何實施是類調查加以說明。

壹、畢業生的追踪調查

技職教育的畢業生，亦卽是技職教育系統的產品，技職教育系統是否達成了它的目標，通常可由畢業生的就業情形（如就業率、對工作的勝任）看出；同時，這些畢業生親自經歷了整個求學及就業的過程，因此，除了就業率的統計資料外，他們還可以對所接受的技職教育的優缺點，提出具體的看法與建議。

就如同其它的教育措施一般，畢業生的追踪調查也需要根據一些明確的目的而進行。

一、實施的目的及理由

（一）得知畢業生的生計模式 (Career Patterns)

許多學校的作法是，分別在畢業生離校後的一、三、及五年對其追蹤，根據這樣調查而得的資料可以建立畢業生的生計模式，這個模式可提供有關畢業生的就業進路、及薪資待遇各方面的訊息。對學校裏的教師及輔導人員而言，他們便可根據這些資料來協助後來的學生，選擇適當的職業領域或學習課程。

（二）得知畢業生就業的情形

由就業調查可以了解學生在畢業後進入那些行業工作，而我們也可由這些資料，估計不同類科畢業生可能獲得工作的種類。同時，根據就業調查，我們也可瞭解畢業生學用配合的情形，必要時還可藉以進一步地調整設科、或調整課程內容。

（三）瞭解畢業生流動的情形

畢業生由某公司到另外一家公司，由某地到另一地點工作，這種流動的情形，通常都可作為新設科或取消設科的參考。

（四）決定技職教育課程的適當性

一般而言，技職學校的畢業生都樂於談一談他們工作的情形，以及當初在學校所學的知能，對他們今天工作職務的幫助；當然，他們也會指出目前工作上較困難的部份。這類的資料都可做為我們在修訂課程時的參考。再者，由畢業生就業及學用配合的情形，也可用來做為設科的參考。

除了上述就業者之外，有些畢業生是升學了──進入了下一階段的學習，例如高職學生進入二專、專科學生進入技術學院，這些學生在下階段的學習情形，常常也可用來做為修訂課程、或加強課程連貫的參考。

（五）瞭解職業輔導的適當性

近幾年來，職業輔導已是各級學校所重視的一項工作，特別是技職學校裏，這項工作已由專業人員擔任。同樣的，由畢業生的經驗可以獲

知學校的輔導工作，對其學習及工作上的助益；必要時，也可由他們提供有關改善這項工作的意見。

（六）提供職業分析的資料

技職教育是培養學生就業能力的，因此，其課程應儘可能地對外界職業內容的改變保持機動性的反應。已進入就業市場的畢業生，正可以提供第一手的職業內容資料，而技職教育課程就可據之以作必要的更新。

（七）加強師生對生計目標的認識

如同前面提過的，技職教育目標強調的是提供學子們一個具有建設性的生計歷程，而追踪調查正可提供師生們一個自我評鑑的機會。對教師們而言，這個活動可以一方面提醒自己注意技職教育的目標，另方面也可促使自己經常地與企業界的僱主保持聯繫；對學生而言，這項措施可協助其瞭解學校與外面工作世界之間的關係，從而建立積極的生計計畫。

以上所述的是幾項追踪調查中常見的目的，當然這些目的也將影響追踪調查所採用的方式、對象、及工具。

二、誰應參與追踪調查？

（一）學校行政人員

學校行政人員，主要包括校長、及相關之各處室主任、組長等。通常都由校長決定是否舉行是類調查，同時，也由他訂定評鑑計畫的時間，並調配人員及各種資源。而其他行政人員則提供必要之各種行政支援。

（二）教師

教師們通常都參與擬訂追踪調查的目標及蒐集資料的方式。由於平常教師們與學生接觸最為密切，同時也對課程內容最為瞭解，所以他們最受學生信任，而在課程內容的更新上，他們也最能勝任。

（三）輔導人員

近幾年來，國內對職業學校中輔導工作的推展已是不遺餘力。因此各校都紛紛地成立輔導室，並聘請專人負責各項輔導工作。由於畢業生追蹤調查亦可提供職校諮商工作方面許多有用的資料，是故，輔導人員亦可協助訂定調查之範圍、決定獲取資料之型式、以及協助編製所需之調查工具。此外，目前各校之畢業生的去向資料（升學、就業），主要都由輔導室人員蒐集、保存，而這些資料都是在連絡畢業生時所必需的。

（四）在校生

在校生可協助聯絡已畢業的學長，目前已有許多學校利用鄰里爲單位建立聯絡網。此外，學生亦可協助試用追踪調查工具以確定其是否合適。

（五）顧問委員會的成員

目前有些學校設有顧問委員的組織，其成員來自社會或學校所屬的社區裏，有的甚至於是學生的僱主，因此，在設計學生追蹤調查問卷以及僱主調查問卷時，他們可以提供很具體的意見。

（六）省市教育廳局的人員

基於業務主管的立場，教育廳局的人員常參與、並督導是類調查的進行。

三、訂定追蹤調查計畫

爲了能配合設定的目標及掌握整個調查工作的進行，必須預先訂定調查計畫。訂定時，前述的行政、教學、輔導等人員，以及學生和顧問委員會的成員都應參加。是項計畫通常應包括：

1. 調查之目標。
2. 各類人員之職責。

3. 調查對象。

4. 達成目標所需之各項措施、作法。

5. 經費預算。

6. 進度表。

7. 報告之程序。

8 執行研究發現的計劃❶。

四、決定調查程序與方式

通常在考慮調查程序時應考慮下列因素:

1. 需要那些資料?

2. 資料的來源有那些?

3. 可用的時間有多少?

4. 調查對象有多少人?

5. 可用的經費有多少?

6. 可用的人力有多少? 其能力如何?

至於調查的方式最常用的是郵寄問卷 (mail questionnaire),另一種也算常用的晤談法 (interview), 它可以面對面或電話進行, 當然前者可以提供深入瞭解的機會,只是其金錢及時間的花費極大;而後者在使用抽樣調查時極為有效,惟其所得資料較為有限。通常都是先用郵寄問卷法,然後再對不填答者進行電話晤談。

至於調查的對象,由於受追踪的畢業生在離校一段時間後,方能體會所受教育對其後繼的教育是否有所助益,因此追踪調查的對象,應至

---

❶ The Center for Vocational Education, *Conduct a Student Follow-Up Study*, PBTE Module A-10, The Ohio State University, p. 9.

少離校一年以上者才好。另方面應注意的是，離校愈久的畢業生對所受正式教育之價值，及其它教育活動所造成影響的分辨力愈差，因此其對目前教育課程的評鑑功能愈低。有基於此，追踪調查的對象通常爲離校一至六年的學生較適當。

五、發展追踪調查工具

發展調查工具或問卷是進行追踪調查的主要工作之一。調查問卷的好壞關係著蒐集資料的適用性，因此，在設計問卷時，通常都應注意下列事項：

1. 問卷內容應針對前面所訂定之調查目的而決定。

2. 手邊已有的資料不必再在問卷中問及，例如年齡、性別等，通常學校本來就都有的。

3. 問句應力求簡單明瞭；往往兩個短短的問句，要比一個長而複雜的問句來得好。

4. 應盡可能使用淺顯的字眼，若有專有名詞或特殊語句，怕畢業生不清楚的話，應在問卷上加以說明。

5. 避免使用雙重或多重否定句。

6. 相關的題目應分段編排（如工作、教育、服役等）。

此外，在問卷的外觀上也應注意：

1. 使用色紙通常可以提高回收率。

2. 印刷品質應力求精美。

3. 問卷大小應便於郵寄。

4. 總之，務必使其看起來爲一正式而重要的問卷。

當然，除了上述的幾點之外，在前面幾章中，討論各種型式的命題時，所提過的注意事項也都可以作爲參考的。

　　通常追踪調查主要是蒐集畢業生對所接受的技職教育的 反 應 及 看法，由於其資料的多樣性，因此在問卷的設計上也用上了各種型式的題目，這些題目主要可以歸納爲下列五類：　二分式選擇題 (Dichotomous response)，　選擇題（Multiple-choice），　評定題 (Rating)，　評等題 (Ranking)，及填充題 (Open-ended items)。現分別說明如下：

　　（一）二分式選擇題 (Dichotomous response items)

　　顧名思義，這類題目提供答題者兩個不同的答案，而由其二選一，如：是／否，對／錯，專任／兼任等。以下是幾個例子：

　　【例11.1】你對本課程所提供的職業訓練是否滿意?

　　　　　　　□是　　　　　　□否

　　【例11.2】你是否有興趣接受更多的職業訓練?

　　　　　　　□是　　　　　　□否

　　【例11.3】你若目前還在學，是那一類呢?

　　　　　　　　□日間部

　　　　　　　　□夜間部

由上面這幾個例子可以看出，這種題目不但淺顯易懂而且也容易作答。此外，在處理調查結果時，這類題目也極容易利用百分比的方式呈現，如百分之三十答“是”，百分之七十答“否”。

　　（二）選擇題 (Multiple-choice items)

　　這類選擇題不同於前述二分式選擇題的地方，是它有許多答案可供選擇。例如：

　　【例11.4】你如何獲得畢業後的第一個專任工作?

　　　　　　　　□自己謀得

　　　　　　　　□家庭或朋友協助獲得

　　　　　　　　□學校輔導室協助獲得

　　　　□公立就業輔導處（所、站、中心）

　　　　□其他（請說明）＿＿＿＿＿＿＿＿

這種題目比前一類二分式好的地方，是它製作起來比較省時，同時也較節省問卷的空間；同時，答題者也容易在短時間內提供較多的意見。但是無論如何，這類題目務必把所有可能的選項一一列出，絕不可讓答題者無從表示其意見。有一種較保險的作法是在最後列一個其他項，並由其填答，當然，這樣就融合了填充題的技巧，其引出的優、缺點，容在後面介紹填充題時一併討論。

　　若在時間較充裕的情形下，可以將這類題目先寫成填充或問答題，並抽選幾位畢業生由其填答，待回收其答案後，便可歸納整理出較合適的選項了。

　　（三）評定題（Rating items）

　　嚴格地說，評定題也是選擇題的一種，只不過其選項主要是由一組評語構成，因此，這種題目在蒐集畢業生對技職教育的看法時，特別有效。例如：

　　【例11.5】在你作生計選擇的過程中，學校輔導老師對你的幫助有

　　　　　　　多少？

　　　　　　　□多

　　　　　　　□中等

　　　　　　　□少

有時候各選項也可用萊卡量表（Likert scale）的形式表示，例如：

　　【例11.6】我的輔導老師對各種職業內容很清楚。

　　　　　　　□非常同意

　　　　　　　□同意

　　　　　　　□無意見

□不同意

□極不同意

有時候同一組選項可配合好幾個主題使用，例如:

【例11.7】就整體而言，你在學校所學的種種對以下幾點有多少助益?

	全無	一點點	有些	很多
(1) 瞭解目前工作的內容	□	□	□	□
(2) 熟練工具及設備的使用	□	□	□	□
(3) 有效地利用時間及精力	□	□	□	□
(4) 蒐集與工作有關的資料	□	□	□	□
(5) 人際關係的處理	□	□	□	□

像上面這個例子，在製作時無論在時間上，以及問卷空間的利用上都非常經濟。

(四) 評等題 (Ranking items)

評等題是要求答題者就所列的選項排列出高低不同的優先次序——有時候是要求將全部選項全部排列，有時候只要求選一部份（如最重要的三項或五項）列出。在某些情況下這類題目相當適用，但它有下列幾個限制:

1. 選項不能太多，若太多的話，要答題者列出其優先次序，是不容易的。

2. 各選項的內容要明確劃分，否則太相近的話，答題者也不容易評等。

以下便是個例子:

【例11.8】請依你的喜好，將下列各種學習方式排出其先後次序，

並在前面的空格中分別以 1，2，3……標明。

____講解

____示範

____閱讀

____寫報告

____製作作業（品）

(五) 填充題 (Open-ended items)

使用填充題的優點是可以蒐得問卷設計者所沒想到的看法與意見；可是它的缺點就是其答案需要由答題者組織自己的看法、觀念之後，再用文字表達出來，因此組織能力、語文表達能力較弱者就無法「言盡其意」。填充題的另一個缺點就是其得到的答案可能差異很大，不易分類整理，特別是人數很多時，往往會造成歸納上的困擾。以下是兩個例子：

【例11.9】目前你的工作內容主要是甚麼？（工作內容指的是你要執行的任務、職責，如訂貨、讀藍圖、準備食物等）

_____

【例11.10】你覺得原來高職所學的課程裏還應加入那些學習內容：

_____

【例11.11】畢業生追踪調查問卷 *

俄亥俄州立大學

技職教育中心

職校畢業生首次追踪調查

┌─────────────────────┐
│ 學生及職業課程班別 │
└─────────────────────┘

---

* 桃園農工鄭達源主任譯

社會保險號碼 □□□□□□□□□

上列姓名與地址是否正確?

如不正確，請將正確資料填寫於後:

正確姓名＿＿＿＿＿＿＿＿＿＿＿＿＿　＿＿＿＿＿＿＿

姓　　　　　　　　　名

正確地址＿＿＿＿＿＿＿＿＿＿＿＿＿＿＿＿＿＿＿＿＿

路段及號碼

＿＿＿＿＿＿＿＿　＿＿＿＿＿　＿＿＿＿＿＿＿

市鎮或郵局　　州（縮寫）　　郵遞區號

說明：劃記空格時，請使用 "X" 記號。

卷中所述「本職業課程」係指上面班別欄所示之職業課程。

1. 自你離開本職業課程後，你是否曾謀求專任職業？（每週30小時或以上）

　　□是　　　　□否

2. 如你在離開本職業課程時未謀求專任職業，其理由何在?

　　（僅可選答一格）

　　1□希望進入他校

　　2□家庭主婦或預備結婚

　　3□身體或其他障礙

　　4□對工作無興趣

　　5□希望入伍服役

　　6□僅欲從事兼任工作（每週30小時以下）

　　7□其他＿＿＿＿＿＿＿＿＿＿＿＿＿＿＿＿＿＿＿＿＿＿

3. 當你離開本職業課程時，你是否曾謀求兼任職業（每週30小時以下）？

　　□是　　　□否

4. 當你離開本職業課程時，如你未謀求專任職業而謀求兼任職業，其理由何在?（僅可選答一格）

　　1□希望進入他校

2□家庭主婦或預備結婚

3□身體或其他障礙

4□對專任工作無興趣

5□希望入伍服役

6□未能謀得專任工作

7□其他（請說明）_____

5. 自你離開本職業課程後，你曾從事過若干專任工作（每週 30 小時或以上）？

　　1□無

　　2□一個專任工作

　　3□二個專任工作

　　4□三至五個專任工作

　　5□六個或以上專任工作

註：如你第 5 題之答案爲「無」，可逕接答第16題。

6. 如你在離開本職業課程時已謀得一專任工作：你之工作爲_____

7. 你離開本職業課程後之第一個專任工作（每週30小時以上）與你所受訓練之相關程度如何？

　　（僅可選答一格）

　　1□擔任工作與本職業課程之訓練相符

　　2□擔任相關之工作

　　3□擔任完全不相關之工作

8. 本職業課程之訓練對你離校後第一個專任工作是否能提供適當之準備？

　　□是　　　　　□否

9. 自你離開本職業課程後，你第一個專任工作之起薪爲每小時若干？

　　（僅可選答一格）

　　1□每小時$1.59或以下

　　2□每小時$1.60～$1.99

　　　3 □每小時$2.00～$2.49

　　　4 □每小時$2.50～$2.99

　　　5 □每小時$3.00～$3.99

　　　6 □每小時$4.00或以上

10. 你如何獲得離校後之第一個專任工作?

　　（可選答下列一格或數格）

　　　□自己謀得

　　　□家庭或朋友協助獲得

　　　□學校就業輔導單位協助獲得

　　　□州就業輔導單位協助獲得

　　　□私立職業介紹所協助獲得

　　　□其他（請說明）＿＿＿＿＿＿＿＿＿＿＿＿＿＿＿＿＿＿

11. 你自離校後所擔任之專任工作中最高待遇為若干?

　　（僅可選答一格）

　　　1 □每小時$1.59或以下

　　　2 □每小時$1.60～$1.99

　　　3 □每小時$2.00～$2.49

　　　4 □每小時$2.50～$2.99

　　　5 □每小時$3.00～$3.99

　　　6 □每小時$4.00以上

12. 如你自本職業課程結業後曾擔任二個或以上之專任工作（每週30小時或以上），選答下列一格。

　　　1 □我最後擔任工作與學校訓練相符

　　　2 □我最後擔任工作與學校訓練相關

　　　3 □我最後擔任工作與學校訓練全不相關

13. 將你目前或最近專任職業之地址填寫於下:

村　鎮　市

郡

州

14. 如你目前仍在職，你之工作為何？_____

15. 你目前之待遇如何？

（僅可選答一格）

1 □ 每小時$1.59或以下

2 □ 每小時$1.60～$1.99

3 □ 每小時$2.00～$2.49

4 □ 每小時$2.50～$2.99

5 □ 每小時$3.00～$3.99

6 □ 每小時$4.00或以上

7 □ 失業_____

16. 你目前之就業情況如何？

（可選答下列一格或數格）

□ 在職

　　□ 專任（每週30小時或以上）

　　□ 兼任（每週30小時以下）

□ 失業

　　□ 但正在謀職

　　□ 未謀職

□ 在服兵役

17. 就你所知，你曾就讀之學校及職業課程所提供之就業輔導服務之型式為何？

□ 學校就業輔導單位與州就業輔導單位合作辦理服務

□職校教師推薦，協助學生就業

□諮商輔導人員協助學生就業

□其他（請說明）_____

□學校無就業輔導服務

18. 自你獲得與本職業訓練相符之第一個工作（專任或兼任）後，你是否曾再利用學校或本職業課程提供之就業輔導服務？

　　□是　　　　□否

　　如答案爲是，選答自你獲得第一個工作後曾利用過之服務

　　　□學校與州就業輔導單位合辦之服務

　　　□職校教師協助

　　　□諮商輔導人員協助

　　　□其他（請說明）_____

19. 你在本職業課程共修習若干職業科目

　　□科目

20. 你進入本職業課程之主要目的是否爲學習技能以便獲取這方面之工作？

　　□是　　　　□否

21. 你對本課程所提供之職業訓練是否滿意？

　　□是　　　　□否

22. 你是否願將本職業課程推薦給他人？

　　□是　　　　□否

23. 自你離開本職業課程，你是否曾參加其他任何教育課程？

　　□是　　　　□否

　　如答案爲是，選答其教育之型式及目的：

　　□一般教育課程

　　　□提高一般教育水準

　　　□非正式，無學分之科目

　　□職業課程

　　　　□加強本課程所學之職業技能

　　　　□學習新職業

　　　　你進入之職業訓練課程爲何:

　　　　□私立學校

　　　　□公立學校

　　　　□商業或工業

24. 如你離開本職業課程後曾再升學,你是否獲得(或希望獲取)下述之一或
　　多項:

　　　　□是　　　　　□否

　　　　如答案爲是, 選答其型式

　　　　□證書(型)＿＿＿＿＿＿＿＿＿＿＿＿＿＿＿＿＿＿＿

　　　　□文憑類(型)＿＿＿＿＿＿＿＿＿＿＿＿＿＿＿＿＿＿

　　　　□二年制副學士學位(主修)＿＿＿＿＿＿＿＿＿＿＿＿

　　　　□四年制學士學位(主修)＿＿＿＿＿＿＿＿＿＿＿＿＿

　　　　□其他(請說明)＿＿＿＿＿＿＿＿＿＿＿＿＿＿＿＿＿

25. 你目前是否就讀職業課程?

　　　　□是　　　　　□否

26. 你目前是否就讀職業課程以外之任何教育課程?

　　　　□是　　　　　□否

27. 你是否有興趣接受更多之職業訓練?

　　　　□是　　　　　□否

28. 你是否有興趣接受更多之一般教育?

　　　　□是　　　　　□否

29. 如你有興趣接受更多教育, 寫出你感興趣之型式:＿＿＿＿＿＿＿＿＿

　　請填答下列各問題, 謝謝!

　　　　你所提意見將絕對保密。

30. 你認爲本職業課程中何者對你目前工作最爲有用?

_____
_____
_____
_____
_____
_____

31. 你認爲本職業課程中何者對你目前工作最無用處?

_____
_____
_____
_____
_____

32. 根據你之經驗，你對本職業課程有何改進建議?

_____
_____
_____
_____
_____
_____

　　當各種題目的內容及型式擬定之後，也應注意問卷的格式，這方面要依循的原則有:

　　1. 根據調查目的，將相關的題目集中在一起，例如要瞭解「學生現況」的問題——個人資料、工作情況等——都可集中列出。

　　2. 問卷不可過長，通常太長的問卷回收率不會太高。

3. 將支持或主持調查的機構名稱印在問卷上，可以提高答題者的意願。

4. 注意每題可供答題的空間是否足夠。

5. 問卷有兩頁或兩頁以上的話應印上頁碼。當然，為了確保問卷各方面都很適當，在問卷擬好之後能請幾位畢業生試著作答一下，以便及時找出需要修正的地方。例 11.11 所示是俄亥俄州立大學技職教育中心所提供的一分畢業生追踪調查的範例。

六、調查的實施

（一）對象

調查的對象主要由評鑑的重點來決定。若評鑑的重點在某一學科，則選過該學科的學生都可做為調查的對象；若重點在某一科的課程，則調查對象便以該科之畢業生為主。此外，半途離校的學生有時也可提供相當寶貴的資料或意見，雖然這樣的學生在國內並不多，但仍然值得對他們進行追踪調查。

一般而言，最常見的狀況是對某校或某科的畢業生實施追踪調查。若各種條件允許的話，將所有的畢業生選為調查對象是最理想的。但是常常會因時間、經濟、及人力的因素而無法對全體實施，這時就得利用隨機取樣的方式自母羣——全體畢業生中取樣了；有時為了使樣本更具代表性，分層隨機取樣 (stratified randorn sampling) 的技巧也常被使用。

（二）調查方式

通常用在追踪調查的方式主要有：（1）面談，（2）電話訪問、及（3）通訊調查等三種方式。這三種方式各有各的優點及缺點，所以選用那種方式較適當，得由調查者根據目的、範圍、及手邊既有資料的多寡

來決定。

1. 面談

就追踪調查而言，面談可利用家庭訪問，或公司、工廠訪問時實施。這種方式可讓調查者有機會與被調查者之間建立一良好的關係；並且還可獲知其之所以作某種答案的理由——這點在最後整理資料、詮釋資料時幫助極大。所以這種方式不但可有很高的回收率，並且也可得到很可靠的資料。

不過，面談也有其缺點，其中以時間與金錢上的花費最明顯，由於畢業生會分散在各處，那麼訪問者或調查者所花的時間及金錢是非常可觀的。有一種具有面談的優點，同時也可免除上述缺點的作法，便是下面介紹的電話訪問了。

2. 電話訪問

電話訪問和面談一樣，調查者得以有機會直接向受調查者說明調查的目的及重要性，並且也可以逐一地就問卷內容提出詢問。當然，調查者所花的時間還是和面談一樣會花很多，但是交通費倒是可省下來了。

3. 通訊調查

通訊調查可說是目前最常用的一種調查方式，一方面是無論受調查者住甚麼地方，都可在短時間內聯繫上，再者是它可同時對大量的人數實施；第三個優點是省錢，比起前面兩種方式而言，通訊或郵寄是最經濟的了。同時，某些敏感問題（像「收入」）透過通訊方式反而比面談容易得到答案。

通訊調查固然是有上述的各種優點，但它有一個最大的缺點就是回收率。前面提過，為了提高回收率，調查者一定得注意問卷的外觀、格式、及題目的設計、組合。除此之外，通常做追踪調查最難的部分就是掌握畢業生的動向。據調查，畢業生剛畢業的一年裏是職業流動最快的

一段時期，加上現今交通方便更助長其流動率。爲了能掌握畢業生的動向，目前有許多學校在畢業之前便要求畢業班學生成立同學聯絡網，其作法包括❷:

(1) 班級同學會: 由畢業班組成班級同學會，選出會長、副會長、及幹事，負責畢業後與同學保持聯繫。

(2) 在校聯絡人: 在畢業前一個月，填寫調查聯絡卡，並尋找二名在校聯絡人保持連繫; 如: 就讀本校之弟妹、或就讀本校之鄰居學弟、學妹等。

七、調查結果的處理

(一) 計數

目前較常用的計數方式有列表法及電腦處理兩種。前者較適用於少量樣本的情況，若有大量的樣本時，往往得採用電腦處理資料了。

列表法係計算填答者對問卷各題目的答案，通常可利用空白的問卷或簡單的表格來劃記，以下便是一個例子:

【例11. 12】你如何獲得離校後的第一個專任工作?

方　　　　　　　　式	數　　量	合　計
1. 自己謀得	正正正正正正	60
2. 家庭或朋友協助	正正正正正	50
3. 學校就業輔導單位協助	正正丁	24
4. 公立職業輔導單位協助	正正正正	40
5. 私立職業輔導單位協助	正下	16
6. 其他	正	10
合　　　　　　　計		200

---

❷　新興國中，我們的輔導工作，臺北市: 新興國中輔導室，民國73年。

若採用電腦處理則只要將原始資料輸入，使用極簡單的程式便可計數出各答案的人數。

（三）調查結果的歸納與呈現

歸納調查結果的型式，最常用的即是百分率。以前面例 11.12 中的計數爲例，可歸納成下表。

	男　性	女　性
1. 自己謀得	40%	20%
2. 家庭或朋友協助	20%	30%
3. 學校就業輔導單位協助	14%	10%
4. 公立職業輔導單位協助	15%	25%
5. 私立職業輔導單位協助	6 %	10%
6. 其他	5 %	5 %

在資料歸納成上列的表格之後，接下來就很容易加以詮釋與運用了。

（三）詮釋與運用

本章前面曾提及，追踪調查研究都是針對某些特定目的而實施的，其主要的目的有以下幾種，現分別舉例說明之:

1. 修正教學目標及內容

假設調查問卷中有以下的題目及發現:

【例11.13】你目前就學或就業的狀況如何?

　　　□全時間就學　　　　　　　　　45%

　　　□部分時間就學　　　　　　　　5 %

　　　□服兵役　　　　　　　　　　　5 %

　　　□家庭主婦　　　　　　　　　　20%

　　　□失業　　　　　　　　　　　　3 %

　　　□全時間就業　　　　　　　　　5 %

　　　□部分時間就業　　　　　　　　20%

由這個例子，可發現大部分的學生都升學了，這時候或可考慮修正現階段的教學目標，並應注意現階段與下階段課程內容的連貫。但是，有時只看一個題目的調查結果，可能會誤導整個研究發現，而得到與事實不符的結論。譬如說，除上題之外，同一份問卷中的另一個題目得到如下的發現：

【例11.14】你升學的主要原因是甚麼？

□找不到學用相關的工作	35%
□覺得自己沒有足夠的工作能力	20%
□曾找到工作，但覺得工作內容沒有挑戰性	15%
□一向想升學	30%

若把這題的發現和上題合併考慮後，可看出有相當多的學生繼續進學校唸書，可能是由於找不到工作的關係；這時候或者要把課程重點放在如何培養學生就業的能力，而不是放在與下階段學習課程的連貫了。總之，要達到某一個特定的調查目的，總得蒐集並使用各項數據、資料的。

　2. 獲得最新的職業簡介資料

　　若是修正現有的職業簡介資料也是追踪調查的目的之一，則類似下面的例子都可達到這個目的：

【例11.15】就你所擔任的秘書職務而言，每天花在下列各項工作的時間比例為多少？（請用百分比表示）

　　　　____打字

　　　　____抄寫

　　　　____操作計算機

　　　　____接待訪客

　　　　____其他（請說明）

【例11.16】你目前每個月的待遇有若干？

　　　　____5000元以下

　　____5001元～7500元

　　____7501元～10,000元

　　____10,001元～15,000元

　　____15,001元～20,000元

　　____20,000元以上

根據上面的調查題目，所獲得的結果將可提供教師及學生最新的職業資料。這資料不但可供學生做爲擇業、就業的參考；　同時，　教師們也可藉著它來修正課程。譬如知道某個職務所包含之各項工作內容的比重之後，技職教育的設計者便可依之調整課程內涵的比例，以配合學生將來就業的需要。

　　有時候除了利用畢業生追踪調查的結果之外，也同時參考企業界僱主的意見，兩相配合下，將可獲得更確實的職業資料。

　　3. 加強就業安置服務

　　若由追踪調查的結果發現，畢業生所找的工作都用非所學，這也就暗示了就業安置工作是否有所缺失? 或教學目標必須調整? 當然，像這種結果的研判，除了由輔導室人員之外，相關的教師及行政人員也都必須共同參與的。

貳、僱主的調查

　　除了前面所述的對畢業生追踪調查之外，由僱主對技職畢業生的看法，亦可做爲我們衡量技職教育成效的依據。特別是目前有許多技職教育或訓練，常常是透過學校和企業界共同提供的，如暑期進廠實習、建教合作教育等等，這種情形之下，對僱主做調查更是常用了。

　　僱主的調查的內涵可以從最簡單的對某一職類的就業機會的調查，

到較複雜的像某項工作技能標準的訂定等。

一、實施的目的

就整體而言，僱主的調查主要有以下幾個目的：

（一）評估畢業生的能力

最近在技職教育中推動的能力本位教學，便是強調學生對既定能力（competency）的獲得。技職教師經常透過僱主調查時，請僱主就一張由校方事先列好的能力一覽表，對某位學生進行評估，指出其各項能力所達到的水準。例 11.17 即是一份由臺灣省私立明道中學所發展出來，可用來由僱主使用的評量表。

【例11.17】機械製圖科能力本位評量表

單元名稱	展　　　開	班級		座號		姓名			
作業名稱			完成時間						
評量形式	成果評量、測驗評量		評量時間						
項 次	評　量　要　點		評　量　標　準			評量結果			
						P		F	
						A	B	C	D	E
一、	一般評量：								
	有右列情形之一者不合格								
			1. 字法潦草						
			2. 線條粗細不分者						
			3. 線條濃淡不一致者						
			4. 圖面污損影響視圖者						

二、	專業評量:						
	A 有右列情形之一者不合格	1. 缺繪展開圖者					
		2. 全部未加深者					
		3. 未求實長者					
		4. 實長求法錯誤者					
		5. 使用外展者					
		6. 交點求錯,超過三分之一者					
	B 有右列情形之三項者不合格	1. 實長求錯					
		2. 交點求錯					
		3. 交點連錯					
		4. 作圖線未繪者					
		5. 作圖線繪製不良者					
		6. 曲線連接不良者					
		7. 編號錯誤者					
		8. 接縫處不佳者					
評量說明			學生	P			
				F			
備　註							

資料來源: 臺灣省私立明道中學機械製圖科敎學研究會, 民國74年

（二）比較不同課程或不同學校畢業生的表現

透過對僱主的調查，我們可以獲知不同課程畢業生在工作崗位上的表現；譬如說，目前為大家所爭論的專科學制的問題，僱主對二、三、及五專畢業生的評估，或可做為重新擬定專科學制及其課程的依據。同時，在相同課程內容的情況下（如高職），不同學校畢業生受僱主歡迎的程度，亦可做為各校改進教學的參考。

（三）改進現有的技職教育

本章前面所介紹的畢業生追踪調查亦有類似的功能。很明顯的，僱主站在運用技職教育的「產品」——學生——的立場上，當然可以對現有的技職教育提供具體的改進意見。

（四）瞭解僱主進用各種人員的條件

由僱主的調查可以瞭解其所需要何種人員（包括目前、及未來的需要），以及其認為一個優秀的僱員應具備的條件，僱主這方面的意見將有助於技職教育學生的選取、訓練、及安置。

（五）確定技職教育課程所應涵蓋的能力（competency）項目

僱主們對某類技職教育課程所應包括的能力項目內容的看法，向來都可做為評估該技職教育課程的依據；透過這兩者的對照便可很容易地看出現有的課程是否能符合實際工作的需要。師範大學工業教育研究所曾於民國七十二年透過工業界僱主的調查，為高職機工科的課程內容進行了一次詳盡的規劃❸，該研究由僱主處得到極詳盡的有關未來五年內機工行業期望高職畢業生所應具有的能力項目的資料，是項資料對機械類羣集課程的擬定，提供了極具價值的參考。

（六）估計人力供需

---

❸ 許源泉，高工機工科行業技術內涵之分析研究，國立師大工業教育研究所碩士論文，民國72年6月。

像以下的問題都可獲得一些有關人力供需的基本資料：

——去年貴公司僱用了多少高職、專科、及大學的畢業生？

——配合貴公司的發展，貴公司在未來三年內將進用多少高職、專

科、及大學畢業生？

（七）加強學校與僱主之間的關係

目前各技職學校無論是推展暑期實習、建教合作、或畢業生的安置，都亟需和工商企業界的僱主有密切的聯繫。可是也往往因缺少接觸而使這些工作無法順利地推動；而僱主調查正是增加二者之間的接觸，加強彼此間關係的一種方式。

二、誰應參與僱主調查？

前面討論過，在進行畢業生追踪調查時最好能有（1）學校行政人員、（2）教師、（3）輔導人員、及（4）顧問委員會的成員參與。原則上，在進行僱主調查時，最好也是由上述這些人員組成小組來進行。當然，省市教育廳局站在技職教育的推動、督導的立場，亦最好有人員參與這項工作。

三、僱主調查的設計

在設計僱主調查時，應注意下列幾點：

（一）訂定調查的目標——預期的調查目標可能包含前段所述的每一個目標，亦可能僅包括其中的某幾項，端視實際的狀況而定；但無論如何，事先擬訂調查目標，將有助於調查工具的設計、調查對象及方法的選取。

（二）確定調查對象——由調查目標便可決定調查對象，譬如目標爲「訂定高職電子科畢業生應具備的行業技能」、或「瞭解僱主進用電

子科畢業生的條件」時，其調查對象便以電子電機類的僱主為主；若目標為調查技術人力供需、或改進現有的技職教育時，所調查僱主的層面就得廣泛得多了。

（三）決定調查方法——和畢業生的追蹤調查一樣，僱主調查的方法，主要也使用晤談法、電話訪問法、及郵寄問卷等三種方法；由於這幾種方法各有其優、缺點，最常採用的方式是先用郵寄問卷法，而後再對未回信者實施電話訪問。

四、發展僱主調查工具

無論是採用晤談法、電話訪問、或郵寄問卷，我們都得根據所訂下的調查目的，發展出適當的調查工具。有一個非常實用的做法是先根據所列的目的寫出一系列的待答問題，這些問題的形式可以是：

——僱主對我們畢業生工作特質的看法如何？

——僱主覺得我們畢業生在某個領域裏的技能如何？

換句話說，訂定調查工具裏各個題目所循的架構如下：

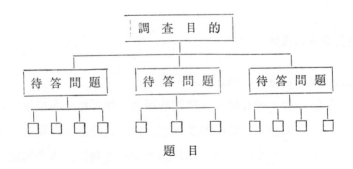

調查工具所採用題目的形式可分為下列數種：

（一）選擇題

這是最常用的一種，例如：

【例11.18】您在招募僱員的時候，最常透過那種途徑？

_____ 1. 學校輔導室

_____ 2. 各地就業輔導機構

_____ 3. 青輔會

_____ 4. 私人職業介紹所

_____ 5. 報紙、雜誌廣告

（二）評定題（Rating Items）

通常，僱主對學生的測量主要包含一般性的表現及特殊的專業技能兩類，這兩類都能利用評定題加以測量。 測量一般性的表現， 可用下例：

【例11.19】請評定該生在下列各方面的表現。

		低	中等	高
1.	責任感： 具有將工作做好的慾望	1 2 3	4 5 6	7 8 9
2.	創造力： 具有計畫工作的能力	低 1 2 3	中等 4 5 6	高 7 8 9
3.	儀容： 服裝外表保持整潔	從不 1 2 3	偶而 4 5 6	經常 7 8 9
4.	與同事相處：	不好 1 2 3	中等 4 5 6	好 7 8 9

以下是個測量專業技能的評定題：

【例11.20】使用厘米測微器：

非常熟練	熟練	不熟練	無法決定
□	□	□	□

（三）評等題（Ranking Items）

有時候要求僱主就許多項目中，根據其重要性排出優先次序時，評等題就用得上了，以下是個評等題的例子：

【例11.21】請您就下面所列的一些人格特質，選出您在考慮用人時最重要的三項條件，並在前面空格中以 1，2，3 表示之。

　　　____能與人和睦相處

　　　____富有創意

　　　____有積極的工作態度

　　　____可靠

　　　____儀容整潔

　　　____守時

(四) 填充題

　透過填充題常可發掘一些事先沒想到的答案或意見，因此，雖然它有不易歸納眾人意見的缺點，它還是常被採用於僱主的調查中。例如：

【例11.22】您覺得所錄用的電子科畢業生，還應加強那方面的能力？

　　　_____

　　　_____

　以上僅就選擇題、評定題、評等題、及填充題簡單地舉幾個例子，至於其編製時應注意的事項，請參考本書前面幾章中在這方面的說明。

　下面是一份由俄亥俄州立大學技職教育研究中心所發展出來的一套僱主調查的問卷。

【例11.23】僱主問卷

　　　　　　　　　　　　　　　　_____年_____月_____日

你所填答之反應將絕對保密

僱主問卷

說明：請完成本卷所有各項填答，即使該僱員已離職亦請惠予填答。本卷填答完後請放入所附回郵信封寄回，你所填答對該僱員絕無影響。

Ⅰ. 個人資料

    A、僱員姓名＿＿＿＿＿＿＿＿＿＿＿＿＿＿＿＿＿＿＿＿＿＿＿＿＿

                  姓　　　　　　　名

    B、僱　　主＿＿＿＿＿＿＿＿＿＿＿＿＿＿市＿＿＿＿＿＿＿＿＿＿

Ⅱ. 僱用資料

    如該僱員現在　貴公司工作，請指定一位對該員工作熟悉之主管填答本問

    卷。

    填答問卷主管

    1. 姓名＿＿＿＿＿＿＿＿＿＿＿＿＿＿＿＿日期＿＿＿＿＿＿＿＿

              姓　　　　　名

    2. 職務＿＿＿＿＿＿＿＿＿＿＿＿＿＿＿＿＿＿＿＿＿＿＿＿＿＿

        （請填答本問卷其餘部分）

            僱員能力調查

> 說明：請就該僱員與其同組其他工作者比較，填答你對其滿意程度。如
> 　　　該員為　貴公司之唯一僱用人員，請將其與其他從事相同工作者
> 　　　比較。本資料將絕對保密，請填答全部問題。

Ⅰ. 僱員受僱　貴公司之總月數…………………………………………□□

    請填答下列問題，在適當空格上劃一"✕"

    與同組其他工作者相比較，你對該員在下列各方面之評價如何？

	一般水準以上	一般水準	一般水準以下
Ⅱ. 1. 僱員之工作品質………………………	1	2	3
2. 僱員之工作量………………………	1	2	3
3. 僱員具有能勝任工作之相關知識之程度……………………………………	1	2	3
4. 僱員對工作上所用設備及機具操作能力之程度……………………	1	2	3

    5. 僱員具有基本閱讀、用辭及計算能

力之程度………………………………… ☐1　　　☐2　　　☐3

Ⅲ. 與同組其他工作者相比較，你對該員在下列各方面之評價如何?

	一般水準以上	一般水準	一般水準以下
1. 接受責任之意願…………………	☐1	☐2	☐3
2. 守時…………………………………	☐1	☐2	☐3
3. 無督導下之工作能力……………	☐1	☐2	☐3
4. 學習及改進之意願………………	☐1	☐2	☐3
5. 與同事之合作……………………	☐1	☐2	☐3
6. 與管理人員之合作………………	☐1	☐2	☐3
7. 對公司政策、規定及措施之遵守…	☐1	☐2	☐3
8. 勤惰…………………………………	☐1	☐2	☐3

Ⅳ. 與同組其他工作者相比較，你對該員之能力、效率，熟練、工作態度，及其他工作表現之評價如何?

☐1在前$^1/_4$以內

☐2在前$^1/_2$以內，但不在前$^1/_4$以內

☐3在後$^1/_2$以內，但不在最後$^1/_4$以內

☐4在最後$^1/_4$以內

（資料來源：Student Follow-up, PBTE Module, Ohio State Univ., 桃園農工鄭達源主任譯）

五、調查的實施

　　一旦調查工具設計完成之後，下一步便是選出所欲調查的僱主。若在這項調查之前已做過畢業生之追踪調查，那麼就可以透過這些畢業生來選取所欲調查的僱主；當然有時候是僱主調查與畢業生追踪調查同時實施的，在這種情況下，則可以先在畢業生的調查工具中調查其僱主的姓名及地址，而後再據之以選擇所欲調查的僱主。但是，若實施僱主調

查之前或同時，並沒做畢業生之追踪調查，這時就得利用明信片或電話來詢問畢業生，以獲得其僱主的名單了。

　　至於調查的方式常用的還是以郵寄問卷、面談、及電話訪問為主。郵寄問卷可能是最經濟的方式，可是，或由於僱主業務太忙，或缺乏與學校的共識，郵寄問卷的回收率通常都不高。透過面談來進行調查的回收率固然很高，可是這種方式較費時、費錢，因此也往往使調查樣本受到限制。所以，上述的三種方式裏，仍以電話訪問最為經濟有效；當然，進行電話訪問者事先應就訪問的內容及注意事項有所準備，方能獲得所需之各項資料。至於調查結果的處理技巧，與前面所介紹之畢業生追踪調查資料的處理相同，這裏不再贅述。

六、調查結果的運用

　　僱主調查的結果可用以改善課程、修正教學目標、調整教學順序、以及其他的許多功能。但是無論如何，要真正發揮這些功能，則必須將調查的結果讓每位有關的人員知道。譬如說，由僱主的調查中獲知某些新的知識及技能，為高職畢業生要就業所必須具備的，這時候教育部或省市廳局，則應考慮將其列入課程標準之中；同時，在學校裏擔任教學的老師們也應及時地將這部份納入教材中。反之，對於已過時、老舊的知識或技能亦應自課程中刪去。

　　至於應如何讓有關人員知道調查的結果呢？除了報章雜誌（如工業職業教育雙月刊）之外，目前最常用的就是研討會或講習班；而在各個學校裏利用各種教學觀摩會、校務會議都是溝通調查結果的很好管道。再者，透過上述的這些會議，還可要求與會人員一起商討對策，如此訂下來的因應措施將可由於大家的參與，而在執行時能得到較有力的支持。

附錄一　常態曲線下方的面積

z	.00	.01	.02	.03	.04	.05	.06	.07	.08	.09
0.0	.0000	.0040	.0080	.0120	.0160	.0199	.0239	.0279	.0319	.0359
0.1	.0398	.0438	.0478	.0517	.0557	.0596	.0636	.0675	.0714	.0753
0.2	.0793	.0832	.0871	.0910	.0948	.0987	.1026	.1064	.1103	.1141
0.3	.1179	.1217	.1255	.1293	.1331	.1368	.1406	.1443	.1480	.1517
0.4	.1554	.1591	.1628	.1664	.1700	.1736	.1772	.1808	.1844	.1879
0.5	.1915	.1950	.1985	.2019	.2054	.2088	.2123	.2157	.2190	.2224
0.6	.2257	.2291	.2324	.2357	.2389	.2422	.2454	.2486	.2517	.2549
0.7	.2580	.2611	.2642	.2673	.2704	.2734	.2764	.2794	.2823	.2852
0.8	.2881	.2910	.2939	.2967	.2995	.3023	.3051	.3078	.3106	.3133
0.9	.3159	.3186	.3212	.3238	.3264	.3289	.3315	.3340	.3365	.3389
1.0	.3413	.3438	.3461	.3485	.3508	.3531	.3554	.3577	.3599	.3621
1.1	.3643	.3665	.3686	.3708	.3729	.3749	.3770	.3790	.3810	.3830
1.2	.3849	.3869	.3888	.3907	.3925	.3944	.3962	.3980	.3997	.4015
1.3	.4032	.4049	.4066	.4082	.4099	.4115	.4131	.4147	.4162	.4177
1.4	.4192	.4207	.4222	.4236	.4251	.4265	.4279	.4292	.4306	.4319
1.5	.4332	.4345	.4357	.4370	.4382	.4394	.4406	.4418	.4429	.4441
1.6	.4452	.4463	.4474	.4484	.4495	.4505	.4515	.4525	.4535	.4545
1.7	.4554	.4564	.4573	.4582	.4591	.4599	.4608	.4616	.4625	.4633
1.8	.4641	.4649	.4656	.4664	.4671	.4678	.4686	.4693	.4699	.4706
1.9	.4713	.4719	.4726	.4732	.4738	.4744	.4750	.4756	.4761	.4767
2.0	.4772	.4778	.4783	.4788	.4793	.4798	.4803	.4808	.4812	.4817
2.1	.4821	.4826	.4830	.4834	.4838	.4842	.4846	.4850	.4854	.4857
2.2	.4861	.4864	.4868	.4871	.4875	.4878	.4881	.4884	.4887	.4890
2.3	.4893	.4896	.4898	.4901	.4904	.4906	.4909	.4911	.4913	.4916
2.4	.4918	.4920	.4922	.4925	.4927	.4929	.4931	.4932	.4934	.4936
2.5	.4938	.4940	.4941	.4943	.4945	.4946	.4948	.4949	.4951	.4952
2.6	.4953	.4955	.4956	.4957	.4959	.4960	.4961	.4962	.4963	.4964
2.7	.4965	.4966	.4967	.4968	.4969	.4970	.4971	.4972	.4973	.4974
2.8	.4974	.4975	.4976	.4977	.4977	.4978	.4979	.4979	.4980	.4981
2.9	.4981	.4982	.4982	.4983	.4984	.4984	.4985	.4985	.4986	.4986
3.0	.4987	.4987	.4987	.4988	.4988	.4989	.4989	.4989	.4990	.4990
3.1	.49903									
3.2	.49931									
3.3	.49952									
3.4	.49966									
3.5	.49977									
3.6	.49984									
3.7	.49989									
3.8	.49993									
3.9	.49995									
4.0	.50000									

附錄二 范氏項目分析表

P_H	$P_L = .01$			$P_L = .02$			$P_L = .03$			$P_L = .04$			$P_L = .05$			P_H
	P	r	△	P	r	△	P	r	△	P	r	△	P	r	△	
.99	.50	.93	13.0	.52	.92	12.8	.54	.92	12.6	.55	.91	12.5	.57	.90	12.3	.99
.98	.48	.92	13.2	.50	.91	13.0	.52	.90	12.8	.53	.89	12.7	.54	.89	12.6	.98
.97	.46	.92	13.4	.48	.90	13.2	.50	.89	13.0	.51	.88	12.9	.53	.87	12.7	.97
.96	.45	.91	13.5	.47	.89	13.3	.49	.88	13.1	.50	.87	13.0	.51	.86	12.9	.96
.95	.43	.90	13.7	.45	.89	13.4	.47	.87	13.3	.49	.86	13.1	.50	.85	13.0	.95
.94	.42	.90	13.8	.45	.88	13.5	.46	.87	13.4	.48	.86	13.2	.49	.84	13.1	.94
.93	.41	.89	13.9	.44	.87	13.6	.45	.87	13.5	.47	.85	13.3	.48	.84	13.2	.93
.92	.41	.89	14.0	.43	.87	13.7	.44	.86	13.6	.46	.84	13.4	.47	.83	13.3	.92
.91	.40	.88	14.0	.42	.86	13.8	.44	.85	13.6	.45	.83	13.5	.46	.82	13.4	.91
.90	.39	.88	14.1	.41	.86	13.9	.43	.84	13.7	.44	.83	13.6	.45	.82	13.5	.90
.89	.38	.87	14.2	.40	.85	14.0	.42	.84	13.8	.43	.82	13.7	.45	.81	13.5	.89
.88	.37	.87	14.3	.40	.85	14.0	.41	.83	13.9	.43	.82	13.7	.44	.80	13.6	.88
.87	.37	.87	14.3	.39	.84	14.1	.41	.82	14.0	.42	.81	13.8	.43	.80	13.7	.87
.86	.36	.86	14.4	.38	.84	14.2	.40	.82	14.0	.41	.80	13.9	.42	.79	13.8	.86
.85	.36	.86	14.5	.38	.83	14.3	.39	.81	14.1	.41	.80	14.0	.42	.78	13.8	.85
.84	.35	.85	14.5	.37	.83	14.3	.39	.81	14.2	.40	.79	14.0	.41	.78	13.9	.84
.83	.34	.85	14.6	.36	.82	14.4	.38	.80	14.2	.39	.79	14.1	.41	.77	14.0	.83
.82	.34	.85	14.7	.35	.82	14.5	.37	.80	14.3	.39	.78	14.1	.40	.77	14.0	.82
.81	.33	.84	14.7	.35	.81	14.5	.37	.79	14.3	.38	.78	14.2	.39	.76	14.1	.81
.80	.33	.84	14.8	.35	.81	14.6	.36	.79	14.4	.37	.77	14.3	.39	.75	14.2	.80
.79	.32	.84	14.9	.34	.81	14.6	.36	.78	14.5	.37	.77	14.3	.38	.75	14.2	.79
.78	.32	.83	14.9	.34	.80	14.7	.35	.78	14.5	.36	.76	14.4	.38	.74	14.3	.78
.77	.31	.83	15.0	.33	.80	14.7	.35	.77	14.6	.36	.76	14.5	.37	.74	14.3	.77
.76	.31	.82	15.0	.33	.79	14.8	.34	.77	14.6	.35	.75	14.5	.36	.73	14.4	.76
.75	.30	.82	15.1	.32	.79	14.9	.34	.76	14.7	.35	.74	14.6	.36	.73	14.4	.75
.74	.30	.82	15.1	.32	.79	14.9	.33	.76	14.8	.34	.74	14.6	.35	.72	14.5	.74
.73	.29	.81	15.2	.31	.78	15.0	.32	.75	14.8	.34	.73	14.7	.35	.72	14.5	.73
.72	.29	.81	15.3	.31	.78	15.0	.32	.75	14.9	.33	.73	14.7	.34	.71	14.6	.72
.71	.28	.81	15.3	.30	.77	15.1	.32	.75	14.9	.33	.72	14.8	.34	.70	14.7	.71
.70	.28	.80	15.4	.30	.77	15.1	.31	.74	15.0	.32	.72	14.8	.33	.70	14.7	.70
.69	.27	.80	15.4	.29	.76	15.2	.31	.74	15.0	.32	.71	14.9	.33	.69	14.8	.69
.68	.27	.80	15.5	.29	.76	15.3	.30	.73	15.1	.31	.71	14.9	.32	.69	14.8	.68
.67	.26	.79	15.5	.28	.75	15.3	.30	.73	15.1	.31	.70	15.0	.32	.68	14.9	.67
.66	.26	.79	15.6	.28	.75	15.4	.29	.72	15.2	.30	.70	15.1	.31	.68	14.9	.66
.65	.25	.78	15.6	.27	.74	15.4	.28	.71	15.3	.30	.69	15.1	.31	.67	15.0	.65
.64	.25	.78	15.7	.27	.74	15.5	.28	.71	15.3	.29	.69	15.2	.30	.66	15.1	.64
.63	.25	.78	15.8	.26	.74	15.5	.28	.71	15.4	.29	.68	15.2	.30	.66	15.1	.63
.62	.24	.77	15.8	.26	.73	15.6	.27	.70	15.4	.28	.68	15.3	.29	.65	15.2	.62
.61	.24	.77	15.9	.25	.73	15.6	.27	.70	15.5	.28	.67	15.3	.29	.65	15.2	.61
.60	.23	.76	15.9	.25	.72	15.7	.26	.69	15.5	.27	.66	15.4	.29	.64	15.3	.60
.59	.23	.76	16.0	.25	.72	15.7	.26	.69	15.6	.27	.65	15.5	.28	.63	15.3	.59
.58	.22	.76	16.0	.24	.71	15.8	.25	.68	15.6	.27	.65	15.5	.28	.63	15.4	.58
.57	.22	.75	16.1	.24	.71	15.9	.25	.67	15.7	.26	.65	15.6	.27	.62	15.4	.57
.56	.22	.75	16.1	.23	.70	15.9	.25	.67	15.7	.26	.64	15.6	.27	.62	15.5	.56
.55	.21	.74	16.2	.23	.70	16.0	.24	.66	15.8	.25	.64	15.7	.26	.61	15.5	.55
.54	.21	.74	16.3	.23	.69	16.0	.24	.66	15.9	.25	.63	15.7	.26	.60	15.6	.54
.53	.20	.74	16.3	.22	.69	16.1	.23	.65	15.9	.24	.62	15.8	.25	.60	15.6	.53
.52	.20	.73	16.4	.22	.68	16.1	.23	.65	16.0	.24	.62	15.8	.25	.59	15.7	.52
.51	.20	.73	16.4	.21	.68	16.2	.22	.64	16.0	.24	.61	15.9	.25	.59	15.7	.51

P_H	$P_L = .01$			$P_L = .02$			$P_L = .03$			$P_L = .04$			$P_L = .05$			P_H
	P	r	△	P	r	△	P	r	△	P	r	△	P	r	△	
.50	.19	.72	16.5	.21	.67	16.2	.22	.64	16.1	.23	.61	15.9	.24	.58	15.8	.50
.49	.19	.72	16.5	.20	.67	16.3	.22	.63	16.1	.23	.60	16.0	.24	.57	15.9	.49
.48	.18	.71	16.6	.20	.66	16.4	.21	.62	16.2	.22	.59	16.0	.23	.57	15.9	.48
.47	.18	.71	16.6	.20	.66	16.4	.21	.62	16.3	.22	.59	16.1	.23	.56	16.0	.47
.46	.18	.70	16.7	.19	.65	16.5	.20	.61	16.3	.21	.58	16.2	.22	.55	16.0	.46
.45	.17	.70	16.8	.19	.65	16.5	.20	.61	16.4	.21	.57	16.2	.22	.55	16.1	.45
.44	.17	.69	16.8	.18	.64	16.6	.20	.60	16.4	.21	.57	16.3	.22	.54	16.1	.44
.43	.17	.69	16.9	.18	.63	16.7	.19	.59	16.5	.20	.56	16.3	.21	.53	16.2	.43
.42	.16	.68	16.9	.18	.63	16.7	.19	.59	16.5	.20	.55	16.4	.21	.52	16.3	.42
.41	.16	.68	17.0	.17	.62	16.8	.18	.58	16.6	.19	.55	16.5	.20	.52	16.3	.41
.40	.15	.67	17.1	.17	.61	16.8	.18	.57	16.7	.19	.54	16.5	.20	.51	16.4	.40
.39	.15	.67	17.1	.17	.61	16.9	.18	.57	16.7	.19	.53	16.6	.19	.50	16.5	.39
.38	.15	.66	17.2	.16	.60	17.0	.17	.56	16.8	.18	.52	16.6	.19	.49	16.5	.38
.37	.14	.66	17.3	.16	.60	17.0	.17	.55	16.8	.18	.52	16.7	.19	.48	16.6	.37
.36	.14	.65	17.3	.15	.59	17.1	.16	.55	16.9	.17	.51	16.8	.18	.48	16.6	.36
.35	.14	.65	17.4	.15	.58	17.1	.16	.54	17.0	.17	.50	16.8	.18	.47	16.7	.35
.34	.13	.64	17.5	.15	.57	17.2	.16	.53	17.0	.17	.49	16.9	.17	.46	16.8	.34
.33	.13	.63	17.5	.14	.57	17.3	.15	.52	17.1	.16	.48	16.9	.17	.45	16.8	.33
.32	.13	.63	17.6	.14	.56	17.3	.15	.51	17.2	.16	.48	17.0	.17	.44	16.9	.32
.31	.12	.62	17.7	.13	.55	17.4	.14	.51	17.2	.15	.47	17.1	.16	.43	16.9	.31
.30	.12	.61	17.8	.13	.54	17.5	.14	.50	17.3	.15	.46	17.2	.16	.42	17.0	.30
.29	.11	.61	17.8	.13	.54	17.6	.14	.49	17.4	.15	.45	17.2	.15	.41	17.1	.29
.28	.11	.60	17.9	.12	.53	17.6	.13	.48	17.4	.14	.44	17.3	.15	.40	17.2	.28
.27	.11	.59	18.0	.12	.52	17.7	.13	.47	17.5	.14	.43	17.4	.15	.39	17.2	.27
.26	.10	.58	18.1	.11	.51	17.8	.12	.46	17.6	.13	.42	17.4	.14	.38	17.3	.26
.25	.10	.57	18.1	.11	.50	17.9	.12	.45	17.7	.13	.41	17.5	.14	.37	17.4	.25
.24	.10	.57	18.2	.11	.49	17.9	.12	.44	17.8	.13	.40	17.6	.13	.36	17.4	.24
.23	.09	.56	18.3	.10	.48	18.0	.11	.43	17.8	.12	.39	17.7	.13	.35	17.5	.23
.22	.09	.55	18.4	.10	.47	18.1	.11	.42	17.9	.12	.38	17.8	.12	.34	17.6	.22
.21	.09	.54	18.5	.10	.46	18.2	.11	.41	18.0	.11	.36	17.8	.12	.33	17.7	.21
.20	.08	.53	18.6	.09	.45	18.3	.10	.40	18.1	.11	.35	17.9	.12	.31	17.8	.20
.19	.08	.52	18.7	.09	.44	18.4	.10	.38	18.2	.10	.34	18.0	.11	.30	17.9	.19
.18	.08	.51	18.8	.09	.43	18.5	.09	.37	18.3	.10	.33	18.1	.11	.29	17.9	.18
.17	.07	.50	18.9	.08	.42	18.6	.09	.36	18.4	.10	.31	18.2	.10	.27	18.0	.17
.16	.07	.49	19.0	.08	.40	18.7	.08	.34	18.5	.09	.30	18.3	.10	.26	18.1	.16
.15	.06	.47	19.1	.07	.39	18.8	.08	.33	18.6	.09	.28	18.4	.10	.24	18.2	.15
.14	.06	.46	19.2	.07	.37	18.9	.08	.31	18.7	.08	.26	18.5	.09	.22	18.3	.14
.13	.06	.45	19.3	.07	.36	19.0	.07	.30	18.8	.08	.25	18.6	.09	.21	18.4	.13
.12	.05	.43	19.5	.06	.34	19.2	.07	.28	18.9	.08	.23	18.7	.08	.19	18.5	.12
.11	.05	.41	19.6	.06	.32	19.3	.07	.26	19.1	.07	.21	18.8	.08	.17	18.7	.11
.10	.05	.39	19.7	.05	.30	19.4	.06	.24	19.2	.07	.19	19.0	.07	.15	18.8	.10
.09				.05	.28	19.6	.06	.22	19.3	.06	.16	19.1	.07	.12	19.0	.09
.08				.05	.26	19.7	.05	.19	19.5	.06	.14	19.3	.06	.10	19.1	.08
.07							.05	.16	19.6	.05	.11	19.4	.06	.07	19.3	.07
.06										.05	.08	19.6	.05	.04	19.4	.06
.05													.05	.00	19.6	.05

P_H	$P_L=.06$			$P_L=.07$			$P_L=.08$			$P_L=.09$			$P_L=.10$			P_H
	P	r	△	P	r	△	P	r	△	P	r	△	P	r	△	
.99	.58	.90	12.2	.59	.89	12.1	.59	.89	12.0	.60	.89	12.0	.61	.88	11.9	.99
.98	.55	.88	12.5	.56	.87	12.4	.57	.87	12.3	.58	.88	12.2	.59	.86	12.1	.98
.97	.54	.87	12.6	.55	.86	12.5	.56	.85	12.4	.56	.85	12.4	.57	.84	12.3	.97
.96	.52	.86	12.8	.53	.85	12.7	.54	.84	12.6	.55	.83	12.5	.56	.83	12.4	.96
.95	.51	.84	12.9	.52	.84	12.8	.53	.83	12.7	.54	.82	12.6	.55	.82	12.5	.95
.94	.50	.84	13.0	.51	.83	12.9	.52	.82	12.8	.53	.81	12.7	.54	.80	12.6	.94
.93	.49	.83	13.1	.50	.82	13.0	.51	.81	12.9	.52	.80	12.8	.53	.79	12.7	.93
.92	.48	.82	13.2	.49	.81	13.1	.50	.80	13.0	.51	.79	12.9	.52	.79	12.8	.92
.91	.47	.81	13.3	.48	.80	13.2	.49	.79	13.1	.50	.79	13.0	.51	.78	12.9	.91
.90	.46	.80	13.4	.47	.79	13.3	.48	.79	13.2	.49	.78	13.1	.50	.77	13.0	.90
.89	.46	.80	13.4	.47	.79	13.4	.48	.78	13.2	.48	.77	13.2	.49	.76	13.1	.89
.88	.45	.79	13.5	.46	.78	13.5	.47	.77	13.3	.48	.76	13.2	.48	.75	13.2	.88
.87	.44	.78	13.6	.45	.77	13.5	.46	.76	13.4	.47	.75	13.3	.48	.74	13.2	.87
.86	.44	.78	13.7	.45	.77	13.6	.45	.76	13.5	.46	.75	13.4	.47	.74	13.3	.86
.85	.43	.77	13.7	.44	.76	13.6	.45	.75	13.5	.46	.74	13.5	.46	.73	13.4	.85
.84	.42	.77	13.8	.43	.75	13.7	.44	.74	13.6	.45	.73	13.5	.46	.72	13.4	.84
.83	.42	.76	13.9	.43	.75	13.8	.43	.73	13.7	.44	.72	13.6	.45	.71	13.5	.83
.82	.41	.75	13.9	.42	.74	13.8	.43	.73	13.7	.44	.72	13.6	.44	.71	13.6	.82
.81	.40	.75	14.0	.41	.73	13.9	.42	.72	13.8	.43	.71	13.7	.44	.70	13.6	.81
.80	.40	.74	14.0	.41	.73	14.0	.42	.71	13.9	.42	.70	13.8	.43	.69	13.7	.80
.79	.39	.73	14.1	.40	.72	14.0	.41	.71	13.9	.42	.70	13.8	.43	.68	13.7	.79
.78	.39	.73	14.2	.40	.71	14.1	.40	.70	14.0	.41	.69	13.9	.42	.68	13.8	.78
.77	.38	.72	14.2	.39	.71	14.1	.40	.69	14.0	.41	.68	13.9	.41	.67	13.9	.77
.76	.37	.72	14.3	.38	.70	14.2	.39	.69	14.1	.40	.68	14.0	.41	.66	13.9	.76
.75	.37	.71	14.3	.38	.70	14.2	.39	.68	14.1	.40	.67	14.1	.40	.66	14.0	.75
.74	.36	.70	14.4	.37	.69	14.3	.38	.67	14.2	.39	.66	14.1	.40	.65	14.0	.74
.73	.36	.70	14.5	.37	.68	14.4	.38	.67	14.3	.38	.65	14.2	.39	.64	14.1	.73
.72	.35	.69	14.5	.36	.68	14.4	.37	.66	14.3	.38	.65	14.2	.39	.63	14.2	.72
.71	.35	.69	14.6	.36	.67	14.5	.37	.66	14.4	.37	.64	14.3	.38	.63	14.2	.71
.70	.34	.68	14.6	.35	.66	14.5	.36	.65	14.4	.37	.63	14.3	.38	.62	14.3	.70
.69	.34	.67	14.7	.35	.66	14.6	.36	.64	14.5	.36	.63	14.4	.37	.61	14.3	.69
.68	.33	.67	14.7	.34	.65	14.6	.35	.64	14.5	.36	.62	14.5	.37	.61	14.4	.68
.67	.33	.66	14.8	.34	.65	14.7	.35	.64	14.6	.35	.61	14.5	.36	.60	14.4	.67
.66	.32	.66	14.8	.33	.64	14.7	.34	.62	14.6	.35	.61	14.6	.36	.59	14.5	.66
.65	.32	.65	14.9	.33	.63	14.8	.34	.62	14.7	.34	.60	14.6	.35	.59	14.5	.65
.64	.31	.64	14.9	.32	.63	14.8	.33	.61	14.7	.34	.59	14.7	.35	.58	14.6	.64
.63	.31	.64	15.0	.32	.62	14.9	.33	.60	14.8	.33	.59	14.7	.34	.57	14.6	.63
.62	.30	.63	15.0	.31	.61	14.9	.32	.60	14.9	.33	.58	14.8	.34	.57	14.7	.62
.61	.30	.63	15.1	.31	.61	15.0	.32	.59	14.9	.32	.57	14.8	.33	.56	14.7	.61
.60	.30	.62	15.2	.30	.60	15.1	.31	.58	15.0	.32	.57	14.9	.33	.55	14.8	.60
.59	.29	.61	15.2	.30	.59	15.1	.31	.58	15.0	.31	.56	14.9	.32	.54	14.8	.59
.58	.29	.61	15.3	.29	.59	15.2	.30	.57	15.1	.31	.55	15.0	.32	.54	14.9	.58
.57	.28	.60	15.3	.29	.58	15.2	.30	.56	15.1	.31	.55	15.0	.31	.53	14.9	.57
.56	.28	.59	15.4	.28	.57	15.3	.29	.56	15.2	.30	.54	15.1	.31	.52	15.0	.56
.55	.27	.59	15.4	.28	.57	15.3	.29	.55	15.2	.30	.53	15.1	.30	.51	15.1	.55
.54	.27	.58	15.5	.28	.56	15.4	.28	.54	15.3	.29	.52	15.2	.30	.51	15.1	.54
.53	.26	.58	15.5	.27	.55	15.4	.28	.53	15.3	.28	.52	15.3	.29	.50	15.2	.53
.52	.26	.57	15.6	.27	.55	15.5	.28	.53	15.4	.28	.51	15.3	.29	.49	15.2	.52
.51	.25	.56	15.6	.26	.54	15.5	.27	.52	15.5	.28	.50	15.4	.29	.48	15.3	.51

P_H	$P_L = .06$			$P_L = .07$			$P_L = .08$			$P_L = .09$			$P_L = .10$			P_H
	P	r	△	P	r	△	P	r	△	P	r	△	P	r	△	
.50	.25	.56	15.7	.26	.53	15.6	.27	.51	15.5	.27	.50	15.4	.28	.48	15.3	.50
.49	.25	.55	15.7	.25	.53	15.6	.26	.51	15.6	.27	.49	15.5	.28	.47	15.4	.49
.48	.24	.54	15.8	.25	.52	15.7	.26	.50	15.6	.26	.48	15.5	.27	.46	15.4	.48
.47	.24	.53	15.9	.25	.51	15.8	.25	.49	15.7	.26	.47	15.6	.27	.45	15.5	.37
.46	.23	.53	15.9	.24	.50	15.8	.25	.48	15.7	.26	.46	15.6	.26	.44	15.5	.46
.45	.22	.52	16.0	.24	.50	15.9	.24	.48	15.8	.25	.46	15.7	.26	.44	15.6	.45
.44	.22	.51	16.0	.23	.49	15.9	.24	.47	15.8	.25	.45	15.7	.25	.43	15.6	.44
.43	.22	.51	16.1	.23	.48	16.0	.24	.46	15.9	.24	.44	15.8	.25	.42	15.7	.43
.42	.22	.50	16.2	.22	.47	16.0	.23	.45	15.9	.24	.43	15.9	.24	.41	15.8	.42
.41	.21	.49	16.2	.22	.47	16.1	.23	.44	16.0	.23	.42	15.9	.24	.40	15.8	.41
.40	.21	.48	16.3	.21	.46	16.2	.22	.43	16.1	.23	.41	16.0	.24	.39	15.9	.40
.39	.20	.47	16.3	.21	.45	16.2	.22	.43	16.1	.22	.41	16.0	.23	.39	15.9	.39
.38	.20	.47	16.4	.21	.44	16.3	.21	.42	16.2	.22	.40	16.1	.23	.38	16.0	.38
.37	.19	.46	16.5	.20	.43	16.3	.21	.41	16.2	.22	.39	16.1	.22	.37	16.0	.37
.36	.19	.45	16.5	.20	.42	16.4	.21	.40	16.3	.21	.38	16.2	.22	.36	16.1	.36
.35	.19	.44	16.6	.19	.42	16.5	.20	.39	16.4	.21	.37	16.3	.21	.35	16.2	.35
.34	.18	.43	16.6	.19	.41	16.5	.20	.38	16.4	.20	.36	16.3	.21	.34	16.2	.34
.33	.18	.42	16.7	.18	.40	16.6	.19	.37	16.5	.20	.35	16.4	.20	.33	16.3	.33
.32	.17	.41	16.8	.18	.39	16.6	.19	.36	16.5	.19	.34	16.5	.20	.32	16.4	.32
.31	.17	.40	16.8	.18	.38	16.7	.18	.35	16.6	.19	.33	16.5	.20	.31	16.4	.31
.30	.17	.39	16.9	.17	.37	16.8	.18	.34	16.7	.19	.32	16.6	.19	.30	16.5	.30
.29	.16	.39	17.0	.17	.36	16.8	.17	.33	16.7	.18	.31	16.6	.19	.29	16.5	.29
.28	.16	.38	17.0	.16	.35	16.9	.17	.32	16.8	.18	.30	16.7	.18	.28	16.6	.28
.27	.15	.36	17.1	.16	.34	17.0	.17	.31	16.9	.17	.29	16.8	.18	.27	16.7	.27
.26	.15	.35	17.2	.16	.32	17.1	.16	.30	16.9	.17	.28	16.8	.17	.25	16.8	.26
.25	.14	.34	17.3	.15	.31	17.1	.16	.29	17.0	.16	.27	16.9	.17	.24	16.8	.25
.24	.14	.33	17.3	.15	.30	17.2	.15	.28	17.1	.16	.25	17.0	.17	.23	16.9	.24
.23	.14	.32	17.4	.14	.29	17.3	.15	.26	17.2	.16	.24	17.1	.16	.22	17.0	.23
.22	.13	.31	17.5	.14	.28	17.4	.14	.25	17.2	.15	.23	17.1	.16	.20	17.0	.22
.21	.13	.30	17.6	.13	.27	17.4	.14	.24	17.3	.15	.21	17.2	.15	.19	17.1	.21
.20	.12	.28	17.6	.13	.25	17.5	.14	.22	17.4	.14	.20	17.3	.15	.18	17.2	.20
.19	.12	.27	17.7	.13	.24	17.6	.13	.21	17.5	.14	.19	17.4	.14	.16	17.3	.19
.18	.11	.25	17.8	.12	.22	17.7	.13	.20	17.6	.13	.17	17.4	.14	.15	17.3	.18
.17	.11	.24	17.9	.12	.21	17.8	.12	.18	17.7	.13	.16	17.5	.13	.13	17.4	.17
.16	.11	.23	18.0	.11	.19	17.9	.12	.16	17.8	.12	.14	17.6	.13	.12	17.5	.16
.15	.10	.21	18.1	.11	.18	18.0	.11	.15	17.8	.12	.12	17.7	.12	.10	17.6	.15
.14	.10	.19	18.2	.10	.16	18.1	.11	.13	17.9	.11	.10	17.8	.12	.08	17.7	.14
.13	.09	.17	18.3	.10	.14	18.2	.10	.11	18.0	.11	.09	17.9	.11	.06	17.8	.13
.12	.09	.15	18.4	.09	.12	18.3	.10	.09	18.1	.10	.07	18.0	.11	.04	17.9	.12
.11	.08	.13	18.5	.09	.10	18.4	.09	.07	18.2	.10	.05	18.1	.10	.02	18.0	.11
.10	.08	.11	18.7	.08	.08	18.5	.09	.05	18.4	.09	.02	18.2	.10	.00	18.1	.10
.09	.07	.09	18.8	.08	.05	18.6	.08	.02	18.5	.09	.00	18.4				.09
.08	.07	.06	18.9	.07	.03	18.8	.08	.00	18.6							.08
.07	.06	.03	19.1	.07	.00	18.9										.07
.06	.06	.00	19.2													.06

P_H	$P_L = .11$			$P_L = .12$			$P_L = .13$			$P_L = .14$			$P_L = .15$			P_H
	P	r	△	P	r	△	P	r	△	P	r	△	P	r	△	
.99	.62	.87	11.8	.63	.87	11.7	.63	.87	11.7	.64	.86	11.6	.64	.86	11.5	.99
.98	.60	.85	12.0	.60	.85	12.0	.61	.84	11.9	.62	.84	11.8	.62	.83	11.7	.98
.97	.58	.84	12.2	.59	.83	12.1	.59	.82	12.0	.60	.82	12.0	.61	.81	11.9	.97
.96	.57	.82	12.3	.57	.82	12.3	.58	.81	12.2	.59	.80	12.1	.59	.80	12.0	.96
.95	.55	.81	12.5	.56	.80	12.4	.57	.80	12.3	.58	.79	12.2	.58	.78	12.2	.95
.94	.54	.80	12.6	.55	.79	12.5	.56	.78	12.4	.56	.78	12.3	.57	.77	12.3	.94
.93	.53	.79	12.7	.54	.78	12.6	.55	.77	12.5	.55	.77	12.4	.56	.76	12.4	.93
.92	.52	.78	12.8	.53	.77	12.7	.54	.76	12.6	.55	.76	12.5	.55	.75	12.5	.92
.91	.52	.77	12.8	.52	.76	12.8	.53	.75	12.7	.54	.75	12.6	.54	.74	12.5	.91
.90	.51	.76	12.9	.52	.75	12.8	.52	.74	12.8	.53	.74	12.7	.54	.73	12.6	.90
.89	.50	.75	13.0	.51	.73	12.9	.51	.73	12.9	.52	.73	12.8	.53	.72	12.7	.89
.88	.49	.74	13.1	.50	.74	13.0	.51	.73	13.0	.51	.72	12.9	.52	.71	12.8	.88
.87	.49	.73	13.1	.19	.73	13.1	.50	.72	13.0	.51	.71	12.9	.51	.70	12.9	.87
.86	.48	.73	13.2	.49	.72	13.1	.49	.71	13.1	.50	.70	13.0	.51	.69	12.9	.86
.85	.47	.72	13.3	.48	.71	13.2	.49	.70	13.1	.49	.69	13.1	.50	.68	13.0	.85
.84	.47	.71	13.4	.47	.70	13.2	.48	.69	13.3	.48	.68	13.1	.49	.67	13.1	.84
.83	.46	.70	13.4	.47	.69	13.3	.47	.68	13.3	.48	.67	13.2	.49	.66	13.1	.83
.82	.45	.69	13.5	.46	.68	13.4	.47	.67	13.3	.47	.67	13.3	.48	.65	13.2	.82
.81	.45	.69	13.5	.45	.68	13.5	.46	.67	13.4	.47	.66	13.3	.47	.65	13.3	.81
.80	.44	.68	13.6	.45	.67	13.5	.45	.66	13.5	.47	.65	13.4	.47	.64	13.3	.80
.79	.43	.67	13.7	.44	.66	13.6	.45	.65	13.6	.46	.64	13.5	.46	.63	13.4	.79
.78	.43	.67	13.7	.44	.65	13.7	.44	.64	13.6	.45	.63	13.5	.46	.62	13.4	.78
.77	.42	.66	13.8	.43	.65	13.7	.44	.64	13.6	.44	.63	13.6	.45	.61	13.5	.77
.76	.42	.65	13.8	.42	.64	13.8	.43	.63	13.7	.44	.62	13.6	.44	.60	13.6	.76
.75	.41	.64	13.9	.42	.63	13.8	.42	.62	13.8	.43	.61	13.7	.44	.60	13.6	.75
.74	.41	.64	14.0	.41	.62	13.9	.42	.61	13.9	.43	.60	13.7	.43	.59	13.7	.74
.73	.40	.63	14.0	.41	.62	13.9	.41	.61	13.9	.42	.59	13.8	.43	.58	13.7	.73
.72	.39	.62	14.1	.40	.61	14.0	.41	.60	13.9	.42	.59	13.9	.42	.57	13.8	.72
.71	.39	.61	14.1	.40	.60	14.0	.40	.59	14.0	.41	.58	13.9	.42	.57	13.8	.71
.70	.38	.61	14.2	.39	.60	14.1	.40	.58	14.0	.41	.57	14.0	.41	.56	13.9	.70
.69	.38	.60	14.2	.39	.59	14.2	.39	.58	14.1	.40	.56	14.0	.41	.55	13.9	.69
.68	.37	.59	14.3	.38	.58	14.2	.39	.57	11.1	.40	.56	14.1	.40	.54	14.0	.68
.67	.37	.59	14.3	.38	.57	14.3	.38	.56	14.2	.39	.55	14.1	.40	.53	14.0	.67
.66	.36	.58	14.4	.37	.57	14.3	.38	.55	14.2	.38	.54	14.2	.39	.53	14.1	.66
.65	.36	.57	14.4	.37	.56	14.4	.37	.55	14.3	.38	.53	14.2	.39	.52	14.2	.65
.64	.35	.56	14.5	.36	.55	14.4	.37	.54	14.3	.37	.52	14.3	.38	.51	14.2	.64
.63	.35	.56	14.6	.36	.54	14.5	.36	.53	14.4	.37	.52	14.3	.38	.50	14.3	.63
.62	.34	.55	14.6	.35	.54	14.5	.36	.52	14.5	.36	.51	14.4	.37	.50	14.3	.62
.61	.34	.54	14.7	.35	.53	14.6	.35	.52	14.5	.36	.50	14.4	.37	.49	14.4	.61
.60	.33	.54	14.7	.34	.52	14.6	.35	.51	14.6	.35	.49	14.5	.36	.48	14.4	.60
.59	.33	.53	14.8	.34	.51	14.7	.34	.50	14.6	.35	.49	14.5	.36	.47	14.5	.59
.58	.32	.52	14.8	.33	.51	14.7	.34	.49	14.7	.35	.48	14.6	.35	.46	14.5	.58
.57	.32	.51	14.9	.32	.50	14.8	.33	.48	14.7	.34	.47	14.6	.35	.46	14.6	.57
.56	.32	.51	14.9	.32	.49	14.8	.33	.48	14.8	.34	.46	14.7	.34	.45	14.6	.56
.55	.31	.50	15.0	.32	.48	14.9	.32	.47	14.8	.33	.45	14.7	.34	.44	14.7	.55
.54	.31	.49	15.0	.31	.47	14.9	.32	.46	14.9	.33	.45	14.7	.33	.43	14.7	.54
.53	.30	.48	15.1	.31	.47	15.0	.31	.45	14.9	.32	.44	14.9	.33	.42	14.8	.53
.52	.30	.48	15.1	.30	.46	15.1	.31	.44	15.0	.32	.43	14.9	.32	.41	14.8	.52
.51	.29	.47	15.2	.30	.45	15.1	.31	.44	15.0	.31	.42	15.0	.32	.41	14.9	.51

P_H	$P_L = .11$			$P_L = .12$			$P_L = .13$			$P_L = .14$			$P_L = .15$			P_H
	P	r	△	P	r	△	P	r	△	P	r	△	P	r	△	
.50	.29	.46	15.2	.29	.44	15.2	.30	.43	15.1	.30	.41	15.0	.31	.40	14.9	.50
.49	.28	.45	15.3	.29	.43	15.2	.30	.42	15.1	.30	.40	15.1	.31	.39	15.0	.49
.48	.28	.44	15.3	.29	.43	15.3	.29	.41	15.2	.30	.39	15.1	.30	.38	15.1	.48
.47	.27	.44	15.4	.28	.42	15.3	.29	.40	15.2	.29	.39	15.2	.30	.37	15.1	.47
.46	.27	.43	15.5	.28	.41	15.4	.28	.39	15.3	.29	.38	15.2	.30	.36	15.2	.46
.45	.27	.42	15.5	.27	.40	15.4	.28	.39	15.4	.28	.37	15.3	.29	.35	15.2	.45
.44	.26	.41	15.6	.27	.39	15.5	.27	.38	15.4	.28	.36	15.3	.29	.34	15.3	.44
.43	.26	.40	15.6	.26	.38	15.5	.27	.37	15.5	.28	.35	15.4	.28	.34	15.3	.43
.42	.25	.39	15.7	.26	.38	15.6	.26	.36	15.5	.27	.34	15.5	.28	.33	15.4	.42
.41	.25	.38	15.7	.25	.37	15.7	.26	.35	15.6	.27	.33	15.5	.27	.32	15.4	.41
.40	.24	.38	15.8	.25	.36	15.7	.25	.34	15.6	.26	.32	15.6	.27	.31	15.5	.40
.39	.24	.37	15.9	.24	.35	15.8	.25	.33	15.7	.26	.31	15.6	.26	.30	15.5	.39
.38	.23	.36	15.9	.24	.34	15.8	.25	.32	15.7	.25	.31	15.7	.26	.29	15.6	.38
.37	.23	.35	16.0	.24	.33	15.9	.24	.31	15.8	.25	.30	15.7	.25	.28	15.6	.37
.36	.22	.34	16.0	.23	.32	15.9	.24	.30	15.9	.24	.29	15.8	.25	.27	15.7	.36
.35	.22	.33	16.1	.23	.31	16.0	.23	.29	15.9	.24	.28	15.9	.24	.26	15.8	.35
.34	.22	.32	16.2	.22	.30	16.1	.23	.28	16.0	.23	.27	15.9	.24	.25	15.8	.34
.33	.21	.31	16.2	.22	.29	16.1	.22	.27	16.0	.23	.26	16.0	.24	.24	15.9	.33
.32	.21	.30	16.3	.21	.28	16.2	.22	.26	16.1	.23	.25	16.0	.23	.23	15.9	.32
.31	.20	.29	16.3	.21	.27	16.3	.21	.25	16.2	.22	.23	16.1	.23	.22	16.0	.31
.30	.20	.28	16.4	.20	.26	16.3	.21	.24	16.2	.22	.22	16.1	.22	.21	16.1	.30
.29	.19	.27	16.5	.20	.25	16.4	.20	.23	16.3	.21	.21	16.2	.22	.19	16.1	.29
.28	.19	.26	16.5	.20	.24	16.4	.20	.22	16.3	.21	.20	16.2	.21	.18	16.2	.28
.27	.18	.24	16.6	.19	.23	16.5	.20	.21	16.4	.20	.19	16.3	.21	.17	16.3	.27
.26	.18	.23	16.7	.19	.21	16.6	.19	.19	16.5	.20	.18	16.4	.20	.16	16.3	.26
.25	.18	.22	16.7	.18	.20	16.6	.19	.18	16.6	.19	.16	16.5	.20	.15	16.4	.25
.24	.17	.21	16.8	.18	.19	16.7	.18	.17	16.6	.19	.15	16.5	.19	.13	16.5	.24
.23	.17	.20	16.9	.17	.18	16.8	.18	.16	16.7	.18	.14	16.6	.19	.12	16.5	.23
.22	.16	.18	16.9	.17	.16	16.8	.17	.14	16.8	.18	.12	16.7	.18	.11	16.6	.22
.21	.16	.17	17.0	.16	.15	16.9	.17	.13	16.8	.17	.11	16.8	.18	.09	16.7	.21
.20	.15	.16	17.1	.16	.14	17.0	.16	.12	16.9	.17	.10	16.8	.17	.08	16.7	.20
.19	.15	.14	17.2	.15	.12	17.1	.16	.10	17.0	.16	.08	16.9	.17	.06	16.8	.19
.18	.14	.13	17.3	.15	.11	17.2	.15	.09	17.1	.16	.07	17.0	.16	.03	16.9	.18
.17	.14	.11	17.3	.14	.09	17.2	.15	.07	17.1	.15	.05	17.1	.16	.03	17.0	.17
.16	.13	.09	17.4	.14	.07	17.3	.14	.05	17.2	.15	.04	17.1	.15	.02	17.1	.16
.15	.13	.08	17.5	.13	.06	17.4	.14	.04	17.3	.14	.02	17.2	.15	.00	17.1	.15
.14	.12	.06	17.6	.13	.04	17.5	.13	.02	17.4	.14	.00	17.3				.14
.13	.12	.04	17.7	.12	.02	17.6	.13	.00	17.5							.13
.12	.11	.02	17.8	.12	.00	17.7										.12
.11	.11	.00	17.9													.11

P_H	$P_L = .16$			$P_L = .17$			$P_L = .18$			$P_L = .19$			$P_L = .20$			P_H
	P	r	△	P	r	△	P	r	△	P	r	△	P	r	△	
.99	.65	.85	11.5	.66	.85	11.4	.66	.85	11.3	.67	.84	11.3	.67	.84	11.2	.99
.98	.63	.83	11.7	.64	.82	11.6	.64	.82	11.5	.65	.81	11.5	.65	.81	11.4	.98
.97	.61	.81	11.8	.62	.80	11.8	.63	.80	11.7	.63	.79	11.7	.64	.79	11.6	.97
.96	.60	.79	12.0	.61	.79	11.9	.61	.78	11.9	.62	.78	11.8	.63	.77	11.7	.96
.95	.59	.78	12.1	.59	.77	12.0	.60	.77	12.0	.61	.76	11.9	.61	.75	11.8	.95
.94	.58	.77	12.2	.58	.76	12.1	.59	.75	12.1	.60	.75	12.0	.60	.74	12.0	.94
.93	.57	.75	12.3	.57	.75	12.2	.58	.74	12.2	.59	.73	12.1	.59	.73	12.0	.93
.92	.56	.74	12.4	.57	.73	12.3	.57	.73	12.3	.58	.72	12.2	.58	.71	12.1	.92
.91	.55	.73	12.5	.56	.72	12.4	.56	.72	12.4	.57	.71	12.3	.58	.70	12.2	.91
.90	.54	.72	12.6	.55	.71	12.5	.56	.71	12.4	.56	.70	12.4	.57	.69	12.3	.90
.89	.53	.71	12.6	.54	.70	12.6	.55	.69	12.5	.55	.69	12.5	.56	.68	12.4	.89
.88	.53	.70	12.7	.53	.69	12.7	.54	.68	12.6	.55	.68	12.5	.55	.67	12.5	.88
.87	.52	.69	12.8	.53	.68	12.7	.53	.67	12.7	.54	.67	12.6	.55	.66	12.5	.87
.86	.51	.68	12.9	.52	.67	12.8	.53	.67	12.7	.53	.66	12.7	.54	.65	12.6	.86
.85	.51	.67	12.9	.51	.66	12.9	.52	.65	12.8	.53	.65	12.7	.53	.64	12.7	.85
.84	.50	.66	13.0	.51	.65	12.9	.51	.65	12.9	.52	.64	12.8	.53	.63	12.7	.84
.83	.49	.65	13.1	.49	.64	13.0	.50	.64	12.9	.51	.63	12.9	.52	.62	12.8	.83
.82	.49	.65	13.1	.49	.64	13.1	.50	.63	13.0	.51	.62	12.9	.51	.61	12.9	.82
.81	.48	.64	13.2	.49	.63	13.1	.49	.62	13.1	.50	.61	13.0	.51	.60	12.9	.81
.80	.47	.63	13.3	.48	.62	13.2	.49	.61	13.1	.49	.60	13.1	.50	.59	13.0	.80
.79	.47	.62	13.3	.48	.61	13.2	.48	.60	13.2	.49	.59	13.1	.49	.58	13.1	.79
.78	.46	.61	13.4	.47	.60	13.3	.48	.59	13.2	.48	.58	13.2	.49	.57	13.1	.78
.77	.45	.60	13.4	.46	.59	13.4	.47	.58	13.3	.48	.57	13.2	.48	.56	13.2	.77
.76	.45	.60	13.5	.46	.58	13.4	.46	.57	13.4	.47	.56	13.3	.48	.56	13.2	.76
.75	.45	.59	13.6	.45	.58	13.5	.46	.57	13.4	.46	.56	13.4	.47	.55	13.3	.75
.74	.44	.58	13.6	.45	.57	13.5	.45	.56	13.5	.46	.54	13.4	.47	.54	13.4	.74
.73	.43	.57	13.7	.44	.56	13.6	.45	.55	13.5	.45	.54	13.5	.46	.53	13.4	.73
.72	.43	.56	13.7	.44	.55	13.7	.44	.54	13.6	.45	.53	13.5	.46	.52	13.5	.72
.71	.42	.55	13.8	.43	.54	13.7	.44	.53	13.6	.44	.52	13.6	.45	.51	13.5	.71
.70	.42	.55	13.8	.43	.54	13.8	.43	.52	13.7	.44	.51	13.7	.44	.50	13.6	.70
.69	.41	.54	13.9	.42	.53	13.8	.43	.52	13.7	.43	.51	13.7	.44	.50	13.6	.69
.68	.41	.53	13.9	.41	.52	13.9	.42	.51	13.8	.43	.50	13.7	.43	.49	13.7	.68
.67	.40	.52	14.0	.41	.51	13.9	.42	.50	13.8	.42	.49	13.8	.43	.48	13.7	.67
.66	.40	.52	14.0	.40	.50	14.0	.41	.49	13.9	.42	.48	13.8	.42	.47	13.8	.66
.65	.39	.51	14.1	.40	.50	14.1	.41	.48	14.0	.41	.47	13.9	.42	.46	13.8	.65
.64	.39	.50	14.1	.39	.49	14.1	.40	.48	14.0	.41	.46	14.0	.41	.45	13.9	.64
.63	.38	.49	14.2	.39	.48	14.1	.40	.47	14.1	.40	.46	14.0	.41	.44	13.9	.63
.62	.38	.48	14.2	.38	.47	14.2	.39	.46	14.1	.40	.45	14.1	.40	.44	14.0	.62
.61	.37	.48	14.3	.38	.46	14.2	.39	.45	14.2	.39	.44	14.1	.40	.43	14.0	.61
.60	.37	.47	14.3	.37	.45	14.3	.38	.44	14.2	.39	.43	14.2	.39	.42	14.1	.60
.59	.36	.46	14.4	.37	.45	14.3	.38	.43	14.3	.38	.42	14.2	.39	.41	14.1	.59
.58	.36	.45	14.5	.36	.44	14.4	.37	.43	14.3	.38	.41	14.3	.38	.40	14.2	.58
.57	.35	.44	14.5	.36	.43	14.4	.37	.42	14.4	.37	.40	14.3	.38	.39	14.3	.57
.56	.35	.43	14.6	.35	.42	14.5	.36	.41	14.4	.37	.40	14.4	.38	.38	14.3	.56
.55	.34	.43	14.6	.35	.41	14.5	.36	.40	14.5	.36	.39	14.4	.37	.37	14.4	.55
.54	.34	.42	14.7	.35	.40	14.6	.35	.39	14.5	.36	.38	14.5	.36	.36	14.4	.54
.53	.33	.41	14.7	.34	.40	14.6	.35	.38	14.6	.35	.37	14.5	.36	.36	14.5	.53
.52	.33	.40	14.8	.34	.39	14.7	.34	.37	14.6	.35	.36	14.6	.35	.35	14.5	.52
.51	.32	.39	14.8	.33	.38	14.8	.34	.36	14.7	.34	.35	14.6	.35	.34	14.6	.51

P_H	$P_L = .16$			$P_L = .17$			$P_L = .18$			$P_L = .19$			$P_L = .20$			P_H
	P	r	△	P	r	△	P	r	△	P	r	△	P	r	△	
.50	.32	.38	14.9	.33	.37	14.8	.33	.36	14.7	.34	.34	14.7	.34	.33	14.6	.50
.49	.31	.37	14.9	.32	.36	14.9	.33	.35	14.8	.33	.33	14.7	.34	.32	14.7	.49
.48	.31	.37	15.0	.32	.35	14.9	.32	.34	14.8	.33	.32	14.8	.33	.31	14.7	.48
.47	.31	.36	15.0	.31	.34	15.0	.32	.33	14.9	.32	.32	14.8	.33	.30	14.8	.47
.46	.30	.35	15.1	.31	.33	15.0	.31	.32	14.9	.32	.31	14.9	.32	.29	14.8	.46
.45	.30	.34	15.1	.30	.32	15.1	.31	.31	15.0	.31	.30	14.9	.32	.28	14.9	.45
.44	.29	.33	15.2	.30	.32	15.1	.30	.30	15.1	.31	.29	15.0	.32	.28	14.9	.44
.43	.29	.32	15.2	.29	.31	15.2	.30	.29	15.1	.30	.28	15.0	.31	.27	15.0	.43
.42	.28	.31	15.3	.29	.30	15.2	.29	.28	15.2	.30	.27	15.1	.31	.26	15.0	.42
.41	.28	.30	15.4	.28	.29	15.3	.29	.27	15.2	.29	.26	15.2	.30	.25	15.1	.41
.40	.27	.29	15.4	.28	.28	15.3	.28	.26	15.3	.29	.25	15.2	.30	.24	15.1	.40
.39	.27	.28	15.5	.27	.27	15.4	.28	.25	15.3	.29	.24	15.3	.29	.23	15.2	.39
.38	.26	.27	15.5	.27	.26	15.5	.28	.24	15.4	.28	.23	15.3	.29	.22	15.2	.38
.37	.26	.26	15.6	.27	.25	15.5	.27	.23	15.4	.28	.22	15.4	.28	.21	15.3	.37
.36	.25	.25	15.6	.26	.24	15.6	.27	.22	15.5	.27	.21	15.4	.28	.20	15.4	.36
.35	.25	.24	15.7	.26	.23	15.6	.26	.21	15.5	.27	.20	15.5	.27	.18	15.4	.35
.34	.25	.23	15.8	.25	.22	15.7	.26	.20	15.6	.26	.19	15.5	.27	.17	15.5	.34
.33	.24	.22	15.8	.25	.21	15.7	.25	.19	15.7	.26	.18	15.6	.26	.16	15.5	.33
.32	.24	.21	15.9	.24	.20	15.8	.25	.18	15.7	.25	.17	15.7	.26	.15	15.6	.32
.31	.23	.20	15.9	.24	.19	15.9	.24	.17	15.8	.25	.16	15.7	.25	.14	15.6	.31
.30	.23	.19	16.0	.23	.17	15.9	.24	.16	15.9	.24	.14	15.8	.25	.13	15.7	.30
.29	.22	.18	16.1	.23	.16	16.0	.23	.15	15.9	.24	.13	15.8	.24	.12	15.8	.29
.28	.22	.17	16.1	.22	.15	16.0	.23	.13	16.0	.23	.12	15.9	.24	.10	15.8	.28
.27	.21	.15	16.2	.22	.14	16.1	.22	.12	16.0	.23	.11	16.0	.23	.09	15.9	.27
.26	.21	.14	16.3	.21	.13	16.2	.22	.11	16.1	.22	.09	16.0	.23	.08	16.0	.26
.25	.20	.13	16.3	.21	.11	16.2	.21	.10	16.2	.22	.08	16.1	.22	.07	16.0	.25
.24	.20	.12	16.4	.20	.10	16.3	.21	.08	16.2	.21	.07	16.2	.22	.05	16.1	.24
.23	.19	.10	16.5	.20	.09	16.4	.20	.07	16.3	.21	.06	16.2	.21	.04	16.2	.23
.22	.19	.09	16.5	.19	.07	16.5	.20	.06	16.4	.20	.04	16.3	.21	.03	16.2	.22
.21	.18	.08	16.6	.19	.06	16.5	.19	.04	16.4	.20	.03	16.4	.20	.01	16.3	.21
.20	.18	.06	16.7	.18	.05	16.6	.19	.03	16.5	.19	.02	16.4	.20	.00	16.4	.20
.19	.17	.05	16.7	.18	.03	16.7	.18	.02	16.6	.19	.00	16.5				.19
.18	.17	.03	16.8	.17	.02	16.7	.18	.00	16.7							.18
.17	.16	.02	16.9	.17	.00	16.8										.17
.16	.16	.00	17.0													.16

P_H	$P_L = .21$			$P_L = .22$			$P_L = .23$			$P_L = .24$			$P_L = .25$			P_H
	p	r	△	p	r	△	p	r	△	p	r	△	p	r	△	
.99	.68	.84	11.1	.68	.83	11.1	.69	.83	11.0	.69	.82	11.0	.70	.82	10.9	.99
.98	.66	.81	11.4	.66	.80	11.3	.67	.80	11.3	.67	.79	11.2	.68	.79	11.1	.98
.97	.64	.78	11.5	.65	.78	11.5	.65	.77	11.4	.66	.77	11.4	.66	.76	11.3	.97
.96	.63	.77	11.7	.64	.76	11.6	.64	.76	11.5	.65	.75	11.5	.65	.74	11.4	.96
.95	.62	.75	11.8	.62	.74	11.7	.63	.74	11.7	.64	.73	11.6	.64	.73	11.6	.95
.94	.61	.73	11.9	.61	.73	11.8	.62	.72	11.8	.63	.72	11.7	.63	.71	11.7	.94
.93	.60	.72	12.0	.60	.71	11.9	.61	.71	11.9	.62	.70	11.8	.62	.70	11.8	.93
.92	.59	.71	12.1	.60	.70	12.0	.60	.69	12.0	.61	.69	11.9	.61	.68	11.9	.92
.91	.58	.70	12.2	.59	.69	12.1	.59	.68	12.1	.60	.68	12.0	.60	.67	11.9	.91
.90	.57	.68	12.3	.58	.68	12.2	.59	.67	12.1	.59	.66	12.1	.60	.66	12.0	.90
.89	.57	.67	12.3	.57	.67	12.3	.58	.66	12.2	.58	.65	12.2	.59	.64	12.1	.89
.88	.56	.66	12.4	.56	.65	12.3	.57	.65	12.3	.58	.64	12.2	.58	.63	12.2	.88
.87	.55	.65	12.5	.55	.64	12.4	.56	.64	12.4	.57	.63	12.3	.58	.62	12.2	.87
.86	.54	.64	12.5	.55	.63	12.5	.56	.63	12.4	.56	.62	12.4	.57	.61	12.3	.86
.85	.54	.63	12.6	.54	.62	12.6	.55	.61	12.5	.56	.60	12.4	.56	.60	12.4	.85
.84	.53	.62	12.7	.54	.61	12.6	.54	.60	12.6	.55	.60	12.5	.55	.59	12.4	.84
.83	.52	.61	12.8	.53	.60	12.7	.54	.59	12.6	.54	.58	12.6	.55	.58	12.5	.83
.82	.52	.60	12.8	.52	.59	12.8	.53	.58	12.7	.54	.57	12.6	.54	.57	12.6	.82
.81	.51	.59	12.9	.52	.58	12.8	.52	.57	12.8	.53	.56	12.7	.54	.56	12.6	.81
.80	.51	.58	12.9	.51	.57	12.9	.52	.56	12.8	.52	.56	12.8	.53	.55	12.7	.80
.79	.50	.57	13.0	.51	.56	12.9	.51	.55	12.9	.52	.55	12.8	.52	.54	12.8	.79
.78	.49	.56	13.1	.50	.55	13.0	.51	.54	12.9	.51	.54	12.9	.52	.53	12.8	.78
.77	.49	.55	13.1	.49	.54	13.1	.50	.53	13.0	.51	.53	12.9	.51	.52	12.9	.77
.76	.48	.55	13.2	.49	.54	13.1	.49	.53	13.1	.50	.52	13.0	.51	.51	12.9	.76
.75	.48	.54	13.2	.48	.53	13.2	.49	.52	13.1	.49	.51	13.1	.50	.50	13.0	.75
.74	.47	.53	13.3	.48	.52	13.2	.48	.51	13.2	.49	.50	13.1	.49	.49	13.1	.74
.73	.47	.52	13.3	.47	.51	13.3	.48	.50	13.2	.48	.49	13.2	.49	.48	13.1	.73
.72	.46	.51	13.4	.47	.50	13.3	.47	.49	13.3	.48	.48	13.2	.48	.47	13.2	.72
.71	.45	.50	13.5	.46	.49	13.4	.47	.48	13.3	.47	.47	13.3	.48	.46	13.2	.71
.70	.45	.49	13.5	.46	.48	13.5	.46	.47	13.4	.47	.46	13.3	.47	.45	13.3	.70
.69	.44	.48	13.6	.45	.47	13.5	.46	.46	13.4	.46	.45	13.4	.47	.44	13.3	.69
.68	.44	.48	13.6	.45	.47	13.6	.45	.45	13.5	.46	.44	13.4	.46	.43	13.4	.68
.67	.43	.47	13.7	.44	.46	13.6	.45	.45	13.5	.45	.44	13.5	.46	.43	13.4	.67
.66	.43	.46	13.7	.43	.45	13.7	.44	.44	13.6	.45	.43	13.5	.45	.42	13.5	.66
.65	.42	.45	13.8	.43	.44	13.7	.43	.43	13.7	.44	.42	13.6	.45	.41	13.5	.65
.64	.42	.44	13.8	.42	.43	13.8	.42	.42	13.7	.44	.41	13.6	.44	.40	13.6	.64
.63	.41	.43	13.9	.42	.42	13.8	.42	.41	13.8	.43	.40	13.7	.44	.39	13.6	.63
.62	.41	.42	13.9	.41	.41	13.9	.42	.40	13.8	.43	.39	13.8	.43	.38	13.7	.62
.61	.40	.41	14.0	.41	.40	13.9	.41	.39	13.9	.42	.38	13.8	.43	.37	13.7	.61
.60	.40	.41	14.0	.40	.39	14.0	.41	.38	13.9	.42	.37	13.9	.42	.36	13.8	.60
.59	.39	.40	14.1	.40	.39	14.0	.40	.37	14.0	.41	.36	13.9	.42	.35	13.8	.59
.58	.39	.39	14.1	.39	.38	14.1	.40	.36	14.0	.41	.35	14.0	.41	.34	13.9	.58
.57	.38	.38	14.2	.39	.37	14.1	.39	.36	14.1	.40	.34	14.0	.41	.33	14.0	.57
.56	.38	.37	14.2	.38	.36	14.2	.39	.35	14.1	.40	.33	14.1	.40	.32	14.0	.56
.55	.37	.36	14.3	.38	.35	14.2	.38	.34	14.2	.39	.33	14.1	.40	.31	14.1	.55
.54	.37	.35	14.3	.37	.34	14.3	.38	.33	14.2	.39	.32	14.2	.39	.31	14.1	.54
.53	.36	.34	14.4	.37	.33	14.3	.37	.32	14.3	.38	.31	14.2	.39	.30	14.2	.53
.52	.36	.33	14.5	.36	.32	14.4	.37	.31	14.3	.38	.30	14.3	.38	.29	14.2	.52
.51	.35	.33	14.5	.36	.31	14.4	.37	.30	14.4	.37	.29	14.3	.38	.28	14.3	.51

P_H	$P_L = .21$			$P_L = .22$			$P_L = .23$			$P_L = .24$			$P_L = .25$			P_H
	p	r	△	p	r	△	p	r	△	p	r	△	p	r	△	
.50	.35	.32	14.6	.35	.30	14.5	.36	.29	14.4	.37	.28	14.4	.37	.27	14.3	.50
.49	.34	.31	14.6	.35	.30	14.5	.36	.28	14.5	.36	.27	14.4	.37	.26	14.4	.49
.48	.34	.30	14.7	.35	.29	14.6	.35	.27	14.5	.36	.26	14.5	.36	.25	14.4	.48
.47	.33	.29	14.7	.34	.28	14.6	.35	.26	14.6	.35	.25	14.5	.36	.24	14.5	.47
.46	.33	.28	14.8	.34	.27	14.7	.34	.25	14.6	.35	.24	14.6	.35	.23	14.5	.46
.45	.33	.27	14.8	.33	.26	14.7	.34	.25	14.7	.34	.23	14.6	.35	.22	14.6	.45
.44	.32	.26	14.9	.33	.25	14.8	.33	.24	14.7	.34	.22	14.7	.34	.21	14.6	.44
.43	.32	.25	14.9	.32	.24	14.9	.33	.23	14.8	.33	.21	14.7	.34	.20	14.7	.43
.42	.31	.24	15.0	.32	.23	14.9	.32	.22	14.8	.33	.20	14.8	.33	.19	14.7	.42
.41	.31	.23	15.0	.31	.22	15.0	.32	.21	14.9	.32	.19	14.8	.33	.18	14.8	.41
.40	.30	.22	15.1	.31	.21	15.0	.31	.20	14.9	.32	.18	14.9	.32	.17	14.8	.40
.39	.30	.21	15.1	.30	.20	15.1	.31	.19	15.0	.31	.17	14.9	.32	.16	14.9	.39
.38	.29	.20	15.2	.30	.19	15.1	.30	.18	15.1	.31	.16	15.0	.31	.15	14.9	.38
.37	.29	.19	15.2	.29	.18	15.2	.30	.17	15.1	.30	.15	15.1	.31	.14	15.0	.37
.36	.28	.18	15.3	.29	.17	15.2	.29	.16	15.2	.30	.14	15.1	.30	.13	15.1	.36
.35	.28	.17	15.4	.28	.16	15.3	.29	.14	15.2	.29	.13	15.2	.30	.13	15.1	.35
.34	.27	.16	15.4	.28	.15	15.3	.28	.13	15.3	.29	.12	15.2	.29	.11	15.2	.34
.33	.27	.15	15.5	.27	.13	15.4	.28	.12	15.3	.28	.11	15.3	.29	.10	15.2	.33
.32	.26	.14	15.5	.27	.12	15.5	.27	.11	15.4	.28	.10	15.3	.28	.08	15.3	.32
.31	.26	.13	15.6	.26	.11	15.5	.27	.10	15.5	.27	.08	15.4	.28	.07	15.3	.31
.30	.25	.11	15.6	.26	.10	15.6	.26	.09	15.5	.27	.07	15.5	.27	.06	15.4	.30
.29	.25	.10	15.7	.25	.09	15.6	.26	.06	15.6	.26	.06	15.5	.27	.05	15.5	.29
.28	.24	.09	15.8	.25	.08	15.7	.25	.06	15.6	.26	.05	15.6	.26	.04	15.5	.28
.27	.24	.08	15.8	.24	.07	15.8	.25	.05	15.7	.25	.04	15.6	.26	.03	15.6	.27
.26	.23	.07	15.9	.24	.05	15.8	.24	.04	15.8	.25	.03	15.7	.25	.01	15.6	.26
.25	.23	.05	16.0	.23	.04	15.9	.24	.03	15.8	.24	.01	15.8	.25	.00	15.7	.25
.24	.22	.04	16.0	.23	.03	16.0	.23	.01	15.9	.24	.00	15.8				.24
.23	.22	.03	16.1	.22	.01	16.0	.23	.00	16.0							.23
.22	.21	.01	16.2	.22	.00	16.1										.22
.21	.21	.00	16.2													.21

P_H	$P_L = .26$			$P_L = .27$			$P_L = .28$			$P_L = .29$			$P_L = .30$			P_H
	p	r	△	p	r	△	p	r	△	p	r	△	p	r	△	
.99	.70	.82	10.9	.71	.81	10.8	.71	.81	10.7	.72	.81	10.7	.72	.80	10.6	.99
.98	.68	.79	11.1	.69	.78	11.0	.69	.78	11.0	.70	.77	10.9	.70	.77	10.9	.98
.97	.67	.76	11.2	.68	.75	11.2	.68	.75	11.1	.68	.75	11.1	.69	.74	11.0	.97
.96	.66	.74	11.4	.66	.73	11.3	.67	.73	11.3	.67	.72	11.2	.68	.72	11.2	.96
.95	.65	.72	11.5	.65	.72	11.4	.66	.71	11.4	.66	.70	11.3	.67	.70	11.3	.95
.94	.64	.70	11.6	.64	.70	11.5	.65	.69	11.5	.65	.69	11.4	.66	.68	11.4	.94
.93	.63	.69	11.7	.63	.68	11.6	.64	.68	11.6	.64	.67	11.5	.65	.66	11.5	.93
.92	.62	.67	11.8	.62	.67	11.7	.63	.66	11.7	.63	.66	11.6	.64	.65	11.6	.92
.91	.61	.66	11.9	.62	.65	11.8	.62	.65	11.8	.63	.64	11.7	.63	.63	11.7	.91
.90	.60	.65	12.0	.61	.64	11.9	.61	.63	11.8	.62	.63	11.8	.62	.62	11.7	.90
.89	.59	.64	12.0	.60	.63	12.0	.61	.62	11.9	.61	.61	11.9	.62	.61	11.8	.89
.88	.59	.62	12.1	.59	.62	12.1	.60	.61	12.0	.60	.60	12.0	.61	.60	11.9	.88
.87	.58	.61	12.2	.59	.61	12.1	.59	.60	12.1	.60	.59	12.0	.60	.58	12.0	.87
.86	.57	.60	12.3	.58	.59	12.2	.58	.59	12.1	.59	.58	12.1	.59	.57	12.0	.86
.85	.57	.59	12.3	.57	.58	12.3	.58	.57	12.2	.57	.57	12.2	.59	.56	12.1	.85
.84	.56	.58	12.4	.57	.57	12.3	.57	.56	12.3	.58	.55	12.2	.58	.55	12.2	.84
.83	.55	.57	12.5	.56	.56	12.4	.56	.55	12.3	.57	.54	12.3	.57	.54	12.2	.83
.82	.55	.56	12.5	.55	.55	12.5	.56	.54	12.4	.56	.53	12.4	.57	.52	12.3	.82
.81	.54	.55	12.6	.55	.54	12.5	.55	.53	12.5	.56	.52	12.4	.56	.51	12.4	.81
.80	.53	.54	12.6	.54	.53	12.6	.55	.52	12.5	.55	.51	12.5	.56	.50	12.4	.80
.79	.53	.53	12.7	.53	.52	12.7	.54	.51	12.6	.55	.50	12.5	.55	.49	12.5	.79
.78	.52	.52	12.8	.53	.51	12.7	.53	.50	12.7	.54	.49	12.6	.54	.48	12.5	.78
.77	.52	.51	12.8	.52	.50	12.8	.53	.49	12.7	.53	.48	12.7	.54	.47	12.6	.77
.76	.51	.50	12.9	.52	.49	12.8	.52	.48	12.8	.53	.47	12.7	.53	.46	12.7	.76
.75	.51	.49	12.9	.51	.48	12.9	.52	.47	12.8	.52	.46	12.8	.53	.45	12.7	.75
.74	.50	.48	13.0	.51	.47	12.9	.51	.46	12.9	.52	.45	12.8	.52	.44	12.8	.74
.73	.49	.47	13.1	.50	.46	13.0	.51	.45	12.9	.51	.44	12.9	.52	.43	12.8	.73
.72	.49	.46	13.1	.49	.45	13.1	.50	.44	13.0	.51	.43	12.9	.51	.42	12.9	.72
.71	.48	.45	13.2	.49	.44	13.1	.49	.43	13.1	.50	.42	13.0	.51	.41	12.9	.71
.70	.48	.44	13.2	.48	.43	13.2	.49	.42	13.1	.49	.41	13.1	.50	.40	13.0	.70
.69	.47	.43	13.3	.48	.42	13.2	.48	.41	13.2	.49	.40	13.1	.49	.39	13.1	.69
.68	.47	.42	13.3	.47	.41	13.3	.48	.40	13.2	.48	.39	13.2	.49	.38	13.1	.68
.67	.46	.41	13.4	.47	.40	13.3	.47	.39	13.3	.48	.38	13.2	.48	.37	13.2	.67
.66	.46	.40	13.4	.46	.39	13.4	.47	.38	13.3	.47	.37	13.3	.48	.36	13.2	.66
.65	.45	.40	13.5	.46	.39	13.4	.46	.37	13.4	.47	.36	13.3	.47	.35	13.2	.65
.64	.45	.39	13.5	.45	.38	13.5	.46	.36	13.4	.46	.35	13.4	.47	.34	13.3	.64
.63	.44	.38	13.6	.45	.37	13.5	.45	.36	13.5	.45	.35	13.4	.46	.34	13.4	.63
.62	.44	.37	13.6	.44	.36	13.6	.45	.35	13.5	.45	.34	13.5	.46	.33	13.4	.62
.61	.43	.36	13.7	.44	.35	13.6	.44	.34	13.6	.45	.33	13.5	.45	.32	13.5	.61
.60	.43	.35	13.7	.43	.34	13.7	.44	.33	13.6	.44	.32	13.6	.45	.31	13.5	.60
.59	.42	.34	13.8	.43	.33	13.7	.43	.32	13.7	.44	.31	13.6	.44	.30	13.6	.59
.58	.42	.33	13.8	.42	.32	13.8	.43	.31	13.7	.43	.30	13.7	.44	.29	13.6	.58
.57	.41	.32	13.9	.42	.31	13.8	.42	.30	13.8	.43	.29	13.7	.43	.28	13.7	.57
.56	.41	.31	13.9	.41	.30	13.9	.42	.29	13.8	.42	.28	13.8	.43	.27	13.7	.56
.55	.40	.30	14.0	.41	.29	13.9	.41	.28	13.9	.42	.27	13.8	.42	.26	13.8	.55
.54	.40	.29	14.0	.40	.28	14.0	.41	.27	13.9	.41	.26	13.9	.42	.25	13.8	.54
.53	.39	.28	14.1	.40	.27	14.0	.40	.26	14.0	.41	.25	13.9	.41	.24	13.9	.53
.52	.39	.28	14.1	.39	.26	14.1	.40	.25	14.0	.40	.24	14.0	.41	.23	13.9	.52
.51	.38	.27	14.2	.39	.25	14.1	.39	.24	14.1	.40	.23	14.0	.40	.22	14.0	.51

P_H	$P_L = .26$			$P_L = .27$			$P_L = .28$			$P_L = .29$			$P_L = .30$			P_H
	p	r	△	p	r	△	p	r	△	p	r	△	p	r	△	
.50	.38	.26	14.3	.38	.24	14.2	.39	.23	14.1	.39	.22	14.1	.40	.21	14.0	.50
.49	.37	.25	14.3	.38	.24	14.3	.38	.22	14.2	.39	.21	14.1	.39	.20	14.1	.49
.48	.37	.24	14.4	.37	.23	14.3	.38	.21	14.2	.38	.20	14.2	.39	.19	14.1	.48
.47	.36	.23	14.4	.37	.22	14.4	.37	.20	14.3	.38	.19	14.2	.38	.18	14.2	.47
.46	.36	.22	14.5	.36	.21	14.4	.37	.19	14.3	.37	.18	14.3	.38	.17	14.2	.46
.45	.35	.21	14.5	.36	.20	14.5	.36	.18	14.4	.37	.17	14.3	.37	.16	14.3	.45
.44	.35	.20	14.6	.35	.19	14.5	.36	.17	14.5	.36	.16	14.4	.37	.15	14.3	.44
.43	.34	.19	14.6	.35	.18	14.6	.35	.16	14.5	.36	.15	14.5	.36	.14	14.4	.43
.42	.34	.18	14.7	.34	.17	14.6	.35	.15	14.6	.35	.14	14.5	.36	.13	13.5	.42
.41	.33	.17	14.7	.34	.16	14.7	.34	.14	14.6	.35	.13	14.6	.35	.12	14.5	.41
.40	.33	.16	14.8	.33	.15	14.7	.34	.13	14.7	.34	.12	14.6	.35	.11	14.6	.40
.39	.32	.15	14.8	.33	.14	14.8	.33	.12	14.7	.34	.11	14.7	.34	.10	14.6	.39
.38	.32	.14	14.9	.32	.13	14.8	.33	.11	14.8	.33	.10	14.7	.34	.09	14.7	.38
.37	.31	.13	14.9	.32	.11	14.9	.32	.10	14.8	.33	.09	14.8	.33	.08	14.7	.37
.36	.31	.12	15.0	.31	.10	14.9	.32	.09	14.9	.32	.08	14.8	.33	.07	14.8	.36
.35	.30	.11	15.1	.31	.09	15.0	.31	.08	14.9	.32	.07	14.9	.32	.06	14.8	.35
.34	.30	.09	15.1	.30	.08	15.1	.31	.07	15.0	.31	.06	14.9	.32	.05	14.9	.34
.33	.29	.08	15.2	.30	.07	15.1	.30	.06	15.1	.31	.05	15.0	.31	.03	14.9	.33
.32	.29	.07	15.2	.29	.06	15.2	.30	.05	15.1	.30	.03	15.0	.31	.02	15.0	.32
.31	.28	.06	15.3	.29	.05	15.2	.29	.03	15.2	.30	.02	15.1	.30	.01	15.0	.31
.30	.28	.05	15.3	.28	.04	15.3	.29	.02	15.2	.29	.01	15.2	.30	.00	15.1	.30
.29	.27	.04	15.4	.28	.02	15.3	.28	.01	15.3	.29	.00	15.2				.29
.28	.27	.02	15.5	.27	.01	15.4	.28	.00	15.3							.28
.27	.26	.01	15.5	.27	.00	15.5										.27
.26	.26	.00	15.6													.26

P_H	$P_L = .31$			$P_L = .32$			$P_L = .33$			$P_L = .34$			$P_L = .35$			P_H
	p	r	△	p	r	△	p	r	△	p	r	△	p	r	△	
.99	.73	.80	10.6	.73	.80	10.5	.74	.79	10.5	.74	.79	10.4	.75	.78	10.4	.99
.98	.71	.76	10.8	.71	.76	10.7	.72	.75	10.7	.72	.75	10.6	.73	.74	10.6	.98
.97	.69	.74	11.0	.70	.73	10.9	.70	.73	10.9	.71	.72	10.8	.71	.72	10.7	.97
.96	.68	.71	11.1	.69	.71	11.1	.69	.70	11.0	.70	.70	10.9	.69	.70	10.9	.96
.95	.67	.69	11.2	.68	.69	11.2	.68	.68	11.1	.69	.68	11.1	.69	.67	11.0	.95
.94	.66	.67	11.3	.67	.67	11.3	.67	.66	11.2	.68	.66	11.2	.68	.65	11.1	.94
.93	.65	.66	11.4	.66	.65	11.4	.66	.65	11.3	.67	.64	11.3	.67	.63	11.2	.93
.92	.64	.64	11.6	.65	.64	11.5	.65	.63	11.5	.66	.62	11.4	.66	.62	11.3	.92
.91	.64	.63	11.6	.64	.62	11.5	.65	.61	11.5	.65	.61	11.4	.66	.60	11.4	.91
.90	.63	.61	11.7	.63	.61	11.6	.64	.60	11.6	.64	.59	11.5	.65	.59	11.5	.90
.89	.62	.60	11.8	.63	.59	11.7	.63	.59	11.7	.64	.58	11.6	.64	.57	11.6	.89
.88	.61	.59	11.8	.62	.59	11.8	.62	.57	11.7	.63	.57	11.7	.63	.56	11.6	.88
.87	.61	.58	11.9	.61	.57	11.9	.62	.56	11.8	.62	.55	11.8	.63	.55	11.7	.87
.86	.60	.56	12.0	.60	.56	11.9	.61	.55	11.9	.62	.54	11.8	.62	.53	11.8	.86
.85	.59	.55	12.1	.60	.54	12.0	.60	.53	12.0	.61	.53	11.9	.61	.52	11.8	.85
.84	.59	.54	12.1	.59	.53	12.1	.60	.52	12.0	.60	.52	12.0	.61	.51	11.9	.84
.83	.58	.53	12.2	.59	.52	12.1	.59	.51	12.1	.60	.50	12.0	.60	.50	12.0	.83
.82	.57	.52	12.3	.58	.51	12.2	.58	.50	12.2	.59	.49	12.1	.59	.48	12.0	.82
.81	.57	.51	12.3	.57	.50	12.3	.58	.49	12.2	.58	.48	12.2	.59	.47	12.1	.81
.80	.56	.50	12.4	.57	.49	12.3	.57	.48	12.3	.58	.47	12.2	.58	.46	12.2	.80
.79	.56	.48	12.4	.56	.48	12.4	.57	.47	12.3	.57	.46	12.3	.58	.45	12.2	.79
.78	.55	.47	12.5	.55	.47	12.4	.56	.46	12.4	.57	.45	12.3	.57	.44	12.3	.78
.77	.54	.46	12.6	.55	.45	12.5	.55	.45	12.5	.56	.44	12.4	.57	.43	12.3	.77
.76	.54	.45	12.6	.54	.44	12.6	.55	.44	12.5	.55	.43	12.5	.56	.42	12.4	.76
.75	.53	.44	12.7	.54	.43	12.6	.54	.43	12.6	.55	.42	12.5	.55	.41	12.5	.75
.74	.53	.43	12.7	.53	.42	12.7	.54	.41	12.6	.54	.40	12.6	.54	.39	12.5	.74
.73	.52	.42	12.8	.53	.41	12.7	.53	.40	12.7	.54	.39	12.6	.54	.39	12.6	.73
.72	.52	.41	12.8	.52	.40	12.8	.53	.39	12.7	.53	.38	12.7	.54	.37	12.6	.72
.71	.51	.40	12.9	.52	.39	12.8	.52	.38	12.8	.53	.37	12.7	.53	.36	12.7	.71
.70	.51	.39	12.9	.51	.38	12.9	.52	.37	12.8	.53	.36	12.8	.53	.35	12.7	.70
.69	.50	.38	13.0	.51	.37	12.9	.51	.36	12.9	.52	.35	12.8	.52	.34	12.8	.69
.68	.49	.37	13.1	.50	.36	13.0	.51	.35	12.9	.51	.34	12.9	.52	.33	12.8	.68
.67	.49	.36	13.1	.49	.35	13.1	.50	.34	13.0	.51	.33	12.9	.51	.32	12.9	.67
.66	.48	.35	13.2	.49	.34	13.1	.49	.33	13.1	.50	.32	13.0	.51	.31	12.9	.66
.65	.48	.34	13.2	.48	.33	13.2	.49	.32	13.1	.49	.31	13.1	.50	.30	13.0	.65
.64	.47	.33	13.3	.48	.32	13.2	.49	.31	13.2	.49	.30	13.1	.49	.29	13.1	.64
.63	.47	.32	13.3	.47	.31	13.3	.48	.30	13.2	.48	.29	13.2	.49	.28	13.1	.63
.62	.46	.32	13.4	.47	.30	13.3	.47	.29	13.3	.48	.28	13.2	.48	.27	13.2	.62
.61	.46	.31	13.4	.46	.30	13.4	.47	.29	13.4	.47	.27	13.3	.48	.26	13.2	.61
.60	.45	.30	13.5	.46	.29	13.4	.46	.28	13.4	.47	.26	13.3	.47	.25	13.3	.60
.59	.45	.29	13.5	.45	.28	13.5	.46	.27	13.4	.46	.25	13.4	.47	.24	13.3	.59
.58	.44	.28	13.6	.45	.27	13.5	.45	.26	13.5	.46	.25	13.4	.46	.23	13.4	.58
.57	.44	.27	13.6	.44	.26	13.6	.45	.25	13.5	.45	.24	13.5	.45	.22	13.4	.57
.56	.43	.26	13.7	.44	.25	13.6	.44	.24	13.6	.45	.23	13.5	.45	.21	13.5	.56
.55	.43	.25	13.7	.43	.24	13.7	.44	.23	13.6	.44	.22	13.6	.45	.21	13.5	.55
.54	.42	.24	13.8	.43	.23	13.7	.43	.22	13.7	.44	.21	13.6	.44	.20	13.6	.54
.53	.42	.23	13.8	.42	.22	13.8	.43	.21	13.7	.43	.20	13.7	.44	.19	13.6	.53
.52	.41	.22	13.9	.42	.21	13.8	.42	.20	13.8	.43	.19	13.7	.43	.18	13.7	.52
.51	.41	.21	13.9	.41	.20	13.9	.42	.19	13.8	.42	.18	13.8	.43	.17	13.7	.51

P_H	$P_L = .31$			$P_L = .32$			$P_L = .33$			$P_L = .34$			$P_L = .35$			P_H
	p	r	Δ	p	r	Δ	p	r	Δ	p	r	Δ	p	r	Δ	
.50	.40	.20	14.0	.41	.19	13.9	.41	.18	13.9	.42	.17	13.8	.42	.16	13.8	.50
.49	.40	.19	14.0	.40	.18	14.0	.41	.17	13.9	.41	.16	13.9	.42	.15	13.8	.49
.48	.39	.18	14.1	.40	.17	14.0	.40	.16	14.0	.41	.15	13.9	.41	.14	13.9	.48
.47	.39	.17	14.1	.39	.16	14.1	.40	.15	14.0	.40	.14	14.0	.41	.13	13.9	.47
.46	.38	.16	14.2	.39	.15	14.1	.39	.14	14.1	.40	.13	14.0	.40	.12	14.0	.46
.45	.38	.15	14.2	.38	.14	14.2	.39	.13	14.1	.39	.12	14.1	.40	.11	14.0	.45
.44	.37	.14	14.3	.38	.13	14.2	.38	.12	14.2	.39	.11	14.1	.39	.10	14.1	.44
.43	.37	.13	14.3	.37	.12	14.3	.38	.11	14.2	.38	.10	14.2	.39	.09	14.1	.43
.42	.36	.12	14.4	.37	.11	14.3	.37	.10	14.3	.38	.09	14.2	.38	.08	14.2	.42
.41	.36	.11	14.4	.36	.10	14.4	.37	.09	14.3	.37	.08	14.3	.38	.06	14.2	.41
.40	.35	.10	14.5	.36	.09	14.4	.36	.08	14.4	.37	.07	14.3	.37	.05	14.3	.40
.39	.35	.09	14.6	.35	.08	14.5	.36	.07	14.4	.36	.05	14.4	.37	.04	14.3	.39
.38	.34	.08	14.6	.35	.07	14.5	.35	.06	14.5	.36	.04	14.4	.36	.03	14.4	.38
.37	.34	.07	14.7	.34	.06	14.6	.35	.04	14.5	.35	.03	14.5	.36	.02	14.4	.37
.36	.33	.06	14.7	.34	.04	14.7	.34	.03	14.6	.35	.02	14.5	.35	.01	14.5	.36
.35	.33	.04	14.8	.33	.03	14.7	.34	.02	14.7	.34	.01	14.6	.35	.00	14.5	.35
.34	.32	.03	14.8	.33	.02	14.8	.33	.01	14.7	.34	.00	14.7				.34
.33	.32	.02	14.9	.32	.01	14.8	.33	.00	14.8							.33
.32	.31	.01	14.9	.32	.00	14.9										.32
.31	.31	.00	15.0													.31

P_H	$P_L = .36$			$P_L = .37$			$P_L = .38$			$P_L = .39$			$P_L = .40$			P_H
	p	r	△	p	r	△	p	r	△	p	r	△	p	r	△	
.99	.75	.78	10.3	.75	.78	10.2	.76	.77	10.2	.76	.77	10.1	.77	.76	10.1	.99
.98	.73	.74	10.5	.74	.74	10.5	.74	.73	10.4	.75	.73	10.4	.75	.72	10.3	.98
.97	.72	.71	10.7	.72	.71	10.6	.73	.70	10.6	.73	.70	10.5	.74	.69	10.5	.97
.96	.71	.69	10.8	.71	.68	10.8	.72	.68	10.7	.72	.67	10.7	.73	.66	10.6	.96
.95	.70	.66	10.9	.70	.66	10.9	.71	.65	10.8	.71	.65	10.8	.71	.64	10.7	.95
.94	.69	.64	11.1	.69	.64	11.0	.70	.63	11.0	.70	.63	10.9	.70	.62	10.8	.94
.93	.68	.63	11.2	.68	.62	11.1	.69	.61	11.1	.69	.61	11.0	.70	.60	10.9	.93
.92	.67	.61	11.3	.67	.60	11.2	.68	.60	11.1	.68	.59	11.1	.69	.58	11.0	.92
.91	.66	.59	11.3	.67	.59	11.3	.67	.58	11.2	.68	.57	11.2	.68	.57	11.1	.91
.90	.65	.58	11.4	.66	.57	11.4	.66	.57	11.3	.67	.56	11.3	.67	.55	11.2	.90
.89	.65	.56	11.5	.65	.56	11.4	.66	.55	11.4	.66	.54	11.3	.67	.54	11.3	.89
.88	.64	.55	11.6	.64	.54	11.5	.65	.54	11.5	.65	.53	11.4	.66	.52	11.4	.88
.87	.63	.54	11.7	.64	.53	11.6	.64	.52	11.5	.65	.52	11.5	.65	.51	11.4	.87
.86	.63	.52	11.7	.63	.52	11.7	.64	.51	11.6	.64	.50	11.6	.65	.49	11.5	.86
.85	.62	.51	11.8	.62	.50	11.7	.63	.50	11.7	.63	.49	11.6	.64	.48	11.6	.85
.84	.61	.50	11.9	.62	.49	11.8	.62	.48	11.8	.63	.48	11.7	.63	.47	11.7	.84
.83	.61	.49	11.9	.61	.48	11.9	.62	.47	11.8	.62	.46	11.8	.63	.45	11.7	.83
.82	.60	.48	12.0	.60	.47	11.9	.61	.46	11.9	.61	.45	11.8	.62	.44	11.8	.82
.81	.59	.46	12.0	.60	.46	12.0	.60	.45	11.9	.61	.44	11.9	.61	.43	11.8	.81
.80	.59	.45	12.1	.59	.44	12.1	.60	.44	12.0	.60	.43	12.0	.61	.42	11.9	.80
.79	.58	.44	12.2	.59	.43	12.1	.59	.42	12.1	.60	.41	12.0	.60	.41	12.0	.79
.78	.58	.43	12.2	.58	.42	12.2	.59	.41	12.1	.59	.40	12.1	.60	.39	12.0	.78
.77	.57	.42	12.3	.58	.41	12.2	.58	.40	12.2	.59	.39	12.1	.59	.38	12.1	.77
.76	.56	.41	12.4	.57	.40	12.3	.57	.39	12.2	.58	.38	12.2	.58	.37	12.1	.76
.75	.56	.40	12.4	.56	.39	12.4	.57	.38	12.3	.57	.37	12.3	.58	.36	12.2	.75
.74	.55	.39	12.5	.56	.38	12.4	.56	.37	12.4	.57	.36	12.3	.57	.35	12.3	.74
.73	.55	.38	12.5	.55	.37	12.5	.56	.36	12.4	.56	.35	12.4	.57	.34	12.3	.73
.72	.54	.36	12.6	.55	.36	12.5	.55	.35	12.5	.56	.34	12.4	.56	.33	12.4	.72
.71	.54	.35	12.6	.54	.35	12.6	.55	.34	12.5	.55	.33	12.5	.56	.32	12.4	.71
.70	.53	.34	12.7	.54	.34	12.6	.54	.33	12.6	.55	.32	12.5	.55	.31	12.5	.70
.69	.53	.33	12.7	.53	.32	12.7	.54	.32	12.6	.54	.31	12.6	.55	.30	12.5	.69
.68	.52	.32	12.8	.53	.31	12.7	.53	.30	12.7	.54	.30	12.6	.54	.29	12.6	.68
.67	.52	.31	12.8	.52	.30	12.8	.53	.29	12.7	.53	.29	12.7	.54	.28	12.6	.67
.66	.51	.30	12.9	.52	.29	12.8	.52	.28	12.8	.53	.27	12.7	.53	.26	12.7	.66
.65	.51	.29	12.9	.51	.28	12.9	.52	.27	12.8	.52	.26	12.8	.53	.25	12.7	.65
.64	.50	.28	13.0	.51	.27	12.9	.51	.26	12.9	.52	.25	12.8	.52	.24	12.8	.64
.63	.49	.27	13.1	.50	.26	13.0	.50	.25	12.9	.51	.24	12.9	.52	.23	12.8	.63
.62	.49	.26	13.1	.49	.25	13.1	.50	.24	13.0	.51	.23	12.9	.51	.22	12.9	.62
.61	.48	.23	13.2	.49	.24	13.1	.49	.23	13.1	.50	.22	13.0	.51	.21	12.9	.61
.60	.48	.24	13.2	.48	.23	13.2	.49	.22	13.1	.49	.21	13.1	.50	.20	13.0	.60
.59	.47	.23	13.3	.48	.22	13.2	.48	.21	13.2	.49	.20	13.1	.49	.19	13.1	.59
.58	.47	.22	13.3	.47	.21	13.3	.47	.20	13.2	.48	.19	13.2	.49	.18	13.1	.58
.57	.46	.21	13.4	.47	.20	13.3	.47	.19	13.3	.48	.18	13.2	.48	.17	13.2	.57
.56	.46	.20	13.4	.46	.19	13.4	.47	.18	13.3	.47	.17	13.3	.48	.16	13.2	.56
.55	.45	.19	13.5	.46	.18	13.4	.46	.17	13.4	.47	.16	13.3	.47	.15	13.3	.55
.54	.45	.18	13.5	.45	.17	13.5	.46	.16	13.4	.46	.15	13.4	.47	.14	13.3	.54
.53	.44	.18	13.6	.45	.16	13.5	.45	.15	13.5	.46	.14	13.4	.46	.13	13.4	.53
.52	.44	.17	13.6	.44	.15	13.6	.45	.14	13.5	.45	.13	13.5	.46	.12	13.4	.52
.51	.43	.16	13.7	.44	.14	13.6	.44	.13	13.6	.45	.12	13.5	.45	.11	13.5	.51

P_H	$P_L = .36$			$P_L = .37$			$P_L = .38$			$P_L = .39$			$P_L = .40$			P_H
	p	r	△	p	r	△	p	r	△	p	r	△	p	r	△	
.50	.43	.15	13.7	.43	.13	13.7	.44	.12	13.6	.44	.11	13.6	.45	.10	13.5	.50
.49	.42	.14	13.8	.43	.12	13.7	.43	.11	13.7	.44	.10	13.6	.44	.09	13.6	.49
.48	.42	.13	13.8	.42	.11	13.8	.43	.10	13.7	.43	.09	13.7	.44	.08	13.6	.48
.47	.41	.12	13.9	.42	.10	13.8	.42	.09	13.8	.43	.08	13.7	.43	.07	13.7	.47
.46	.41	.11	13.9	.41	.09	13.9	.42	.08	13.8	.42	.07	13.8	.43	.06	13.7	.46
.45	.40	.09	14.0	.41	.08	13.9	.41	.07	13.9	.42	.06	13.8	.42	.05	13.8	.45
.44	.40	.08	14.0	.40	.07	14.0	.41	.06	13.9	.41	.05	13.9	.42	.04	13.8	.44
.43	.39	.07	14.1	.40	.06	14.0	.40	.05	14.0	.41	.04	13.9	.41	.03	13.9	43
.42	.39	.06	14.1	.39	.05	14.1	.40	.04	14.0	.40	.03	14.0	.41	.02	13.9	.42
.41	.38	.05	14.2	.39	.04	14.1	.39	.03	14.1	.40	.02	14.0	.40	.01	14.0	.41
.40	.38	.04	14.2	.38	.03	14.2	.39	.02	14.1	.39	.01	14.1	.40	.00	14.0	.40
.39	.37	.03	14.3	.38	.02	14.2	.38	.01	14.2	.39	.00	14.1				.39
.38	.37	.02	14.3	.37	.01	14.3	.38	.00	14.2							.38
.37	.36	.01	14.4	.37	.00	14.3										.37
.36	.36	.00	14.4													.36

P_H	$P_L = .41$			$P_L = .42$			$P_L = .43$			$P_L = .44$			$P_L = .45$			P_H
	P	r	△	P	r	△	P	r	△	P	r	△	P	r	△	
.99	.77	.76	10.0	.78	.76	10.0	.78	.75	9.9	.78	.75	9.9	.79	.74	9.8	.99
.98	.75	.72	10.3	.76	.71	10.2	.76	.71	10.1	.77	.70	10.1	.77	.70	10.0	.98
.97	.74	.69	10.4	.75	.68	10.4	.75	.67	10.3	.75	.67	10.3	.76	.66	10.2	.97
.96	.73	.66	10.5	.73	.65	10.5	.74	.65	10.4	.74	.64	10.4	.75	.64	10.3	.96
.95	.72	.63	10.7	.72	.63	10.6	.73	.62	10.6	.73	.62	10.5	.74	.61	10.5	.95
.94	.71	.61	10.8	.71	.61	10.7	.72	.60	10.7	.72	.59	10.6	.73	.59	10.6	.94
.93	.70	.59	10.9	.71	.59	10.8	.72	.58	10.8	.72	.57	10.7	.72	.57	10.7	.93
.92	.69	.58	11.0	.70	.57	10.9	.70	.56	10.9	.71	.56	10.8	.71	.55	10.8	.92
.91	.69	.56	11.1	.69	.55	11.0	.69	.55	11.0	.70	.54	10.9	.70	.53	10.9	.91
.90	.68	.54	11.2	.68	.54	11.1	.69	.53	11.1	.69	.52	11.0	.70	.51	10.9	.90
.89	.67	.53	11.2	.68	.52	11.2	.68	.51	11.1	.68	.51	11.1	.69	.50	11.0	.89
.88	.66	.51	11.3	.67	.51	11.3	.67	.50	11.2	.68	.49	11.2	.68	.48	11.1	.88
.87	.66	.50	11.4	.66	.49	11.3	.67	.48	11.3	.67	.48	11.2	.68	.47	11.2	.87
.86	.65	.49	11.5	.65	.48	11.4	.66	.47	11.4	.66	.46	11.3	.67	.45	11.3	.86
.85	.64	.47	11.5	.65	.46	11.5	.65	.46	11.4	.66	.45	11.4	.66	.44	11.3	.85
.84	.64	.46	11.6	.64	.45	11.5	.65	.44	11.5	.65	.43	11.4	.66	.43	11.4	.84
.83	.63	.45	11.7	.64	.44	11.6	.64	.43	11.6	.65	.42	11.5	.65	.41	11.5	.83
.82	.62	.43	11.7	.63	.43	11.7	.63	.42	11.6	.64	.41	11.6	.64	.40	11.5	.82
.81	.62	.42	11.8	.62	.41	11.7	.63	.40	11.7	.63	.40	11.6	.64	.39	11.6	.81
.80	.61	.41	11.9	.62	.40	11.8	.62	.39	11.6	.63	.38	11.7	.63	.37	11.6	.80
.79	.61	.40	11.9	.61	.39	11.9	.62	.38	11.8	.62	.37	11.8	.63	.36	11.7	.79
.78	.60	.39	12.0	.61	.38	11.9	.61	.37	11.9	.62	.36	11.8	.62	.35	11.8	.78
.77	.60	.37	12.0	.60	.36	12.0	.61	.36	11.9	.61	.35	11.9	.62	.34	11.8	.77
.76	.59	.36	12.1	.59	.35	12.0	.60	.34	12.0	.60	.33	11.9	.61	.33	11.9	.76
.75	.58	.35	12.2	.59	.34	12.1	.59	.33	12.0	.60	.32	12.0	.60	.31	11.9	.75
.74	.58	.34	12.2	.58	.33	12.2	.59	.32	12.1	.59	.31	12.1	.60	.30	12.0	.74
.73	.57	.33	12.3	.58	.32	12.2	.58	.31	12.2	.59	.30	12.1	.59	.29	12.1	.73
.72	.57	.32	12.3	.57	.31	12.3	.58	.30	12.2	.58	.29	12.2	.59	.28	12.1	.72
.71	.56	.31	12.4	.57	.30	12.3	.57	.29	12.3	.58	.28	12.2	.58	.27	12.2	.71
.70	.56	.30	12.4	.56	.29	12.4	.57	.28	12.3	.57	.27	12.3	.58	.26	12.2	.70
.69	.55	.29	12.5	.56	.28	12.4	.56	.27	12.4	.57	.26	12.3	.57	.25	12.3	.69
.68	.55	.28	12.5	.55	.27	12.5	.56	.26	12.4	.56	.25	12.4	.57	.24	12.3	.68
.67	.54	.27	12.6	.55	.26	12.5	.55	.25	12.5	.56	.24	12.4	.56	.23	12.4	.67
.66	.54	.25	12.6	.54	.25	12.6	.55	.24	12.5	.55	.23	12.5	.56	.22	12.4	.66
.65	.53	.24	12.7	.54	.23	12.6	.54	.22	12.6	.55	.21	12.5	.55	.21	12.5	.65
.64	.53	.23	12.7	.53	.22	12.7	.54	.21	12.6	.54	.20	12.6	.55	.19	12.5	.64
.63	.52	.22	12.8	.53	.21	12.7	.53	.20	12.7	.54	.19	12.6	.54	.18	12.6	.63
.62	.52	.21	12.8	.52	.20	12.8	.53	.19	12.7	.53	.18	12.7	.54	.17	12.6	.62
.61	.51	.20	12.9	.52	.19	12.8	.52	.18	12.8	.53	.17	12.7	.53	.16	12.7	.61
.60	.51	.19	12.9	.51	.18	12.9	.52	.17	12.8	.52	.16	12.8	.53	.15	12.7	.60
.59	.50	.18	13.0	.51	.17	12.9	.51	.16	12.9	.52	.15	12.8	.52	.14	12.8	.59
.58	.49	.17	13.1	.50	.16	13.0	.51	.15	12.9	.51	.14	12.9	.52	.13	12.8	.58
.57	.49	.16	13.1	.49	.15	13.1	.50	.14	13.0	.51	.13	13.0	.51	.12	12.9	.57
.56	.48	.15	13.2	.49	.14	13.1	.49	.13	13.1	.50	.12	13.0	.51	.11	12.9	.56
.55	.48	.14	13.2	.48	.13	13.2	.49	.12	13.1	.49	.11	13.1	.50	.10	13.0	.55
.54	.47	.13	13.3	.48	.12	13.2	.48	.11	13.2	.49	.10	13.1	.49	.09	13.1	.54
.53	.47	.12	13.3	.47	.11	13.3	.48	.10	13.2	.48	.09	13.2	.49	.08	13.1	.53
.52	.46	.11	13.4	.47	.10	13.3	.47	.09	13.3	.48	.08	13.2	.48	.07	13.2	.52
.51	.46	.10	13.4	.46	.09	13.4	.47	.08	13.3	.47	.07	13.3	.48	.06	13.2	.51

P_H	$P_L = .41$			$P_L = .42$			$P_L = .43$			$P_L = .44$			$P_L = .45$			P_H
	P	r	△	P	r	△	P	r	△	P	r	△	P	r	△	
.50	.45	.09	13.5	.46	.08	13.4	.46	.07	13.4	.47	.06	13.3	.47	.05	13.3	.50
.49	.45	.08	13.5	.45	.07	13.5	.46	.06	13.4	.46	.05	13.4	.47	.04	13.3	.49
.48	.44	.07	13.6	.45	.06	13.5	.45	.05	13.5	.46	.04	13.4	.46	.03	13.4	.48
.47	.44	.06	13.6	.44	.05	13.5	.45	.04	13.5	.45	.03	13.5	.46	.02	13.4	.47
.46	.43	.05	13.7	.44	.04	13.6	.44	.03	13.6	.45	.02	13.5	.45	.01	13.5	.46
.45	.43	.04	13.7	.43	.03	13.7	.44	.02	13.6	.44	.01	13.6	.45	.00	13.5	.45
.44	.42	.03	13.8	.43	.02	13.7	.43	.01	13.7	.44	.00	13.6				.44
.43	.42	.02	13.8	.42	.01	13.8	.43	.00	13.7							.43
.42	.41	.01	13.9	.42	.00	13.8										.42
.41	.41	.00	13.9													.41

P_H	$P_L = .46$			$P_L = .47$			$P_L = .48$			$P_L = .49$			$P_L = .50$			P_H
	p	r	△	p	r	△	p	r	△	p	r	△	p	r	△	
.99	.79	.74	9.7	.80	.74	9.7	.80	.73	9.6	.80	.73	9.6	.81	.72	9.5	.99
.98	.77	.69	10.0	.78	.69	9.9	.78	.68	9.9	.79	.68	9.8	.79	.67	9.8	.98
.97	.76	.66	10.1	.77	.65	10.1	.77	.65	10.0	.78	.64	10.0	.78	.64	9.9	.97
.96	.75	.63	10.3	.76	.62	10.2	.76	.62	10.2	.76	.61	10.1	.77	.61	10.1	.96
.95	.74	.60	10.4	.75	.60	10.4	.75	.59	10.3	.75	.59	10.3	.76	.58	10.2	.95
.94	.73	.58	10.5	.74	.58	10.5	.74	.57	10.4	.75	.56	10.4	.75	.56	10.3	.94
.93	.72	.56	10.6	.73	.55	10.6	.73	.55	10.5	.74	.54	10.5	.74	.53	10.4	.93
.92	.72	.54	10.7	.72	.53	10.7	.72	.53	10.6	.73	.52	10.5	.73	.51	10.5	.92
.91	.71	.52	10.8	.71	.52	10.7	.72	.51	10.7	.72	.50	10.6	.73	.50	10.6	.91
.90	.70	.51	10.9	.71	.50	10.8	.71	.49	10.8	.71	.48	10.7	.72	.48	10.7	.90
.89	.69	.49	11.0	.70	.48	10.9	.70	.48	10.9	.71	.47	10.8	.71	.46	10.8	.89
.88	.69	.47	11.1	.69	.47	11.0	.70	.46	10.9	.70	.45	10.9	.71	.44	10.8	.88
.87	.68	.46	11.1	.69	.45	11.1	.69	.44	11.0	.69	.44	11.0	.70	.43	10.9	.87
.86	.67	.45	11.2	.68	.44	11.1	.68	.43	11.1	.69	.42	11.0	.70	.41	11.0	.86
.85	.67	.43	11.3	.67	.42	11.2	.68	.41	11.2	.68	.41	11.1	.69	.40	11.1	.85
.84	.66	.42	11.3	.67	.41	11.3	.67	.40	11.2	.68	.39	11.2	.68	.38	11.1	.84
.83	.65	.40	11.4	.66	.40	11.4	.66	.39	11.3	.67	.38	11.2	.67	.37	11.2	.83
.82	.65	.39	11.5	.65	.38	11.4	.66	.37	11.4	.66	.36	11.3	.67	.36	11.3	.82
.81	.64	.38	11.5	.65	.37	11.5	.65	.36	11.4	.66	.35	11.4	.66	.34	11.3	.81
.80	.64	.36	11.6	.64	.36	11.5	.65	.35	11.5	.65	.34	11.4	.66	.33	11.4	.80
.79	.63	.35	11.7	.64	.34	11.6	.64	.33	11.5	.65	.33	11.5	.65	.32	11.4	.79
.78	.63	.34	11.7	.63	.33	11.7	.64	.32	11.6	.64	.31	11.6	.65	.30	11.5	.78
.77	.62	.33	11.8	.63	.32	11.7	.62	.31	11.7	.63	.30	11.6	.65	.29	11.6	.77
.76	.61	.32	11.8	.62	.31	11.8	.62	.30	11.7	.63	.29	11.7	.64	.28	11.6	.76
.75	.61	.31	11.9	.61	.30	11.8	.62	.29	11.8	.62	.28	11.7	.63	.27	11.7	.75
.74	.60	.29	12.0	.61	.28	11.9	.61	.28	11.9	.62	.27	11.8	.62	.26	11.7	.74
.73	.60	.28	12.0	.60	.27	12.0	.61	.26	11.9	.61	.25	11.9	.62	.24	11.8	.73
.72	.59	.27	12.1	.60	.26	12.0	.60	.25	12.0	.61	.24	11.9	.61	.23	11.9	.72
.71	.59	.26	12.1	.59	.25	12.1	.60	.24	12.0	.60	.23	12.0	.61	.22	11.9	.71
.70	.58	.25	12.2	.59	.24	12.1	.59	.23	12.1	.60	.22	12.0	.60	.21	12.0	.70
.69	.58	.24	12.2	.58	.23	12.2	.59	.22	12.1	.59	.21	12.1	.60	.20	12.0	.69
.68	.57	.23	12.3	.58	.22	12.2	.58	.21	12.2	.59	.20	12.1	.59	.19	12.1	.68
.67	.57	.22	12.3	.57	.21	12.3	.58	.20	12.2	.58	.19	12.2	.59	.18	12.1	.67
.66	.56	.21	12.4	.57	.20	12.3	.57	.19	12.3	.58	.18	12.2	.58	.17	12.2	.66
.65	.56	.20	12.4	.56	.19	12.4	.57	.18	12.3	.57	.17	12.3	.58	.16	12.2	.65
.64	.55	.18	12.5	.56	.18	12.4	.56	.17	12.4	.57	.16	12.3	.57	.15	12.3	.64
.63	.55	.17	12.5	.55	.16	12.5	.56	.15	12.4	.56	.14	12.4	.57	.13	12.3	.63
.62	.54	.16	12.6	.55	.15	12.5	.55	.14	12.5	.56	.13	12.4	.56	.12	12.4	.62
.61	.54	.15	12.6	.54	.14	12.6	.55	.13	12.5	.56	.12	12.5	.56	.11	12.4	.61
.60	.53	.14	12.7	.54	.13	12.6	.54	.12	12.6	.55	.11	12.5	.55	.10	12.5	.60
.59	.53	.13	12.7	.53	.12	12.7	.54	.11	12.6	.54	.10	12.6	.55	.09	12.5	.59
.58	.52	.12	12.8	.53	.11	12.7	.53	.10	12.7	.54	.09	12.6	.54	.08	12.6	.58
.57	.52	.11	12.8	.52	.10	12.8	.53	.09	12.7	.53	.08	12.7	.54	.07	12.6	.57
.56	.51	.10	12.9	.52	.09	12.8	.52	.08	12.8	.53	.07	12.7	.53	.06	12.7	.56
.55	.51	.09	12.9	.51	.08	12.9	.52	.07	12.8	.52	.06	12.8	.53	.05	12.7	.55
.54	.50	.08	13.0	.51	.07	12.9	.51	.06	12.9	.52	.05	12.8	.52	.04	12.8	.54
.53	.49	.07	13.1	.50	.06	13.0	.51	.05	12.9	.51	.04	12.9	.52	.03	12.8	.53
.52	.49	.06	13.1	.49	.05	13.1	.50	.04	13.0	.51	.03	12.9	.51	.02	12.9	.52
.51	.48	.05	13.2	.49	.04	13.1	.49	.03	13.1	.50	.02	13.0	.51	.01	12.9	.51

P_H	$P_L = .46$			$P_L = .47$			$P_L = .48$			$P_L = .49$			$P_L = .50$			P_H
	P	r	△	P	r	△	P	r	△	P	r	△	P	r	△	
.50	.48	.04	13.2	.48	.03	13.2	.49	.02	13.1	.49	.01	13.1	.50	.00	13.0	.50
.49	.47	.03	13.3	.48	.02	13.2	.48	.01	13.2	.49	.00	13.1				.49
.48	.47	.02	13.3	.47	.01	13.3	.48	.00	13.2							.48
.47	.46	.01	13.4	.47	.00	13.3										.47
.46	.46	.00	13.4													.46

P_H	$P_L = .51$			$P_L = .52$			$P_L = .53$			$P_L = .54$			$P_L = .55$			P_H
	p	r	△	p	r	△	p	r	△	p	r	△	p	r	△	
.99	.81	.72	9.5	.82	.71	9.4	.82	.71	9.4	.82	.70	9.3	.83	.70	9.2	.99
.98	.80	.67	9.7	.80	.66	9.6	.80	.66	9.6	.81	.65	9.5	.81	.65	9.5	.98
.97	.78	.63	9.9	.79	.62	9.8	.79	.62	9.7	.80	.61	9.7	.80	.61	9.6	.97
.96	.77	.60	10.0	.78	.59	10.0	.78	.59	9.9	.79	.58	9.8	.79	.57	9.8	.96
.95	.76	.57	10.1	.77	.57	10.1	.77	.56	10.0	.78	.55	10.0	.78	.55	9.9	.95
.94	.75	.55	10.3	.76	.54	10.2	.76	.53	10.1	.77	.53	10.1	.77	.52	10.0	.94
.93	.75	.53	10.4	.75	.52	10.3	.75	.51	10.2	.76	.50	10.2	.76	.50	10.1	.93
.92	.74	.51	10.4	.74	.50	10.4	.75	.49	10.3	.75	.48	10.3	.76	.48	10.2	.92
.91	.73	.49	10.5	.74	.48	10.5	.74	.47	10.4	.74	.46	10.4	.75	.46	10.3	.91
.90	.72	.47	10.6	.73	.46	10.6	.73	.45	10.5	.74	.44	10.5	.74	.44	10.4	.90
.89	.72	.45	10.7	.72	.44	10.7	.73	.44	10.6	.73	.43	10.5	.73	.42	10.5	.89
.88	.71	.43	10.8	.71	.43	10.7	.72	.42	10.7	.72	.41	10.6	.73	.40	10.6	.88
.87	.70	.42	10.9	.71	.41	10.8	.71	.40	10.8	.72	.39	10.7	.72	.39	10.6	.87
.86	.70	.40	10.9	.70	.39	10.9	.71	.39	10.8	.71	.38	10.8	.72	.37	10.7	.86
.85	.69	.39	11.0	.70	.38	10.9	.70	.37	10.9	.70	.36	10.8	.71	.35	10.8	.85
.84	.69	.37	11.1	.69	.37	11.0	.69	.36	11.0	.70	.35	10.9	.70	.34	10.9	.84
.83	.68	.36	11.1	.68	.35	11.1	.69	.34	11.0	.69	.33	11.0	.70	.32	10.9	.83
.82	.67	.35	11.2	.68	.34	11.2	.68	.33	11.1	.69	.32	11.1	.69	.31	11.0	.82
.81	.67	.33	11.3	.67	.32	11.2	.68	.32	11.2	.68	.31	11.1	.69	.30	11.1	.81
.80	.66	.32	11.3	.67	.31	11.3	.67	.30	11.2	.68	.29	11.2	.68	.28	11.1	.80
.79	.66	.31	11.4	.66	.30	11.3	.67	.29	11.3	.67	.28	11.2	.67	.27	11.2	.79
.78	.65	.30	11.5	.65	.29	11.4	.66	.28	11.4	.66	.27	11.3	.67	.26	11.3	.78
.77	.64	.28	11.5	.65	.27	11.5	.65	.26	11.4	.66	.25	11.4	.66	.25	11.3	.77
.76	.64	.27	11.6	.64	.26	11.5	.65	.25	11.5	.65	.24	11.4	.66	.23	11.4	.76
.75	.63	.26	11.6	.64	.25	11.6	.64	.23	11.5	.65	.23	11.5	.65	.22	11.4	.75
.74	.63	.25	11.7	.63	.24	11.6	.64	.23	11.6	.64	.22	11.5	.65	.21	11.5	.74
.73	.62	.24	11.7	.63	.23	11.7	.63	.22	11.6	.64	.21	11.6	.64	.20	11.5	.73
.72	.62	.22	11.8	.62	.21	11.8	.63	.20	11.7	.63	.19	11.7	.64	.18	11.6	.72
.71	.61	.21	11.9	.62	.20	11.8	.62	.19	11.8	.63	.18	11.7	.63	.17	11.7	.71
.70	.61	.20	11.9	.61	.19	11.9	.62	.18	11.8	.62	.17	11.8	.63	.16	11.7	.70
.69	.60	.19	12.0	.61	.18	11.9	.61	.17	11.9	.62	.16	11.8	.62	.15	11.8	.69
.68	.60	.18	12.0	.60	.17	12.0	.61	.16	11.9	.61	.15	11.9	.62	.14	11.8	.68
.67	.59	.17	12.1	.60	.16	12.0	.60	.15	12.0	.61	.14	11.9	.61	.13	11.9	.67
.66	.59	.16	12.1	.59	.15	12.1	.60	.14	12.0	.60	.13	12.0	.61	.12	11.9	.66
.65	.58	.15	12.2	.59	.14	12.1	.59	.13	12.1	.60	.12	12.0	.60	.11	12.0	.65
.64	.58	.14	12.2	.58	.13	12.2	.59	.12	12.1	.59	.11	12.1	.60	.09	12.0	.64
.63	.57	.12	12.3	.58	.11	12.2	.58	.10	12.2	.59	.09	12.1	.59	.08	12.1	.63
.62	.57	.11	12.4	.57	.10	12.3	.58	.09	12.2	.58	.08	12.2	.59	.07	12.1	.62
.61	.56	.10	12.4	.57	.09	12.3	.57	.08	12.3	.58	.07	12.2	.58	.06	12.2	.61
.60	.56	.09	12.4	.56	.08	12.4	.57	.07	12.3	.57	.06	12.3	.58	.05	12.2	.60
.59	.55	.08	12.5	.56	.07	12.4	.56	.06	12.4	.57	.05	12.3	.57	.04	12.3	.59
.58	.55	.07	12.5	.55	.06	12.5	.56	.05	12.4	.56	.04	12.4	.57	.03	12.3	.58
.57	.54	.06	12.6	.55	.05	12.5	.55	.04	12.5	.56	.03	12.4	.56	.02	12.4	.57
.56	.54	.05	12.6	.54	.04	12.6	.55	.03	12.5	.55	.02	12.5	.56	.01	12.4	.56
.55	.53	.04	12.7	.54	.03	12.6	.54	.02	12.6	.55	.01	12.5	.55	.00	12.5	.55
.54	.53	.03	12.7	.53	.02	12.7	.54	.01	12.6	.54	.00	12.6				.54
.53	.52	.02	12.8	.53	.01	12.7	.53	.00	12.7							.53
.52	.52	.01	12.8	.52	.00	12.8										.52
.51	.51	.00	12.9													.51

P_H	P_L = .56			P_L = .57			P_L = .58			P_L = .59			P_L = .60			P_H
	p	r	△	p	r	△	p	r	△	p	r	△	p	r	△	
.99	.83	.69	9.2	.83	.69	9.1	.84	.68	9.1	.84	.68	9.0	.85	.67	8.9	.99
.98	.82	.64	9.4	.82	.63	9.3	.82	.63	9.3	.83	.62	9.2	.83	.61	9.2	.98
.97	.80	.60	9.6	.81	.59	9.5	.81	.59	9.5	.82	.58	9.4	.82	.57	9.3	.97
.96	.79	.57	9.7	.80	.56	9.7	.80	.55	9.6	.81	.55	9.5	.81	.54	9.5	.96
.95	.78	.54	9.9	.79	.53	9.8	.79	.52	9.7	.80	.52	9.7	.80	.51	9.6	.95
.94	.78	.51	10.0	.78	.51	9.9	.78	.50	9.8	.79	.49	9.8	.79	.48	9.7	.94
.93	.77	.49	10.1	.77	.48	10.0	.78	.47	10.0	.78	.47	9.9	.79	.46	9.8	.93
.92	.76	.47	10.2	.76	.46	10.1	.77	.45	10.1	.77	.44	10.0	.78	.43	9.9	.92
.91	.75	.45	10.3	.76	.44	10.2	.76	.43	10.1	.77	.42	10.1	.77	.41	10.0	.91
.90	.75	.43	10.4	.75	.42	10.3	.76	.41	10.2	.76	.40	10.2	.76	.39	10.1	.90
.89	.74	.41	10.4	.74	.40	10.4	.75	.39	10.3	.75	.38	10.3	.76	.38	10.1	.89
.88	.73	.39	10.5	.74	.38	10.5	.74	.38	10.4	.75	.37	10.3	.75	.36	10.2	.88
.87	.73	.38	10.6	.73	.37	10.5	.74	.36	10.5	.74	.35	10.4	.75	.34	10.3	.87
.86	.72	.36	10.7	.72	.35	10.6	.73	.34	10.5	.73	.33	10.5	.74	.32	10.4	.86
.85	.71	.34	10.7	.72	.34	10.7	.72	.33	10.6	.73	.32	10.6	.73	.31	10.5	.85
.84	.71	.33	10.8	.71	.32	10.8	.72	.31	10.7	.72	.30	10.6	.73	.29	10.6	.84
.83	.70	.32	10.9	.71	.31	10.8	.71	.30	10.8	.72	.29	10.7	.72	.28	10.7	.83
.82	.70	.30	10.9	.70	.29	10.9	.70	.28	10.8	.71	.27	10.8	.72	.26	10.7	.82
.81	.69	.29	11.0	.70	.28	11.0	.70	.27	10.9	.71	.26	10.9	.71	.25	10.8	.81
.80	.68	.28	11.1	.69	.27	11.0	.69	.26	11.0	.70	.25	10.9	.70	.24	10.9	.80
.79	.68	.26	11.1	.68	.25	11.1	.69	.24	11.0	.69	.23	11.0	.70	.22	10.9	.79
.78	.67	.25	11.2	.68	.24	11.1	.68	.23	11.1	.69	.22	11.0	.69	.21	11.0	.78
.77	.67	.24	11.3	.67	.23	11.2	.68	.22	11.2	.68	.21	11.1	.69	.20	11.1	.77
.76	.66	.22	11.3	.67	.21	11.3	.67	.20	11.2	.68	.19	11.2	.68	.18	11.1	.76
.75	.66	.21	11.4	.66	.20	11.3	.67	.19	11.3	.67	.18	11.2	.68	.17	11.2	.75
.74	.65	.20	11.4	.66	.19	11.4	.66	.18	11.3	.67	.17	11.3	.67	.16	11.2	.74
.73	.65	.19	11.5	.65	.18	11.4	.66	.17	11.4	.66	.16	11.3	.67	.15	11.3	.73
.72	.64	.17	11.5	.65	.16	11.5	.65	.15	11.4	.66	.14	11.4	.66	.13	11.3	.72
.71	.64	.16	11.6	.64	.15	11.5	.65	.14	11.5	.65	.13	11.4	.66	.12	11.4	.71
.70	.63	.15	11.7	.64	.14	11.6	.64	.13	11.5	.65	.12	11.5	.65	.11	11.4	.70
.69	.63	.14	11.7	.63	.13	11.7	.64	.12	11.6	.64	.11	11.6	.65	.10	11.5	.69
.68	.62	.13	11.8	.63	.12	11.7	.63	.11	11.7	.64	.10	11.6	.64	.09	11.6	.68
.67	.62	.12	11.8	.62	.11	11.8	.63	.10	11.7	.63	.09	11.7	.64	.08	11.6	.67
.66	.61	.11	11.9	.62	.10	11.8	.62	.09	11.8	.63	.08	11.7	.63	.07	11.7	.66
.65	.61	.10	11.9	.61	.09	11.9	.62	.08	11.8	.62	.06	11.8	.63	.05	11.7	.65
.64	.60	.08	12.0	.61	.07	11.9	.61	.06	11.9	.62	.05	11.8	.62	.04	11.8	.64
.63	.60	.07	12.0	.60	.06	12.0	.61	.05	11.9	.61	.04	11.9	.62	.03	11.8	.63
.62	.59	.06	12.1	.60	.05	12.0	.60	.04	12.0	.61	.03	11.9	.61	.02	11.9	.62
.61	.59	.05	12.1	.59	.04	12.1	.60	.03	12.0	.60	.02	11.9	.61	.01	11.9	.61
.60	.58	.04	12.2	.59	.03	12.1	.59	.02	12.1	.60	.01	12.0	.60	.00	12.0	.60
.59	.58	.03	12.2	.58	.02	12.2	.59	.01	12.1	.59	.00	12.1				.59
.58	.57	.02	12.3	.58	.01	12.2	.58	.00	12.2							.58
.57	.57	.01	12.3	.57	.00	12.3										.57
.56	.56	.00	12.4													.56

P_H	$P_L = .61$			$P_L = .62$			$P_L = .63$			$P_L = .64$			$P_L = .65$			P_H
	p	r	△	p	r	△	p	r	△	p	r	△	p	r	△	
.99	.85	.67	8.9	.85	.66	8.8	.86	.66	8.7	.86	.65	8.7	.86	.65	8.6	.99
.98	.83	.61	9.1	.84	.60	9.0	.84	.60	9.0	.85	.59	8.9	.85	.58	8.9	.98
.97	.82	.57	9.3	.83	.56	9.2	.83	.55	9.2	.84	.55	9.1	.84	.54	9.0	.97
.96	.81	.53	9.4	.82	.52	9.4	.82	.52	9.3	.83	.51	9.2	.83	.50	9.2	.96
.95	.81	.50	9.5	.81	.49	9.5	.81	.48	9.4	.82	.48	9.4	.82	.47	9.3	.95
.94	.80	.47	9.7	.80	.47	9.6	.81	.46	9.5	.81	.45	9.5	.81	.44	9.4	.94
.93	.79	.45	9.8	.79	.44	9.7	.80	.43	9.7	.80	.42	9.6	.81	.42	9.5	.93
.92	.78	.43	9.9	.79	.42	9.8	.79	.41	9.8	.79	.40	9.7	.80	.39	9.6	.92
.91	.78	.41	10.0	.78	.40	9.9	.78	.39	9.9	.79	.38	9.8	.79	.37	9.7	.91
.90	.77	.39	10.1	.77	.38	10.0	.78	.37	10.0	.78	.36	9.9	.79	.35	9.8	.90
.89	.76	.37	10.1	.77	.36	10.1	.77	.35	10.0	.78	.34	10.0	.78	.33	9.9	.89
.88	.76	.35	10.2	.76	.34	10.2	.76	.33	10.1	.77	.32	10.1	.77	.31	10.0	.88
.87	.75	.33	10.3	.75	.32	10.3	.76	.31	10.2	.76	.30	10.1	.77	.29	10.1	.87
.86	.74	.31	10.4	.75	.31	10.3	.75	.30	10.3	.76	.29	10.2	.76	.28	10.1	.86
.85	.74	.30	10.5	.74	.29	10.4	.75	.28	10.4	.75	.27	10.3	.76	.26	10.2	.85
.84	.73	.28	10.5	.74	.27	10.5	.74	.26	10.4	.75	.25	10.4	.75	.24	10.3	.84
.83	.73	.27	10.6	.73	.26	10.5	.73	.25	10.5	.74	.24	10.4	.74	.23	10.4	.83
.82	.72	.25	10.7	.72	.24	10.6	.73	.23	10.6	.73	.22	10.5	.74	.21	10.5	.82
.81	.71	.24	10.7	.72	.23	10.7	.72	.22	10.6	.73	.21	10.6	.73	.20	10.5	.81
.80	.71	.23	10.8	.71	.22	10.8	.72	.21	10.7	.72	.20	10.6	.73	.18	10.6	.80
.79	.70	.21	10.9	.71	.20	10.8	.71	.19	10.8	.72	.18	10.7	.72	.17	10.6	.79
.78	.70	.20	10.9	.70	.19	10.9	.71	.18	10.8	.71	.17	10.8	.72	.16	10.7	.78
.77	.69	.19	11.0	.70	.18	10.9	.70	.17	10.9	.71	.16	10.8	.71	.14	10.8	.77
.76	.69	.17	11.1	.69	.16	11.0	.70	.15	10.9	.70	.14	10.9	.71	.13	10.8	.76
.75	.68	.16	11.1	.69	.15	11.1	.69	.14	11.0	.70	.13	10.9	.70	.12	10.9	.75
.74	.68	.15	11.2	.68	.14	11.1	.69	.13	11.1	.69	.12	11.0	.70	.11	10.9	.74
.73	.67	.14	11.2	.68	.13	11.2	.68	.11	11.1	.69	.10	11.1	.69	.09	11.0	.73
.72	.67	.12	11.3	.67	.11	11.2	.68	.10	11.2	.68	.09	11.1	.69	.08	11.1	.72
.71	.66	.11	11.3	.67	.10	11.3	.67	.09	11.2	.68	.08	11.2	.68	.07	11.1	.71
.70	.66	.10	11.4	.66	.09	11.3	.67	.08	11.3	.67	.07	11.2	.68	.06	11.2	.70
.69	.65	.09	11.4	.66	.08	11.4	.66	.07	11.3	.67	.06	11.3	.67	.04	11.2	.69
.68	.65	.08	11.5	.63	.07	11.5	.66	.06	11.4	.66	.04	11.3	.67	.03	11.3	.68
.67	.64	.07	11.6	.65	.06	11.5	.65	.04	11.5	.66	.03	11.4	.66	.02	11.3	.67
.66	.64	.05	11.6	.64	.04	11.6	.65	.03	11.5	.65	.02	11.5	.66	.01	11.4	.66
.65	.63	.04	11.7	.64	.03	11.6	.64	.02	11.6	.65	.01	11.5	.65	.00	11.5	.65
.64	.63	.03	11.7	.63	.02	11.7	.64	.01	11.6	.64	.00	11.6				.64
.63	.62	.02	11.8	.63	.01	11.7	.63	.00	11.7							.63
.62	.62	.01	11.8	.62	.00	11.8										.62
.61	.61	.00	11.9													.61

P_H	$P_L = .66$			$P_L = .67$			$P_L = .68$			$P_L = .69$			$P_L = .70$			P_H
	p	r	△	p	r	△	p	r	△	p	r	△	p	r	△	
.99	.87	.64	8.5	.87	.63	8.5	.87	.63	8.4	.88	.62	8.3	.88	.61	8.2	.99
.98	.85	.57	8.8	.86	.57	8.7	.86	.56	8.7	.87	.55	8.6	.87	.54	8.5	.98
.97	.84	.53	9.0	.85	.52	8.9	.85	.51	8.8	.86	.51	8.8	.86	.50	8.7	.97
.96	.83	.49	9.1	.84	.48	9.1	.84	.48	9.0	.85	.47	8.9	.85	.46	8.8	.96
.95	.83	.46	9.2	.83	.45	9.2	.83	.44	9.1	.84	.43	9.1	.84	.42	9.0	.95
.94	.82	.43	9.4	.82	.42	9.3	.83	.41	9.2	.83	.40	9.2	.83	.39	9.1	.94
.93	.81	.41	9.5	.82	.40	9.4	.82	.39	9.4	.82	.38	9.3	.83	.37	9.2	.93
.92	.80	.38	9.6	.81	.37	9.5	.81	.36	9.5	.82	.35	9.4	.82	.34	9.3	.92
.91	.80	.36	9.7	.80	.35	9.6	.81	.34	9.5	.81	.33	9.5	.81	.32	9.4	.91
.90	.79	.34	9.8	.80	.33	9.7	.80	.32	9.6	.80	.31	9.6	.81	.30	9.5	.90
.89	.78	.32	9.8	.79	.31	9.8	.79	.30	9.7	.80	.29	9.7	.80	.28	9.6	.89
.88	.78	.30	9.9	.78	.29	9.9	.79	.28	9.8	.79	.27	9.7	.80	.26	9.7	.88
.87	.77	.28	10.0	.78	.27	10.0	.78	.26	9.9	.79	.25	9.8	.79	.24	9.8	.87
.86	.77	.27	10.1	.77	.26	10.0	.77	.25	10.0	.78	.23	9.9	.78	.22	9.9	.86
.85	.76	.25	10.2	.76	.24	10.1	.77	.23	10.1	.77	.22	10.0	.78	.21	9.9	.85
.84	.75	.23	10.2	.76	.22	10.2	.76	.21	10.1	.77	.20	10.1	.77	.19	10.0	.84
.83	.75	.22	10.3	.75	.21	10.3	.76	.20	10.2	.76	.19	10.1	.77	.17	10.1	.83
.82	.74	.20	10.4	.75	.19	10.3	.75	.18	10.3	.76	.17	10.2	.76	.16	10.1	.82
.81	.74	.19	10.5	.74	.18	10.4	.75	.17	10.3	.75	.16	10.3	.76	.14	10.2	.81
.80	.73	.17	10.5	.74	.16	10.5	.74	.15	10.4	.75	.14	10.4	.75	.13	10.3	.80
.79	.73	.16	10.6	.73	.15	10.5	.74	.14	10.5	.74	.13	10.4	.75	.11	10.4	.79
.78	.72	.15	10.7	.73	.13	10.6	.73	.12	10.5	.74	.11	10.5	.74	.10	10.4	.78
.77	.72	.13	10.7	.72	.12	10.7	.73	.11	10.6	.73	.10	10.5	.74	.09	10.5	.77
.76	.71	.12	10.8	.72	.11	10.7	.72	.10	10.7	.73	.08	10.6	.73	.07	10.5	.76
.75	.71	.11	10.8	.71	.10	10.8	.72	.08	10.7	.72	.07	10.7	.73	.06	10.6	.75
.74	.70	.09	10.9	.71	.08	10.8	.71	.07	10.8	.72	.06	10.7	.72	.05	10.7	.74
.73	.70	.08	10.9	.70	.07	10.9	.71	.06	10.8	.71	.05	10.8	.72	.04	10.7	.73
.72	.69	.07	11.0	.70	.06	10.9	.70	.05	10.9	.71	.03	10.8	.71	.02	10.8	.72
.71	.69	.06	11.1	.69	.05	11.0	.70	.03	11.0	.70	.02	10.9	.71	.01	10.8	.71
.70	.68	.05	11.1	.69	.03	11.1	.69	.02	11.0	.70	.01	11.0	.70	.00	10.9	.70
.69	.68	.03	11.2	.68	.02	11.1	.69	.01	11.1	.69	.00	11.0				.69
.68	.67	.02	11.2	.68	.01	11.2	.68	.00	11.1							.68
.67	.67	.01	11.3	.67	.00	11.2										.67
.66	.66	.00	11.3													.66

P_H	$P_L = .71$			$P_L = .72$			$P_L = .73$			$P_L = .74$			$P_L = .75$			P_H
	p	r	△	p	r	△	p	r	△	p	r	△	p	r	△	
.99	.89	.61	8.2	.89	.60	8.1	.89	.59	8.0	.90	.58	7.9	.90	.57	7.9	.99
.98	.87	.54	8.4	.88	.53	8.4	.88	.52	8.3	.89	.51	8.2	.89	.50	8.1	.98
.97	.86	.49	8.6	.87	.48	8.6	.87	.47	8.5	.88	.46	8.4	.88	.45	8.3	.97
.96	.85	.45	8.8	.86	.44	8.7	.86	.43	8.6	.87	.42	8.6	.87	.41	8.5	.96
.95	.85	.41	8.9	.85	.40	8.8	.85	.39	8.8	.86	.38	8.7	.86	.37	8.6	.95
.94	.84	.39	9.0	.84	.38	9.0	.85	.36	8.9	.85	.35	8.8	.86	.34	8.7	.94
.93	.83	.36	9.2	.84	.35	9.1	.84	.34	9.0	.84	.32	8.9	.85	.31	8.9	.93
.92	.83	.33	9.3	.83	.32	9.2	.83	.31	9.1	.84	.30	9.1	.84	.29	9.0	.92
.91	.82	.31	9.4	.82	.30	9.3	.83	.29	9.2	.83	.28	9.2	.84	.27	9.1	.91
.90	.81	.29	9.4	.82	.28	9.4	.82	.27	9.3	.83	.25	9.2	.83	.24	9.2	.90
.89	.81	.27	9.5	.81	.26	9.5	.82	.24	9.4	.82	.23	9.3	.82	.22	9.3	.89
.88	.80	.25	9.6	.80	.24	9.6	.81	.23	9.5	.81	.21	9.4	.82	.20	9.4	.88
.87	.80	.23	9.7	.80	.22	9.6	.80	.21	9.6	.81	.19	9.5	.81	.18	9.4	.87
.86	.79	.21	9.8	.79	.20	9.7	.80	.19	9.7	.80	.18	9.6	.81	.16	9.5	.86
.85	.78	.19	9.9	.79	.18	9.8	.79	.17	9.7	.80	.16	9.7	.80	.15	9.6	.85
.84	.78	.18	9.9	.78	.17	9.9	.79	.15	9.8	.79	.14	9.7	.80	.13	9.7	.84
.83	.77	.16	10.0	.78	.15	10.0	.78	.14	9.9	.79	.13	9.8	.79	.11	9.8	.83
.82	.77	.15	10.1	.77	.13	10.0	.78	.12	10.0	.78	.11	9.9	.79	.10	9.8	.82
.81	.76	.13	10.2	.77	.12	10.1	.77	.11	10.0	.78	.09	10.0	.78	.08	9.9	.81
.80	.76	.12	10.2	.76	.10	10.2	.77	.09	10.1	.77	.08	10.0	.78	.07	10.0	.80
.79	.75	.10	10.3	.76	.09	10.2	.76	.08	10.2	.77	.07	10.1	.77	.05	10.0	.79
.78	.75	.09	10.4	.75	.08	10.3	.76	.07	10.2	.76	.05	10.2	.77	.04	10.1	.78
.77	.74	.08	10.4	.75	.06	10.4	.75	.05	10.3	.76	.04	10.2	.76	.03	10.2	.77
.76	.74	.06	10.5	.74	.05	10.4	.75	.04	10.4	.75	.03	10.3	.76	.01	10.2	.76
.75	.73	.05	10.5	.74	.04	10.5	.74	.03	10.4	.75	.01	10.4	.75	.00	10.3	.75
.74	.73	.04	10.6	.73	.02	10.5	.74	.01	10.5	.74	.00	10.4				.74
.73	.72	.02	10.7	.73	.01	10.6	.73	.00	10.5							.73
.72	.72	.01	10.7	.72	.00	10.7										.72
.71	.71	.00	10.8													.71

P_H	$P_L=.76$			$P_L=.77$			$P_L=.78$			$P_L=.79$			$P_L=.80$			P_H
	p	r	△	p	r	△	p	r	△	p	r	△	p	r	△	
.99	.90	.57	7.8	.91	.56	7.7	.91	.55	7.6	.91	.54	7.5	.92	.53	7.4	.99
.98	.89	.49	8.1	.90	.48	8.0	.90	.47	7.9	.90	.46	7.8	.91	.45	7.7	.98
.97	.88	.44	8.2	.89	.43	8.2	.89	.42	8.1	.89	.41	8.0	.90	.40	7.9	.97
.96	.87	.40	8.4	.88	.39	8.3	.88	.38	8.2	.89	.36	8.2	.89	.35	8.1	.96
.95	.87	.36	8.6	.87	.35	8.5	.88	.34	8.4	.88	.33	8.3	.88	.31	8.2	.95
.94	.86	.33	8.7	.86	.32	8.6	.87	.31	8.5	.87	.30	8.4	.88	.28	8.4	.94
.93	.85	.30	8.8	.86	.29	8.7	.86	.28	8.6	.87	.27	8.6	.87	.25	8.5	.93
.92	.85	.28	8.9	.85	.26	8.8	.86	.25	8.8	.86	.24	8.7	.86	.22	8.6	.92
.91	.84	.25	9.0	.84	.24	8.9	.85	.23	8.9	.85	.21	8.8	.86	.20	8.7	.91
.90	.83	.23	9.1	.84	.22	9.0	.84	.20	9.0	.85	.19	8.9	.85	.18	8.8	.90
.89	.83	.21	9.2	.83	.20	9.1	.84	.18	9.1	.84	.17	9.0	.85	.16	8.9	.89
.88	.82	.19	9.3	.83	.18	9.2	.83	.16	9.2	.84	.15	9.1	.84	.14	9.0	.88
.87	.82	.17	9.4	.82	.16	9.3	.83	.14	9.2	.83	.13	9.2	.84	.12	9.1	.87
.86	.81	.15	9.5	.82	.14	9.4	.82	.12	9.3	.83	.11	9.2	.83	.10	9.2	.86
.85	.81	.13	9.5	.81	.12	9.5	.82	.11	9.4	.82	.09	9.3	.83	.08	9.3	.85
.84	.80	.12	9.6	.81	.10	9.5	.81	.09	9.5	.82	.08	9.4	.82	.06	9.3	.84
.83	.80	.10	9.7	.80	.09	9.6	.81	.07	9.5	.81	.06	9.5	.82	.05	9.4	.83
.82	.79	.08	9.8	.80	.07	9.7	.80	.06	9.6	.81	.04	9.6	.81	.03	9.5	.82
.81	.79	.07	9.8	.79	.06	9.8	.80	.04	9.7	.80	.03	9.6	.81	.02	9.6	.81
.80	.78	.05	9.9	.79	.04	9.8	.79	.03	9.8	.80	.01	9.7	.80	.00	9.6	.80
.79	.78	.04	10.0	.78	.03	9.9	.79	.01	9.8	.79	.00	9.8				.79
.78	.77	.03	10.0	.78	.01	10.0	.78	.00	9.9							.78
.77	.77	.01	10.1	.77	.00	10.0										.77
.76	.76	.00	10.2													.76

P_H	$P_L = .81$			$P_L = .82$			$P_L = .83$			$P_L = .84$			$P_L = .85$			P_H
	p	r	△	p	r	△	p	r	△	p	r	△	p	r	△	
.99	.92	.52	7.3	.92	.51	7.2	.93	.50	7.1	.93	.49	7.0	.94	.47	6.9	.99
.98	.91	.44	7.6	.91	.43	7.5	.92	.42	7.4	.92	.40	7.3	.93	.39	7.2	.98
.97	.90	.38	7.8	.91	.37	7.7	.91	.36	7.6	.92	.34	7.5	.92	.33	7.4	.97
.96	.90	.34	8.0	.90	.33	7.9	.90	.31	7.8	.91	.30	7.7	.91	.28	7.6	.96
.95	.89	.30	8.1	.89	.29	8.1	.90	.27	8.0	.90	.26	7.9	.90	.24	7.8	.95
.94	.88	.27	8.3	.89	.25	8.2	.89	.24	8.1	.89	.23	8.0	.90	.21	7.9	.94
.93	.87	.24	8.4	.88	.22	8.3	.88	.21	8.2	.98	.19	8.1	.89	.18	8.0	.93
.92	.87	.21	8.5	.87	.20	8.4	.88	.18	8.3	.88	.16	8.2	.89	.15	8.2	.92
.91	.86	.19	8.6	.87	.17	8.6	.87	.16	8.5	.88	.14	8.4	.88	.12	8.3	.91
.90	.86	.16	8.7	.86	.15	8.7	.87	.13	8.6	.87	.12	8.5	.88	.10	8.4	.90
.89	.85	.14	8.8	.86	.13	8.7	.86	.11	8.7	.87	.09	8.6	.87	.08	8.5	.89
.88	.85	.12	8.9	.85	.11	8.8	.86	.09	8.8	.86	.07	8.7	.87	.06	8.6	.88
.87	.84	.10	9.0	.85	.09	8.9	.85	.07	8.9	.86	.05	8.8	.86	.04	8.7	.87
.86	.84	.08	9.1	.84	.07	9.0	.85	.05	8.9	.85	.04	8.9	.86	.02	8.8	.86
.85	.83	.06	9.2	.84	.05	9.1	.84	.03	9.0	.85	.02	8.9	.85	.00	8.9	.85
.84	.83	.05	9.3	.83	.03	9.2	.84	.02	9.1	.84	.00	9.0				.84
.83	.82	.03	9.3	.83	.02	9.3	.83	.00	9.2							.83
.82	.82	.02	9.4	.82	.00	9.3										.82
.81	.81	.00	9.5													.81

P_H	$P_L = .86$			$P_L = .87$			$P_L = .88$			$P_L = .89$			$P_L = .90$			P_H
	p	r	△	p	r	△	p	r	△	p	r	△	p	r	△	
.99	.94	.46	6.8	.94	.45	6.7	.95	.43	6.5	.95	.41	6.4	.95	.39	6.3	.99
.98	.93	.37	7.1	.93	.36	7.0	.94	.34	6.8	.94	.32	6.7	.95	.30	6.6	.98
.97	.92	.31	7.3	.93	.30	7.2	.93	.28	7.1	.93	.26	6.9	.94	.24	6.8	.97
.96	.92	.26	7.5	.92	.25	7.4	.92	.23	7.3	.93	.21	7.2	.93	.19	7.0	.96
.95	.91	.22	7.7	.91	.21	7.6	.92	.19	7.5	.92	.17	7.3	.93	.15	7.2	.95
.94	.90	.19	7.8	.91	.17	7.7	.91	.15	7.6	.92	.13	7.5	.92	.11	7.3	.94
.93	.90	.16	7.9	.90	.14	7.8	.91	.12	7.7	.91	.10	7.6	.92	.08	7.5	.93
.92	.89	.13	8.1	.90	.11	8.0	.90	.09	7.9	.91	.07	7.8	.91	.05	7.6	.92
.91	.89	.10	8.2	.89	.09	8.1	.90	.07	8.0	.90	.05	7.9	.91	.02	7.8	.91
.90	.88	.08	8.3	.89	.06	8.2	.89	.04	8.1	.90	.02	8.0	.90	.00	7.9	.90
.89	.88	.06	8.4	.88	.04	8.3	.89	.02	8.2	.89	.00	8.1				.89
.88	.87	.04	8.5	.88	.02	8.4	.88	.00	8.3							.88
.87	.87	.02	8.6	.87	.00	8.5										.87
.86	.86	.00	8.7													.86

P_H	$P_L = .91$			$P_L = .92$			$P_L = .93$			$P_L = .94$			$P_L = .95$			P_H
	p	r	△	p	r	△	p	r	△	p	r	△	p	r	△	
.99																.99
.98	.95	.28	6.4	.95	.26	6.3										.98
.97	.94	.22	6.7	.95	.19	6.5	.95	.16	6.4							.97
.96	.94	.16	6.9	.94	.14	6.7	.95	.11	6.6	.95	.08	6.4				.96
.95	.93	.12	7.0	.94	.10	6.9	.94	.07	6.7	.95	.04	6.6	.95	.00	6.4	.95
.94	.93	.09	7.2	.93	.06	7.1	.94	.03	6.9	.94	.00	6.8				.94
.93	.92	.05	7.4	.93	.03	7.2	.93	.00	7.1							.93
.92	.92	.02	7.5	.92	.00	7.4										.92
.91	.91	.00	7.6													.91

三民大專用書書目——社會

社會學（增訂版）	蔡文輝 著	印第安那州立大學
社會學	龍冠海 著	臺灣大學
社會學	張華葆主編	東海大學
社會學理論	蔡文輝 著	印第安那州立大學
社會學理論	陳秉璋 著	政治大學
社會學概要	張曉春等著	臺灣大學
社會心理學	劉安彥 著	傑克遜州立大學
社會心理學（增訂新版）	張華葆 著	東海大學
社會心理學	趙淑賢 著	安柏拉校區
社會心理學理論	張華葆 著	東海大學
政治社會學	陳秉璋 著	政治大學
醫療社會學	藍采風、廖榮利 著	臺灣大學
組織社會學	張笠雲 著	臺灣大學
人口遷移	廖正宏 著	臺灣大學
社區原理	蔡宏進 著	臺灣大學
鄉村社會學	蔡宏進 著	臺灣大學
人口教育	孫得雄編著	研考會
社會階層化與社會流動	許嘉猷 著	臺灣大學
社會階層	張華葆 著	東海大學
西洋社會思想史	龍冠海、張承漢 著	臺灣大學
中國社會思想史（上）（下）	張承漢 著	臺灣大學
社會變遷	蔡文輝 著	印第安那州立大學
社會政策與社會行政	陳國鈞 著	中興大學
社會福利行政（修訂版）	白秀雄 著	台北市政府
社會工作	白秀雄 著	台北市政府
社會工作管理——人群服務經營藝術	廖榮利 著	臺灣大學
社會工作概要	廖榮利 著	臺灣大學
團體工作：理論與技術	林萬億 著	臺灣大學
都市社會學理論與應用	龍冠海 著	臺灣大學
社會科學概論	薩孟武 著	臺灣大學
文化人類學	陳國鈞 著	中興大學
一九九一文化評論	龔鵬程 編	中正大學
實用國際禮儀	黃貴美編著	文化大學
勞工問題	陳國鈞 著	中興大學
勞工政策與勞工行政	陳國鈞 著	中興大學

三民大專用書書目——教育

教育哲學	賈 馥 茗 著	臺 灣 師 大
教育哲學	葉 學 志 著	彰 化 教 院
教育原理	賈 馥 茗 著	臺 灣 師 大
教育計畫	林 文 達 著	政 治 大 學
普通教學法	方 炳 林 著	臺 灣 師 大
各國教育制度	雷 國 鼎 著	臺 灣 師 大
清末留學教育	瞿 立 鶴 著	
教育心理學	溫 世 頌 著	傑克遜州立大學
教育心理學	胡 秉 正 著	政 治 大 學
教育社會學	陳 奎 憙 著	臺 灣 師 大
教育行政學	林 文 達 著	政 治 大 學
教育行政原理	黃 昆 輝主譯	內 政 部
教育經濟學	蓋 浙 生 著	臺 灣 師 大
教育經濟學	林 文 達 著	政 治 大 學
教育財政學	林 文 達 著	政 治 大 學
工業教育學	袁 立 錕 著	彰 化 師 大
技術職業教育行政與視導	張 天 津 著	臺北技術學院校長
技職教育測量與評鑑	李 大 偉 著	臺 灣 師 大
高科技與技職教育	楊 啓 棟 著	臺 灣 師 大
工業職業技術教育	陳 昭 雄 著	臺 灣 師 大
技術職業教育教學法	陳 昭 雄 著	臺 灣 師 大
技術職業教育辭典	楊 朝 祥編著	臺 灣 師 大
技術職業教育理論與實務	楊 朝 祥 著	臺 灣 師 大
工業安全衛生	羅 文 基 著	高 雄 師 大
人力發展理論與實施	彭 台 臨 著	臺 灣 師 大
職業教育師資培育	周 談 輝 著	臺 灣 師 大
家庭教育	張 振 宇 著	淡 江 大 學
教育與人生	李 建 興 著	臺 灣 師 大
教育即奉獻	劉 眞 著	臺 灣 師 大
人文教育十二講	陳 立 夫等著	國 策 顧 問
當代教育思潮	徐 南 號 著	臺 灣 大 學
西洋教育思想史	林 玉 体 著	臺 灣 師 大
心理與教育統計學	余 民 寧 著	政 治 大 學
教育理念與教育問題	李 錫 津 著	松山商職校長
比較國民教育	雷 國 鼎 著	臺 灣 師 大

三民大專用書書目——行政・管理

行政學	張潤書	著	政治大學
行政學	左潞生	著	中興大學
行政學新論	張金鑑	著	政治大學
行政學概要	左潞生	著	中興大學
行政管理學	傅肅良	著	中興大學
行政生態學	彭文賢	著	中興大學
人事行政學	張金鑑	著	政治大學
人事行政學	傅肅良	著	中興大學
各國人事制度	傅肅良	著	中興大學
人事行政的守與變	傅肅良	著	中興大學
各國人事制度概要	張金鑑	著	政治大學
現行考銓制度	陳鑑波	著	
考銓制度	傅肅良	著	中興大學
員工考選學	傅肅良	著	中興大學
員工訓練學	傅肅良	著	中興大學
員工激勵學	傅肅良	著	中興大學
交通行政	劉承漢	著	成功大學
陸空運輸法概要	劉承漢	著	成功大學
運輸學概要（增訂版）	程振粵	著	臺灣大學
兵役理論與實務	顧傳型	著	
行為管理論	林安弘	著	德明商專
組織行為管理	龔平邦	著	逢甲大學
行為科學概論	龔平邦	著	逢甲大學
行為科學概論	徐道鄰	著	
行為科學與管理	徐木蘭	著	臺灣大學
組織行為學	高尚仁、伍錫康	著	香港大學
組織行為學	藍采風廖榮利	著	美國波里斯大學臺灣大學
組織原理	彭文賢	著	中興大學
實用企業管理學（增訂版）	解宏賓	著	中興大學
企業管理	蔣靜一	著	逢甲大學
企業管理	陳定國	著	臺灣大學
國際企業論	李蘭甫	著	東吳大學
企業政策	陳光華	著	交通大學
企業概論	陳定國	著	臺灣大學

三民大專用書書目——新聞

基礎新聞學	彭家發 著	政治大學
新聞論	彭家發 著	政治大學
傳播研究方法總論	楊孝濚 著	東吳大學
傳播研究調查法	蘇蘅 著	輔仁大學
傳播原理	方蘭生 著	文化大學
行銷傳播學	羅文坤 著	政治大學
國際傳播	李瞻 著	政治大學
國際傳播與科技	彭芸 著	政治大學
廣播與電視	何貽謀 著	輔仁大學
廣播原理與製作	于洪海 著	中廣
電影原理與製作	梅長齡 著	文化大學
新聞學與大眾傳播學	鄭貞銘 著	文化大學
新聞採訪與編輯	鄭貞銘 著	文化大學
新聞編輯學	徐旭 著	新生報
採訪寫作	歐陽醇 著	臺灣師大
評論寫作	程之行 著	紐約日報
新聞英文寫作	朱耀龍 著	文化大學
小型報刊實務	彭家發 著	政治大學
媒介實務	趙俊邁 著	東吳大學
中國新聞傳播史	賴光臨 著	政治大學
中國新聞史	曾虛白 主編	前國策顧問
世界新聞史	李瞻 著	政治大學
新聞學	李瞻 著	政治大學
新聞採訪學	李瞻 著	政治大學
新聞道德	李瞻 著	政治大學
電視制度	李瞻 著	政治大學
電視新聞	張勤 著	中視文化公司
電視與觀眾	曠湘霞 著	政治大學
大眾傳播理論	李金銓 著	香港中文大學
大眾傳播新論	李茂政 著	政治大學
大眾傳播理論與實證	翁秀琪 著	政治大學
大眾傳播與社會變遷	陳世敏 著	政治大學
組織傳播	鄭瑞城 著	政治大學
政治傳播學	祝基瀅 著	國民黨中央黨部
文化與傳播	汪琪 著	政治大學
電視導播與製作	徐鉅昌 著	臺灣師大

三民大專用書書目——政治・外交

三民大專用書書目——國父遺教